MICHEL GRUNEWALD

KLAUS MANN

1906–1949

EINE BIBLIOGRAPHIE

Verzeichnis des Werks
und des Nachlasses von Klaus Mann mit
Inhaltsbeschreibung der unveröffentlichten Schriften,
Namenregister und Titelverzeichnis

edition spangenberg
IM ELLERMANN VERLAG

6003596889

Gedruckt mit Unterstützung des Förderungs- und
Beihilfefonds Wissenschaft der VG Wort

edition spangenberg im Ellermann Verlag
© 1984 Verlag Heinrich Ellermann, München 19
Printed in Germany
ISBN 3-7707-0207-7

INHALT

EINLEITUNG

Klaus Mann war ein sehr produktiver Schriftsteller. Seine eigentliche literarische Laufbahn begann im Mai 1924, als die *Vossische Zeitung* eine Erzählung von ihm publizierte — *Nachmittag im Schloß* —, die den kaum Siebzehnjährigen bekannt machte. 1925 erschien unter dem Titel *Vor dem Leben* sein erster Novellenband, und bis 1949 kam fast jedes Jahr ein neues Buch von ihm heraus.

Klaus Manns Laufbahn war bis in die Wahl der Sprache, in der er schrieb, von den Ereignissen seiner Zeit bestimmt. Im März 1933 ging er ins Exil und vom Sommer 1936 an suchte er wegen der politischen Entwicklung in Europa eine neue Heimat in den USA. Um den Kontakt zum amerikanischen Publikum herzustellen, mußte er sich sprachlich der neuen Umwelt anpassen. Er verfaßte zuerst Aufsätze in Englisch, und 1940 entstand seine erste Novelle in der neuen Sprache. Nach 1945 wünschte er gleichzeitig als amerikanischer Schriftsteller anerkannt zu werden und die nach 1933 verlorenen Kontakte zur deutschen Leserschaft neu zu knüpfen. Bezeichnenderweise hatte er 1949 vor, seinen Roman *The Last Day* nach Fertigstellung der englischen Originalfassung für das deutschsprachige Publikum zu bearbeiten.

Klaus Mann hat ein vielseitiges Werk hinterlassen. Er ist nicht nur durch seine Romane, Erzählungen, Theaterstücke und Autobiographien bekannt geworden. Von ihm stammen auch zahlreiche Arbeiten literarischen und politischen Inhalts, die ihn als guten Kenner der europäischen und amerikanischen Literatur des XX. Jahrhunderts und auch als sehr hellsichtigen Beobachter der Welt seiner Zeit ausweisen.

Bis 1933 brachten die bekanntesten deutschen Zeitschriften — mit Ausnahme der kommunistischen und nationalistischen — Beiträge von ihm. Als Emigrant war er nicht nur Herausgeber von zwei literarischen Monatsschriften — *Die Sammlung* und *Decision*. Fast alle in Europa erscheinenden deutschen Exilzeitschriften und -zeitungen veröffentlichten auch seine Arbeiten. In Amerika war er ebenfalls Mitarbeiter von angesehenen Blättern. Als er in den amerikanischen Streitkräften diente, trat er, in den letzten Monaten des zweiten Weltkrieges, in die Redaktion der Armeezeitung *Stars and Stripes* ein.

Während der Emigration hielt Klaus Mann auch viele Vorträge zu kulturellen und politischen Themen: bis 1937 trat er in fast allen westeuropäischen Ländern auf, die den deutschen Emigranten Gastrecht gewährten; von Herbst

1936 bis Dezember 1942 unternahm er regelmäßige Vortragstourneen in den Vereinigten Staaten.

Um ein möglichst vollständiges Bild von Klaus Manns Schaffen zu geben, sei zuletzt eine wenig bekannte Tätigkeit erwähnt, die er im Krieg hatte: als Angehöriger der „Psychological Warfare Branch" der US Army verhörte er deutsche Kriegsgefangene, verfaßte Flugblätter und hielt vor den Angriffen an der Front „Lautsprecherreden", um die deutschen Soldaten zur Aufgabe des Kampfes zu veranlassen.

Nur ein Teil von Klaus Manns Schriften ist veröffentlicht worden. Das läßt sich teilweise auf gewisse Besonderheiten seiner schriftstellerischen Laufbahn zurückführen. Bis 1933 konnte er als Sohn von Thomas Mann sehr leicht angesehene Verleger finden, die sich für seine Bücher interessierten. Ab 1933 gehörte er als erklärter Gegner des Nationalsozialismus zu den ersten in Deutschland verbotenen Autoren. Die meisten seiner Werke konnten jedoch ohne große Schwierigkeiten publiziert werden: sie erschienen in der deutschsprachigen Abteilung des Querido Verlags in Amsterdam, deren Leiter, Fritz Landshoff, im Lauf des Exils Klaus Manns bester Freund wurde. Nach dem Krieg begann für Klaus Mann die eigentlich schwierige Zeit, denn sein Werk fand im deutschen Sprachraum nicht die erwartete Anerkennung. Nach seinem Tod konnte selbst sein Vater nur mit Mühe seine Autobiographie in deutscher Sprache − *Der Wendepunkt* −, und zwar erst 1952, zur Veröffentlichung bringen.

Die Klaus Mann-Renaissance, die jetzt eindeutig festzustellen ist, begann in den sechziger Jahren, als Erika Mann, Martin Gregor-Dellin und Berthold Spangenberg die ersten Bände seiner „Werksausgabe in Einzelbänden" vorlegten. Die jahrelangen Auseinandersetzungen um *Mephisto*, die durch die Neuauflage des Romans 1965 ausgelöst wurden, haben auch zur Wiederentdeckung von Klaus Mann beigetragen. Gegenwärtig sind seine Romane, seine wichtigsten Erzählungen und seine beiden Autobiographien wieder im Buchhandel. Seine Aufsätze sind auch teilweise wieder zugänglich, und eine zweibändige Auswahl aus seiner Korrespondenz liegt ebenfalls vor.

Trotz der sehr verdienstvollen Arbeit, die schon geleistet worden ist, weist die Ausgabe von Klaus Manns Werken jedoch noch Lücken auf. Seine Theaterstücke sind noch fast alle unbekannt. Von seinen zahlreichen Gedichten und Sketches für das Kabarett „Die Pfeffermühle" sind bisher nur zwei publiziert worden. Die größte Lücke betrifft seine Aufsätze und Vorträge: um dem Intellektuellen Klaus Mann wirklich gerecht zu werden, wäre eine Ergänzung der bisher vorlegten Aufsatzbände − *Prüfungen, Heute und Morgen, Woher wir kommen und wohin wir müssen* − sehr begrüßenswert.

Diese Bibliographie ist ein Versuch, Klaus Manns gesamtes Schaffen zu erfassen und zu ordnen. Sie führt seine veröffentlichten und unveröffentlichten Schriften auf. Sie beginnt mit den ersten erhaltenen Werken, die er als Kind schrieb, und endet mit seinen posthum erschienenen Büchern.

Diese Arbeit hat jedoch Lücken. Sie sind auf die besonderen Umstände des Lebens und der Laufbahn von Klaus Mann zurückzuführen:

- Da er Mitarbeiter von zahlreichen deutschen und ausländischen Zeitschriften und Zeitungen gewesen ist, war es nicht immer möglich, sämtliche Beiträge zu ermitteln, die er in den verschiedensten Blättern veröffentlichte.
- Für die Zeit vor dem III. Reich sind seine Manuskripte infolge der Beschlagnahme von Thomas Manns Haus in München nach 1933 fast restlos verlorengegangen. Deswegen bleiben die Angaben über seine unveröffentlichten Werke aus den Jahren vor der nationalsozialistischen Machtergreifung äußerst dürftig.
- Von 1933 bis 1949 wechselte Klaus Mann sehr oft seinen Aufenthaltsort. Daraus läßt sich teilweise erklären, daß seine Manuskripte aus den Jahren des Exils nicht mehr vollständig vorhanden sind.

Zur Aufstellung dieser Bibliographie wurden vor allem die Bestände des Klaus-Mann-Archivs der Handschriften-Abteilung der Stadtbibliothek München gesichtet und ausgewertet. Die Gründung des Klaus-Mann-Archivs erfolgte 1973, als Katia Mann und Golo Mann der Stadt München den literarischen Nachlaß von Klaus Mann übereigneten. Die ursprüngliche Sammlung, die 423 katalogisierte Nummern zählte, ist 1975 und 1978 um mehr als 200 Neuzugänge bereichert worden.

Im Klaus-Mann-Archiv befinden sich die noch vorhandenen Manuskripte von Klaus Mann. Einzelstücke, die ursprünglich im Besitz des Thomas-Mann-Archivs der Eidgenössischen Technischen Hochschule Zürich waren, sind seit Einrichtung des Klaus-Mann-Archivs der Stadtbibliothek München zur Verfügung gestellt worden. Gegenwärtig fehlen dort nur vereinzelte Manuskripte von Klaus Mann. Wir geben jeweils ihren Standort an.

Die Originalausgaben oder Kopien von vielen Aufsätzen, die Klaus Mann in Zeitschriften publizierte, gehören auch zu den Sammlungen des Klaus-Mann-Archivs. Alle Artikel, die er für *The Stars and Stripes* schrieb, und die meisten Rezensionen, die er während des Krieges für amerikanische Zeitungen verfaßte, konnten dort eingesehen werden.

Von den Aufsätzen, Rezensionen usw, die Klaus Mann vor 1939 veröffentlichte, sind hingegen nur ziemlich wenige im Klaus-Mann-Archiv vorhanden. Unsere Angaben über diesen Teil von Klaus Manns Arbeiten beruhen vor allem auf der Auswertung folgender Quellen:
- Bibliothek des Deutschen Literaturarchivs, Schiller-National-Museum, Marbach am Neckar (literarische Zeitschriften aus der Zeit der Weimarer Republik).
- Deutsche Bibliothek, Frankfurt am Main, Abteilung Exilliteratur (Zeitschriften des Exils).
- Bibliothèque Nationale, Paris (*Pariser Tageblatt, Pariser Tageszeitung*).
- Bibliothèque Interuniversitaire, Nancy (*Die Neue Rundschau, Die Literatur*).

Die Erstausgaben von Klaus Manns Büchern sind fast vollständig im Klaus-Mann-Archiv aufbewahrt. Seine Familie hat 1973 der Stadt München nicht nur seine Manuskripte geschenkt. Auch seine Handbibliothek ist jetzt in der Stadtbibliothek München zugänglich. Neben zahlreichen Widmungsexemplaren von Büchern anderer Autoren enthält sie die Erstausgaben seiner meisten Werke.

Diese Handbibliothek ist um zahlreiche Übersetzungen bereichert worden, und der Ellermann Verlag hat der Stadtbibliothek München alle Neuauflagen von Klaus Manns Büchern zur Verfügung gestellt.

Die hier vorgelegte Bibliographie verzeichnet sämtliche erschlossenen Beiträge von Klaus Mann in chronologischer Reihenfolge und mit durchgehender Numerierung. Die veröffentlichten Schriften wurden nach dem Datum der Erstveröffentlichung und die lediglich als Manuskripte vorhandenen Arbeiten wurden nach ihrem Entstehungsdatum eingeordnet.

Das Werk wurde in sieben Abteilungen gegliedert, die jeweils mit Buchstaben am Rand der Seiten gekennzeichnet sind. Innerhalb jeder Abteilung wurde zwischen veröffentlichten (Unterabteilung 1) und später veröffentlichten oder unveröffentlichten Arbeiten (Unterabteilung 2) unterschieden.

Die sieben Abteilungen sind:

A. *Romane*

B. *Erzählungen*

C. *Dramatische Werke* (Theaterstücke, Filmdrehbücher, Kantate)

D. *Gedichte und Arbeiten für das Kabarett „Die Pfeffermühle"*

E. *Andere Bücher* (Autobiographien, Monographien, Anthologien, Aufsatzsammlungen, Sammelbände, zusammen mit Erika Mann geschriebene Bücher)

F. *Varia* (Aufsätze, Berichte, Rezensionen, Feuilletons, Vorträge, Interviews, Flugblätter aus der Kriegszeit, Vernehmungsniederschriften von deutschen Kriegsgefangenen usw.)

G. *Übersetzungen* (K.M. hat einige Texte aus dem Französischen und aus dem Englischen übersetzt).

Für jedes einzelne Stück (ein Stück = ein Roman oder eine Flugschrift aus der Kriegszeit) wurde eine Nummer gewählt. Unter dieser Nummer stehen auch Vorabdrucke (im Fall von Büchern und nur für deren Erstausgaben), spätere Ausgaben, weitere Veröffentlichungen und (falls vorhanden) Manuskripte mit ihren Varianten.

Soweit dies möglich war, wurden für jedes Stück folgende Angaben gemacht:

1. *Titel* (wenn er von Klaus Mann stammt: in VERSALIEN; wenn es nicht der Fall ist: in VERSALIEN und in eckigen Klammern.)

2. *Art des Textes* (wenn sie nicht von Klaus Mann angegeben worden ist, steht sie in Klammern.)

3. *Erstausgabe*, bzw. *Datum der Erstveröffentlichung in einer Zeitschrift* (der Erscheinungsort der Zeitschrift wird nur bei ihrer ersten Nennung angegeben.)

5. *Übersetzungen*

6. *Manuskript:* (sämtliche Angaben beruhen auf einer Sichtung jedes einzelnen Manuskripts.)

a) *Standort mit Signatur*

b) *Art* (Typoskript oder Handschrift)

c) *Ort der Entstehung* (wenn Klaus Mann ihn vermerkt hat.)

d) *Entstehungsdatum* (wenn es nicht angegeben ist — und nur im Fall der unveröffentlichten Manuskripte —, wird die Arbeit unter Angabe von präzisen Anhaltspunkten — Erwähnung in Briefen, Verweise im Text, Programme von Vortragstourneen usw — datiert. In diesem Fall steht das Datum in eckigen Klammern. Beiträge, deren Datierung nicht möglich war, bilden eine getrennte Gruppe.)

e) *Kurze Beschreibung des Manuskripts* (Handschrift, Typoskript, vorhandene Korrekturen, Zahl der Blätter, usw.)

7. *Entstehungsgeschichte* (oder Werkgeschichte) der wichtigen Werke unter Heranziehung der Korrespondenz oder anderer, meist unveröffentlichter Quellen.

8. *Angaben zum Inhalt*
Die Sprache der Beiträge wird nur in den Fällen vermerkt, wo sie nicht eindeutig aus dem Titel feststellbar ist.

VERZEICHNIS DER ZUR AUFSTELLUNG DER BIBLIOGRAPHIE VERWENDETEN NACHSCHLAGEWERKE UND BÜCHER.

— *Kindlers Literatur Lexikon im* DTV, 25 Bände Deutscher Taschenbuch Verlag, München, 1974.

— Wilhelm KOSCH
Deutsches Literatur-Lexikon. Biographisches und bibliographisches Handbuch. 2. Auflage, 4 Bände, Francke Verlag, Bern, 1949—1958.

— *Deutsches Literatur-Lexikon.* Biographisch-bibliographisches Handbuch. Begründet von Wilhelm KOSCH. 3. Auflage, 8 Bände (A bis Kober), Francke Verlag, Bern und München, 1968 bis 1981.

— Wilhelm STERNFELD — Eva TIEDEMANN
Deutsche Exil-Literatur 1933—1945. Eine Bio-Bibliographie, 2. Auflage, mit einem Vorwort von Hanns W. Eppelsheimer, Verlag Lambert Schneider, Heidelberg, 1970.

— *Dictionnaire de biographie française*, Paris, 1932 . . .

— *The New Cambridge Bibliography of English Literature.* Compiled by J.D. PICKLES, University Press, Cambridge, 1977, 5 Bände.

— *American Authors and Books.* 1640 to the Present Day. Third revised edition. W.J. BURKE and Will D. HOWE, revised by Irving WEISS and Anne WEISS, Crown Publishers Inc, New York, 1972.

— Thomas MANN

Tagebücher 1933–1934, herausgegeben von Peter de Mendelssohn, S. Fischer Verlag, Frankfurt am Main, 1977.
Tagebücher 1935–1936, herausgegeben von Peter de Mendelssohn, S. Fischer Verlag, Frankfurt am Main, 1978.
Tagebücher 1937–1939, herausgegeben von Peter de Mendelssohn, S. Fischer Verlag, Frankfurt am Main, 1980.
Tagebücher 1940–1943, herausgegeben von Peter de Mendelssohn, S. Fischer Verlag, Frankfurt am Main, 1982.

— Klaus MANN

Briefe und Antworten, Band I: 1922–1937, herausgegeben von Martin Gregor-Dellin, edition spangenberg im Ellermann Verlag, München, 1975.
Briefe und Antworten, Band II: 1937–1949, herausgegeben von Martin Gregor-Dellin, Golo Mann: *Erinnerungen an meinen Bruder Klaus*, edition spangenberg im Ellermann Verlag, München, 1975.

(andere, nicht in diesem Verzeichnis aufgeführte Bücher, werden in den jeweiligen Anmerkungen genannt)

12

VERZEICHNIS DER ABKÜRZUNGEN

1. Allgemeine Abkürzungen

Absch	Abschrift
Bl	Blatt
Br	Brief
ca	circa
Cf.	Siehe
Durch	Durchschlag
Entw	Entwurf
Exempl	Exemplar(e)
Frgt	Fragment
geb	geboren
gest	gestorben
Hs	Handschrift
hs	handschriftlich
Kop	Photokopie
Korr	Korrektur
Kt	Karte
Nr	Nummer
o.D.	ohne Datum
o.O.	ohne Ort
Qut	Quittung
S.	Seite
Tel	Telegramm
VKt	Visitenkarte
Vol	Volume

2. Archive

Dec	Decision-Archiv, Yale University Library
KMA	Klaus Mann Archiv, Stadtbibliothek München (die Quellenangabe KMA für einen Brief bedeutet auch, daß er unveröffentlicht ist)
OSO	Odenwaldschule Oberhambach
SNM	Schiller National Museum, Marbach am Neckar

3. Klaus Mann und sein Werk

Ab Btp	*Abenteuer des Brautpaars*
BA1	*Briefe und Antworten, Band 1*
BA2	*Briefe und Antworten, Band 2*
HuM	*Heute und Morgen*
JuR	*Jugend und Radikalismus*
KdZ	*Kind dieser Zeit*
K.M.	Klaus Mann
P	*Prüfungen*
TP	*The Turning Point*
S	*Auf der Suche nach einem Weg*
VdL	*Vor dem Leben*
W	*Der Wendepunkt (Fischer Bücherei, 1963)*
Wh	*Woher wir kommen und wohin wir müssen*

N.B.
KM ...   Signatur im Klaus Mann Archiv der Stadt-
bedeutet bibliothek München.

BIBLIOGRAPHIE

1916

C2   1   **HAMSTERS ENDE**

Lustspiel

Abdruck von zwei Szenen in: *KdZ*, S. 46 — 49.

[*Eine Köchin zeigt ihre hamsternden Herrschaften beim Staatsanwalt an.*]

1918

C2   2   **MARIE HEILMANN**

Tragödie in zwei Teilen

Abdruck von Auszügen in: *KdZ*, S. 70 — 72.

[*Klaus Manns „Tragödie" spielt im Theatermilieu.*]

3   **BAYERNS REVOLUTION**

Drama

Abdruck von Auszügen in: *KdZ*, S. 56 — 57.

[*Über die Ereignisse in München, Ende 1918. Es treten auf: Wilhelm Herzog, Kurt Eisner und Erich Mühsam.*]

UNVERÖFFENTLICHT

4   **DER ARME SEEMANN**

Trauerspiel

(Vermerk von Klaus Mann auf dem Titelblatt): Trauerspiel von Klaus Mann, in unbegrenzter Liebe und mit herzlichen Glückwünschen seiner Mutter gewidmet.

Handschrift   KM 588
30 Bl. mit 2 Zeichnungen
o.O.   o.D. [um 1918]

[*In diesem dramatischen Versuch verwendet Klaus Mann Motive aus* Don Juan *und aus dem* Fliegenden Holländer.]
Zur Datierung: *nach der Handschrift zu urteilen, muß das Stück im zwölften Lebensjahr Klaus Manns entstanden sein.*

1 9 1 9

B1 5   DIE GOTTESLÄSTERIN!

(Erzählung)

in: *Der Zeitvertreib und Jugendfreund* (Schülerzeitung des Wilhelmsgymnasiums), München, Herbst 1919.

ferner in: *Der Zwiebelfisch*, München, 22 (1929) 8, August 1929, S. 288 − 289; *Wh*, S. 11 − 13.

> [*Skizze über eine Episode aus der Zeit der bayerischen Revolution. In einem bürgerlichen Salon erklärt eine Frau, die Berichte gegen die mordenden Spartakisten seien teilweise erfunden. Ihre Worte erregen Mißfallen.*]
>
> *Die Redaktion der Schülerzeitung hatte der Skizze folgende Einleitung vorangestellt:*
> „*Nur mit einem kleinen Vermerke können wir diese Skizze hinaus in unseren Leserkreis wandern lassen. Klaus Mann, welcher uns diese kleine Arbeit zur Veröffentlichung übergab, zeigt in dieser die Art moderner Autoren, welche stark angefeindet wird. Er bringt lauter kurze, abgehackte Sätze, die oft nur nebensächlich sind. Um unseren Lesern von dieser Art einmal etwas zu bringen, war es nötig, von der für eine Jugendzeitung nicht passenden Tendenz abzusehen.*" *(Hervorhebung im Original)* **(***Text mitgeteilt von Ida Herz an Erika Mann, 23.6.1965 − Original im KMA***).**

1 9 2 1

B2 6   VORFRÜHLING

(Erzählung)

Abdruck in: *KdZ*, S. 91 − 94.

> [*Ein Schauspieler verliebt sich in einen vierzehnjährigen Jungen. Einfluß der „decadence"-Literatur.*]

1 9 2 2

F2 UNVERÖFFENTLICHT

7   DER HELD ODYSSEUS

(Aufsatz)

Handschrift   Archiv OSO
4 Bl.
(Auf Papier der Odenwaldschule) 5.12.1922

> [*Im Mittelpunkt dieses Schüleraufsatzes steht Odysseus. Dieser verschlagene Mensch mit dem stets angespannten Leib sei als Kämpfer und als Genießender ein Held. Der andere Typ des Helden sei Jesus: er verkörpere denjenigen, „der hinnimmt (. . .) um anderer willen."*]

1 9 2 2 — 1 9 2 3

D2 8   [GEDICHTE]

(neun Gedichte)

Abdruck in: *KdZ*, S. 111 — 114.

[*K.M. ahmt Georg Trakl nach.*]

UM 1 9 2 3 — 1 9 2 4

B2 9   **VOR DEM LEBEN**

(Fragment einer Erzählung)

Abdruck in: *KdZ*, S. 138 — 140.

[*Im Mittelpunkt: die Vater-Sohn-Problematik.*]

D2 10   [GEDICHTE FÜR DAS KABARETT]

(drei Gedichte)

Abdruck in: *KdZ*, S. 128 — 133.

11   [GEDICHTE]

(zwei Gedichte aus dem Frühjahr 1924)

Abdruck in: *KdZ*, S. 137 — 138.

1 9 2 4

B1 12   **NACHMITTAG IM SCHLOSS**

(Erzählung)

in: *Vossische Zeitung*, Berlin, 221 (1924) 210, 3.5.1924.

[*Unverkennbarer Einfluß der „décadence"-Literatur: im aristokratischen Milieu, krankhaft aussehende Menschen; auch ein Dilettant kommt vor.*]

13   **VOR DEM LEBEN**

(Erzählung)

in: *Acht Uhr Abendblatt*, Berlin, 77 (1924) 182, 5.8.1924.

ferner in: *Wb.*, S. 14 — 19.

[*Vier Abiturienten und das Leben. Nur einer vertrete den Weg der Zukunft: er strebe eine Synthese aller gegensätzlichen Tendenzen an.*]

14   **KASPAR HAUSERS BEGRÄBNIS**

(Erzählung)

in: *Vossische Zeitung*, 221 (1924) 210, 30.9.1924.

ferner in: *VdL*, S. 191 — 194, unter dem Titel: *Der tote Kaspar Hauser*.

[*Seltsame Begebenheiten bei der Beerdigung von Kaspar Hauser. Kaspar Hauser wird mit Christus verglichen.*]

15   **DER ALTE**

(Erzählung)

in: *Das Zwölf Uhr Blatt*, Berlin, 6 (1924) 262, 6.11.1924.

ferner in: *VdL*, S. 137 — 141.

        Ab Btp, S. 66 — 69.

        [*Ein alternder Pädagoge im Umgang mit seinen Schülern.*]

        Der Leiter der Odenwaldschule, Paul Geheeb (1870 — 1961), diente Klaus Mann als Vorbild für diese Skizze. Er erkannte sich in der Gestalt des ,,Alten'' wieder und nahm daran Anstoß: Cf. Brief von Geheeb an Thomas Mann, 30.4.1925 (Archiv OSO), Brief von Thomas Mann an Geheeb, 4.5.1925 (Archiv OSO), Brief von Klaus Mann an Geheeb, 16.5.1925, von Geheeb an K.M., 27.6.1925, in: BA1, S. 19 — 22.

16   **KASPAR HAUSERS TRAUM VOM MORGEN**

(Erzählung)

in: *Acht Uhr Abendblatt*, 77 (1924) 267, 12.11.1924.

ferner in: *VdL*, S. 187 — 189.

        [*Kaspar Hauser, das ,,kränkste Kind der Welt'', hat einen Traum, in dem sehr lebendige Gestalten vorkommen.*]

17   **GIMIETTO**

(Erzählung)

in: *Vossische Zeitung*, 221 (1924), 18.12.1924.

        [*Portrait eines Knaben.*]

18   **KASPAR HAUSER UND DIE BLINDE FRAU**

(Erzählung)

in: *Vossische Zeitung*, (Zeitungsausschnitt ohne weitere Angaben).

ferner in: *VdL*, S. 165 — 168.

        [*Kaspar Hauser sucht nach der Melodie, die seine Schwester sang, als er noch bei seiner Mutter war.*]

F1   19   DIE ODENWALDSCHULE

(Aufsatz)

in: *Vossische Zeitung*, 221 (1924), 19.8.1924.

[*Bekenntnis zu Paul Geheeb und Betrachtung über die Odenwaldschule aus Anlaß des Erscheinens von Elisabeth Huguenins Buch,* Paul Geheeb et la libre communauté scolaire de l'Odenwald, Genève, 1924. *Die Odenwaldschule sei die einzige, die den neuen Menschen heranbilden könne.*]

20   HÖHLENTIERE

(Glosse)

in: *Acht Uhr Abendblatt*, Berlin, 77 (1924) (Zeitungsausschnitt ohne weitere Angaben).

[*über seltsame Wesen, usw . . .*]

21   ARTHUR RIMBAUD

(Essay)

in: *Die Weltbühne*, Berlin, 20 (1924) 37, 11.9.1924, S. 379.

[*Bekenntnis zu Rimbaud. Der französische Dichter sei von einer Sehnsucht erfüllt gewesen, die sich nicht in der Literatur ,,gestalten und erlösen könne". Er gehöre aber nicht zu denjenigen, die die Menschheit feiert. Denjenigen, die um der Leistung, um der Kunst willen verzichten, setze man die Krone aufs Haupt.*]

22   PRINZ FRIEDRICH VON HOMBURG

(Theaterkritik)

in: *Das Zwölf Uhr Blatt*, 6 (1924) 214, 11.9.1924.

[*Bericht über eine Aufführung von Kleists Stück im Steglitzer Schloßtheater.*]

23   DER LUSTIGE THOMA-ABEND

(Bericht)

in: *Das Zwölf Uhr Blatt*, 6 (1924) 225, 24.9.1924.

[*Über einen Kabarettabend in München.*]

24   W.S. MAUGHAM: VICTORIA

(Theaterkritik)

in: *Das Zwölf Uhr Blatt*, 6 (1924) 227, 26.9.1924.

[*Bericht über eine Aufführung des Stückes von William Somerset Maugham (1874 — 1965).*]

25   MICHAEL

(Filmkritik)

in: *Das Zwölf Uhr Blatt*, 6 (1924) 228, 27.9.1924.
> [*Über eine Verfilmung des Romans von Herman Bang (1857 – 1912)*. Mikäel, *1904 (deutsch:* Michael, *1906). K.M. mochte diesen Roman ganz besonders:* Cf. TP *und* W.]

26   ÜBER GEORG TRAKL

(Essay)

in: *Die Weltbühne*, 20 (1924) 40, 2.10.1924, S. 504 – 505.
> [*Bekenntnis zu Georg Trakl. Der Dichter dürfe mit Hölderlin verglichen werden. Der Inhalt seiner Dichtung könne nicht mit ,,Feuilletonschlagworten" wiedergegeben werden; sie zerfließe in Musik und Farben.*]

27   DER ROLAND VON BERLIN

(Bericht)

in: *Das Zwölf Uhr Blatt*, 6 (1924) 232, 2.10.1924.
> [*Über ein Berliner Kabarett.*]

28   OSCAR WILDE: EIN IDEALER GATTE

(Theaterkritik)

in: *Das Zwölf Uhr Blatt*, 6 (1924) 234, 4.10.1924.
> [*Bericht über die Aufführung der Komödie von Oscar Wilde* An Ideal Husband, *1895.*]

29   ÜBER DAS BILD EINES JUNGEN MALERS

(Essay)

in: *Acht Uhr Abendblatt*, 77 (1924) 238, 9.10.1924.

ferner in: *S*, S. 280 – 283.
> [*Klaus Mann beschreibt ein Bild seines nächsten Jugendfreundes Richard Hallgarten (1905 – 1932). Das Bild habe ihn im Traum verfolgt und habe sich in eine Golgatha-Vision verwandelt. Hallgartens Bild diente K.M. als Vorlage für das Bild, das Andreas in* Der fromme Tanz *zeichnet:* Cf. Nr 67.]

30   IWAN GOLL: METHUSALEM

(Theaterkritik)

in: *Das Zwölf Uhr Blatt*, 6 (1924) 242, 14.10.1924.
> [*Bericht über die Uraufführung des Stückes von Ivan Goll (1891 – 1950),* Methusalem oder der ewige Bürger, *am 13.10.1924 im Dramatischen Theater in der Chaussee-straße, Berlin. Positiv.*]

31   DER ROLAND VON BERLIN: NEUES PROGRAMM
(Bericht)
in: *Das Zwölf Uhr Blatt*, 6 (1924) 242, 14.10.1924.
    [*Information über ein Kabarettprogramm.*]

32   DER JONGLEUR
(Bericht)
in: *Das Zwölf Uhr Blatt*, 6 (1924) 243, 15.10.1924.
    [*Über den Kabarettkünstler Emil Pohl.*]

33   DIE NATÜRLICHE TOCHTER: ERÖFFNUNG DER GOETHE-BÜHNE
(Theaterkritik)
in: *Das Zwölf Uhr Blatt*, 6 (1924) 249, 22.10.1924.
    [*Sehr lobender Bericht über eine Versuchsbühne in Berlin.*]

34   LUDWIG HARDT: FRANZ KAFKA ABEND
(Bericht)
in: *Das Zwölf Uhr Blatt*, 6 (1924) 251, 24.10.1924.
    [*Nach seiner Lesung aus dem Werk von Franz Kafka. K.M. zeigt sich durch das Talent des Rezitators Ludwig Hardt (1886 – 1947) sehr beeindruckt.*]

35   RILKE-ABEND BEI LUDWIG HARDT
(Bericht)
in: *Das Zwölf Uhr Blatt*, 6 (1924) 256, 30.10.1924.
    [*Sehr lobend.*]

36   SCHWARZE PREMIERE
(Theaterkritik)
in: *Das Zwölf Uhr Blatt*, 6 (1924) 256, 30.10.1924.
    [*Über eine Aufführung des Stückes von Leo Weismantel (1888 – 1964),* Die Kommstunde, *1924. Sehr streng gegen das Stück und die Darsteller.*]

37   GELD WIE HEU
(Bericht)
in: *Das Zwölf Uhr Blatt*, 6 (1924) 262, 6.11.1924.
    [*Über einen Kabarettabend.*]

38   KLINGER: STURM UND DRANG
(Theaterkritik)

in: *Das Zwölf Uhr Blatt*, 6 (1924) 264, 8.11.1924.
> [*Über eine Aufführung des Stückes von Maximilian Klinger (1752 — 1834)*, Sturm und Drang, *in Berlin.*]

39   DIE UNHEILIGE JOHANNA
(Theaterkritik)

in: *Das Zwölf Uhr Blatt*, 6 (1924) 265, 10.11.1924.
> [*Über das Stück von Fedor Ranewski*, Die Königin von Neapel. *Keine näheren Angaben.*]

40   GERHART HAUPTMANN: SCHLUCK UND JAU
(Theaterkritik)

in: *Das Zwölf Uhr Blatt*, 6 (1924) 269, 14.11.1924.
> [*Bericht über eine Aufführung der Komödie* Schluck und Jau *(1900) von Gerhart Hauptmann in der Volksbühne, Berlin. Positiv.*]

41   FÜNFZIG JAHRE FLEDERMAUS
(Kritik)

in: *Das Zwölf Uhr Blatt*, 6 (1924) 271, 17.11.1924.
> [*Kurze Betrachtung über die Operette von Johann Strauß.*]

42   JANNINGS ALS TENOR
(Bericht)

in: *Das Zwölf Uhr Blatt*, 6 (1924) 281, 29.11.1924.
> [*Über einen Liederabend mit dem Schauspieler Emil Jannings.*]

43   OSCAR WILDE: EINE FRAU OHNE BEDEUTUNG
(Theaterkritik)

in: *Das Zwölf Uhr Blatt*, 6 (1924) 293, 13.12.1924.
> [*Bericht über eine Aufführung von Oscar Wildes Stück* A Woman of No Importance *(1893).*]

44   PIRANDELLO: SECHS PERSONEN SUCHEN EINEN AUTOR
(Theaterkritik)

in: *Das Zwölf Uhr Blatt*, 6 (1924) 295, 16.12.1924.
> [*Bericht über eine Aufführung des Stückes von Luigi Pirandello*, Sei personagi in cerca d'autore *(1922), in den Münchner Kammerspielen. Positiv.*]

B1   45   **VOR DEM LEBEN**

Erzählungen

Gebrüder Enoch Verlag, Hamburg, 1925. (Erschienen im Mai 1925: *Cf.* Brief von K.M.
an Paul Geheeb, 16.5.1925, in: *BA1*, S. 19.)

Inhalt:

— *DIE JUNGEN*   S. 7
   ferner in: *Schulgeschichten von Thomas Mann bis Heinrich Böll*, herausgegeben
   von Martin Gregor-Dellin, Nymphenburger Verlagshandlung, München, 1965,
   S. 148 — 175; *Wo waren wir stehengeblieben?*, Schulgeschichten, herausgegeben
   von Martin Gregor-Dellin, Fischer Bücherei, Hamburg, Frankfurt/Main, 1969,
   S. 121 — 138; *Ab Btp*, S. 7 — 33.
   [*Stark autobiographisch. K.M. verarbeitet Erlebnisse aus der Zeit, die er auf der Berg-
   schule Hochwaldhausen verbrachte.*]

— *DER VATER LACHT*   S. 49
   ferner: *Ab Btp*, S. 34 — 62.
   [*Eine Parodie von Thomas Manns* Tod in Venedig. *Eine Tochter verführt ihren Vater
   zum Inzest.*]

— *SONJA*   S. 93
   [*Ein Mädchen erwacht zur Liebe, erwartet aber vergeblich deren Erfüllung.*]

— *LUDWIG ZOFFCKE*   S. 119
   ferner: Englische Übersetzung von Auszügen, unter dem Titel: *Ludwig Zoffcke,* in:
   The Best Continental Short Stories of 1926, edited by Richard Eaton, Dodd, Mead
   and Company, New York, 1927, S. 198 — 202.
   [*Über einen bizarren und unbeherrschten Menschen.*]

— *DER ALTE*   S. 137
   ferner in: *Ab Btp*, S. 66 — 69. (*Cf.* auch Nr 15)

— *MASKENSCHERZ*   S. 143
   ferner in: *Die Welt*, 28.12.1963, *Frankfurter Allgemeine Zeitung*, 25.1.1964, *Süd-
   deutsche Zeitung*, 25.1.1964, *Ab Btp*, S. 63 — 65.
   [*Eine Groteske.*]

— *MÄRCHEN*   S. 149
   [*Über die „Anmut“. Verarbeitung des Ophelia-Motivs.*]

— *KASPAR HAUSER LEGENDEN*   S. 161
   Gedicht

   Manuskript   KM 40
          o.O.   o.D.   1 Bl Hs.

— *KASPAR HAUSER SINGT*   ·   S. 163
   Gedicht
   ferner in: *Klaus Mann zum Gedächtnis*, S. 5.

— *KASPAR HAUSER UND DIE BLINDE FRAU*   S. 165
   (*Cf.* Nr 18)

— *KASPAR HAUSER UND DAS IRRE KLEINE MÄDCHEN*   S. 173
   [*Über einen besonders akuten Konflikt zwischen einem Mädchen und seinem Vater.*]

46   TRAUM DES VERLORENEN SOHNES VON DER HEIMKEHR

(Erzählung)

in: *Vossische Zeitung*, 222 (1925) 128, 17.3.1925.
> [*K.M. kannte das Motiv des verlorenen Sohnes aus Rilkes Übersetzung von Gides Retour*
> *du Fils prodigue: Cf. Die Rückkehr des verlorenen Sohnes, übertragen von Rainer Maria*
> *Rilke, Insel Verlag, Leipzig, o.J., Insel Bücherei, Nr 143.; W, S. 202. K.Ms „verlorener*
> *Sohn" kehrt aber nicht heim. Seine Erzählung ist eine Vorstufe zu einer Episode aus Der*
> *fromme Tanz.*]
> (Cf. Nr 67)

C] 47   ANJA UND ESTHER

Ein romantisches Stück in sieben Bildern

Osterheld und Co Verlag, Berlin 1925
(erschienen: Juni 1925. *Cf.* F.C. Kobbe, *Klaus Mann: Anja und Esther*, in: *Münchner-Augsburger Abendzeitung*, 7.6.1925)
> [*Im Mittelpunkt, zwei Themen: das Verhältnis der Jugend zur Elterngeneration und das*
> *Erwachen zum Leben.*]
> Uraufführung: *München, Kammerspiele, 20.10.1925. Cf. Aufführungsbericht in: Die*
> *Literatur, Stuttgart, Berlin, 28 (1925 — 1926) 3, Dezember 1925, S. 167.*

F1 48   HERBSTLICHE GEIGEN

(Bericht)

in: *Das Zwölf Uhr Blatt*, 7 (1925) 12, 15.1.1925.
> [*Über einen Kabarettabend.*]

49   LEW URWANZOW: DAS TIERCHEN

(Theaterkritik)

in: *Das Zwölf Uhr Blatt*, 7 (1925) 27, 2.2.1925.
> [*Aufführungsbericht.*]

50   W.S. MAUGHAM: Mrs DOT

(Theaterkritik)

in: *Das Zwölf Uhr Blatt*, 7 (1925) 31, 6.2.1925.
> [*Über ein Lustspiel von William Somerset Maugham, 1912.*]

51   COMTESSE GUCKERL
(Theaterkritik)
in: *Das Zwölf Uhr Blatt*, 7 (1925) 40, 17.2.1925.
[*Aufführungsbericht.*]

52   ZURÜCK ZUR SCHULE
(Theaterkritik)
in: *Das Zwölf Uhr Blatt*, 7 (1925) 42, 19.2.1925.
[*Über ein Lustspiel. Verfasser nicht angegeben.*]

53   TOTENTANZ
(Bericht)
in: *Das Zwölf Uhr Blatt*, 7 (1925), 43, 20.2.1925.
[*Über einen Kabarettabend.*]

54   TRAURIGE PHANTASIE
(Glosse)
in: *Leipziger Tageblatt*, 24.2.1925.

55   NARZISS: FERDINAND BONN IN DER GOETHE-BÜHNE
(Theaterkritik)
in: *Das Zwölf Uhr Blatt*, 7 (1925) 48, 26.2.1925.
[*Über die Aufführung eines Stückes von Albert Emil Brachvogel (1824 – 1878), Narziß, 1857. K.M. hält das Stück für bedeutungslos.*]

56   ROMEO UND JULIA
(Theaterkritik)
in: *Das Zwölf Uhr Blatt*, 7 (1925) 52, 3.3.1925.
[*Über eine Aufführung von Shakespeares Stück.*]

57   IM ROLAND VON BERLIN: DAS MÄRZPROGRAMM
(Bericht)
in: *Das Zwölf Uhr Blatt*, 7 (1925) 58, 10.3.1925.
[*Information über das Kabarett.*]

58   **KASPAR HAUSER**

(Essay)

in: *Die Weltbühne*, 21 (1925) 14, 7.4.1925, S. 511 – 512.

[*Über Jakob Wassermanns Roman,* Caspar Hauser – oder die Trägheit des Herzens, *1908. Sehr positiv; K.M. vergleicht Kaspar Hauser mit Christus.*]

59   **PÄDAGOGIUM**

(Bericht)

in: *Leipziger Tageblatt*, 24.4.1925.

[*Über Landschulheime.*]

60   **LA-BAS**

(Essay)

in: *Die Weltbühne*, 21 (1925) 18, 5.5.1925, S. 664.

[*Betrachtung über den Roman von Karl Joris Huysmans (1848 – 1907),* Là-Bas, *1891. In seiner Bibliothek (KMA) besaß K.M. die deutsche Übersetzung des Werkes:* Tief unten, *deutsch von Victor Hennig Pfannkuche, Gustav Kiepenheuer Verlag, Potsdam, 1921. K.M. vergleicht Huysmans mit dem Maler Mathias Grünewald.*]

61   **CASINO DE MONTPARNASSE**

(Reportage)

in: *Acht Uhr Abendblatt*, 78 (1925) 119, 23.5.1925.

[*Über das Nachtleben in Paris, Mistinguett usw. Was K.M. am Casino de Montparnasse besonders gefällt, ist, daß das Pariser Volk – und nicht nur die Touristen – sich dort wirklich amüsiere.*]

62   **MEIN VATER. ZU SEINEM 50. GEBURTSTAG**

(Geburtstagsgruß für Thomas Mann)

in: *Acht Uhr Abendblatt*, 78 (1925) 131, 8.6.1925.

ferner in: *National-Zeitung*, Acht Uhr Morgenblatt, Berlin, 9.6.1925; *Wb*, S. 20 – 23.

[*K.Ms erste öffentliche Äußerung über sein Verhältnis zu seinem Vater. Die Kluft zwischen den Generationen sei so tief, daß es keinen Sinn habe, sie zu vergrößern. Für den Sohn gelte es, ,,über den geliebten Gegenstand hinaus (. . .) zu drängen.``*]

63   **DIE FREIE SCHULGEMEINDE**

(Bericht)

in: *Frankfurter Zeitung*, 23.6.1925.

[*Über die Odenwaldschule.*]

64   **AUSGANG**

(Reportage)

in: *Acht Uhr Abendblatt*, 78 (1925) 175, 29.7.1925.

> [*Über das Hafenviertel in Marseille. Erinnerung an Rimbauds Rückkehr aus Afrika. K.Ms Bekenntnis zu Rimbaud ist nicht mehr so eindeutig wie im ersten Essay (Cf. Nr 21). Er macht deutlich, daß er nicht zu denen gehört, die, wie der französische Dichter, Europa als Käfig empfinden.*]

65   **„ANJA UND ESTHER" UND EIN GESUNDER**

in: *Der Querschnitt*, Berlin, 5 (1925) 12, Dezember 1925, S. 1075.

> [*Einsendung von K.M. an den* Querschnitt. *Eine derbe Kritik an seinem Stück* Anja und Esther.]

F2   **ERSTVERÖFFENTLICHUNG NICHT NACHGEWIESEN**

66   **RAYMOND RADIGUET**

(Essay)

in: *S*, S. 159 — 164.

ferner in: *P*, S. 23 — 26.

> [*Über* Le diable au corps, *1923 und* Le bal du comte d'Orgel, *1924. Radiguet (1903 — 1923) gilt K.M. als Gegensatz zu Arnolt Bronnen und den Expressionisten. Er sei der Vertreter einer „neuen Zartheit", die er als Kennzeichen der neuen Jugend ansieht, deren Vertreter man bald in ganz Europa antreffen werde.*]

1 9 2 6

A1 67   **DER FROMME TANZ**

Das Abenteuerbuch einer Jugend

(Roman)

Gebrüder Enoch Verlag, Hamburg, 1926
(eigentlich 1925 erschienen: *Cf. Die Literarische Welt*, 1 (1925) 9, 4.12.1925, *Bibliographie der Woche*)

Vorabdruck:

— *PROLOG*

  in: *Vossische Zeitung*, 222 (1925), 18.9.1925.

Neuausgabe:

Bruno Gmünder Verlag, Berlin, 1982.

Manuskript:

Handschrift
München, im Frühjahr 1925

208 Bl.

Stadtb. München
Signatur BM L 95

> [*Stark autobiographisch gefärbtes Werk. Die Hauptgestalt — ein junger Maler, der am Ende des Romans die Kunst aufgibt — soll eine Art Gegensatz zu Tonio Kröger darstellen.*]

B1 68 **SPIELENDE KINDER**

(Erzählung)

in: *Berliner Tageblatt*, 21.4.1926.

> [*Teilweise Vorstufe von Kapitel 1 der* Kindernovelle *(Cf. Nr 69), aber ein wesentlicher Unterschied: hier haben die Kinder noch ihren Vater.*]

69 **KINDERNOVELLE**

(Novelle)

Gebrüder Enoch Verlag, Hamburg, 1926
(erschienen im November 1926: *Cf. Die Literarische Welt*, 2 (1926) 45, 5.11.1926, *Bibliographie der Woche*)

Neuausgaben:

— Mit einem Nachwort von Hermann Kesten: Nymphenburger Verlagshandlung, München, 1964.

— Mit einem Nachwort von Herbert Schlüter: S. Fischer Verlag, Bibliothek Fischer, Frankfurt am Main, 1978.

ferner in: *Ab Btp*, S. 70 — 126.

Übersetzungen:

The Fifth Child, translated by Lambert Armour Shears, Boni and Liveright, New York, 1927.
Le cinquième enfant, traduction Sarita Manova, in: *La Revue Nouvelle*, Paris, 3 (1927) 31/32, juin-juillet 1927; 3 (1927) 33/34, août-septembre 1927.

> [*Eine junge Witwe lebt zurückgezogen mit ihren Kindern, bis ein junger Unbekannter kommt, in den sie sich verliebt. In seiner Novelle verarbeitet K.M. teilweise Kindheitserinnerungen und Erlebnisse aus dem Frühjahr 1926. Auch wichtig: die religiöse Problematik.*]

C1 70 **REVUE ZU VIEREN**

Komödie in drei Akten (8 Bildern)

Osterheld und Co.. Berlin. 1926.

> Uraufführung: *Leipzig, 31.4.1927. Cf. Aufführungsbericht in:* Die Literatur, *Stuttgart, Berlin, 29 (1926 — 1927) 9, Juni 1927, S. 540.*

> [*Ein mißlungenes Stück. Ein junger Philosoph und junge Künstler wollen eine Synthese aller Strömungen ihrer Zeit verwirklichen. Es gelingt ihnen aber nicht einmal, ein Schauspiel zu zeigen. Hidalla von Frank Wedekind diente K.M. offenbar als Vorbild.*]

F1 71 **MODERNE LIEBESGESCHICHTE**

(Rezension)

in: *Die Literarische Welt*, Berlin, 2 (1926) 5, 29.1.1926.

> [*Über die Novelle von Wilhelm Emmanuel Süskind (1901 — 1970) Das Morgenlicht Deutsche Verlagsanstalt, Stuttgart, Berlin, 1926. Sehr lobend. Süskind war einer von K.Ms nächsten Freunden.*]

28

72   KLEINE RICHTIGSTELLUNG

(Leserbrief)

in: *Die Literarische Welt*, 2 (1926) 6, 5.2.1926.

> [*Antwort auf einen ziemlich heftigen Aufsatz von Hans von Hülsen:* Das Problem Klaus Mann, *erschienen in der* Königsberger Allgemeinen Zeitung.]

73   FRAGMENT VON DER JUGEND

(Essay)

in: *Die Neue Rundschau*, Berlin, 37 (1926) 3, März 1926, S. 285 − 295.

ferner in: *Die Literatur*, Stuttgart, Berlin, 28 (1926 − 1927) 8, April 1927 S. 482; *S*, S. 3 − 20.

in *S* wurde eine Stelle aus dem Original abgeändert:

Original:

„Und was das Beste und Zukünftigste in neuer deutscher Dichtung ist, die Lieder Klabunds etwa oder die schönsten, gleichsam winddurchwehten Stellen in Bert Brechts Theaterstücken, ist eben darum gut, darum zukünftig, weil es wieder gläubig ist, ohne Gedanke, ohne den kleinen Zweifel, nahe dem Rauschen −−" (S. 295)

S:

„Und was das Beste und Zukünftigste in neuer deutscher Dichtung ist, ist eben darum gut, darum zukünftig, weil es wieder gläubig ist, ohne Gedanke, ohne den kleinen Zweifel, nahe dem Rauschen −−" (S. 19)

> [*K.M. zieht eine erste Bilanz seines Werkes nach Erscheinen von VdL, AuE und FT. Im Gegensatz zu den Expressionisten sei seine Generation gegenüber dem revolutionären Pathos mißtrauisch. Andererseits wolle sie sich auch nicht bevormunden lassen. In diesem Essay äußert sich K.M. auch zum erstenmal über seine Auffassung von der Literatur: es sollten Bücher geschrieben werden, die ohne Lehre, ohne Anklage, ohne Moral, fast ohne Klage seien. Oberster Grundsatz sei es, dem Rauschen des Lebens möglichst nahe zu sein. Bekenntnis zu Herman Bang, Stefan George, Knut Hamsun.*]

74   AMERIKANISCHE AUTOBIOGRAPHIE

(Rezension)

in: *Form und Sinn*, Augsburg, 1 (1926) 12, Juli 1926, S. 305 − 306.

> [*Über ein Buch des amerikanischen Schriftstellers Samuel Örnitz (1890 − 1957), übersetzt unter dem Titel* Herr Fettwanst, *1926. K.Ms erste Äußerung zum Thema Amerika. Er preist das Buch wegen seiner „Wirklichkeitsnähe". Sehr lobend.*]

75   WILDES LETZTE BRIEFE

(Rezension)

in: *Neue Freie Presse*, Wien, 6.7.1926.

ferner in: *S*, S. 198 − 205; *Wb*, S. 25 − 30.

> [*Über Oscar Wilde,* Letzte Briefe, *Deutsch von Max Meyerfeld, S. Fischer Verlag, Berlin, 1925. K.M. hat echte Zuneigung zu Wilde, der für ihn einer der vornehmsten Vertreter der „Körperreligion" ist. Er verklärt ihn fast zum Heiligen.*]

76   GESPRÄCH MIT BRUNO FRANK

(Schriftstellerportrait)

in: *Die Literarische Welt*, 2 (1926) 29, 16.7.1926.

ferner in: *S*, S. 240 – 246.

[*Aus der Serie:* Was arbeiten Sie? Gespräche mit deutschen Dichtern. *Bruno Frank
(1887 – 1945) war ein naher Freund der Familie Mann.*]

77   DIE NEUEN ELTERN

(Aufsatz)

in: *Ubu*, Berlin, 2 (1926) 11, August 1926, S. 4 – 8.

ferner in: *Wh*, S. 31 – 42.

[*K.M. über sein Verhältnis zur Elterngeneration und zu seinem Vater. An der Unab-
hängigkeit der Kinder von ihren Eltern sei nichts mehr zu ändern, und diese seien auch
klug gewesen, es zu erkennen. Absage an den Expressionismus und an die rechtsradikale
Jugend. Die Zeit der „revolutionären Jugend" sei endgültig vorbei. Bekenntnis zu Herman Bang, Frank Wedekind, Heinrich Mann, Stefan George, R.M. Rilke usw.*]

Im Anschluß an K.Ms Aufsatz: Thomas Mann, Die neuen Kinder, *ein Gespräch unseres
Mitarbeiters mit Thomas Mann über den Aufsatz seines Sohnes „Die neuen Eltern".
(Gesprächsteilnehmer: Thomas Mann, K.M., Erika Mann und der Mitarbeiter von Uhu,
W.E. Süskind). Thomas Mann vertrete gegenüber der „neuen Jugend" eine sehr ge-
schmeidige Haltung und gebe auch zu, daß die Eltern „selbst revolutioniert" seien.
Er habe aber nicht sagen wollen, was er von der jungen Generation erwarte und habe
jeden Vergleich zwischen seiner Generation und der seiner Kinder abgelehnt.*

*K.Ms Aufsatz und die Ausführungen seines Vaters hatten eine sehr scharfe Reaktion von
Bertolt Brecht zur Folge:* Cf. Wenn der Vater mit dem Sohne mit dem Uhu . . ., *in:*
Das Tagebuch, *Berlin, 14.8.1926.*

78   AUF REISEN GELESEN (HANS HENNY JAHNN: PASTOR EPHRAIM
      MAGNUS).

(Rezension)

in: *Neues Wiener Journal*, 20.9.1926.

[*Über das Drama von Hans Henny Jahnn (1894 – 1959),* Pastor Ephraim Magnus,
erschienen 1919. Für K.M. war Jahnn einer der großen Dichter seiner Zeit.]

79   JÜNGSTE DEUTSCHE AUTOREN

(Aufsatz)

in: *Neue Schweizer Rundschau*, Zürich, 19 (1926) 12, Dezember 1926, S. 1011 –
1018.

[*K.M. stellt drei sehr verschiedene Autoren vor: Erich Ebermayer (1900 – 1970), der
das neue „Körpergefühl" in* Doktor Angelo, Novellen, *Leipzig, 1922 und* Sieg des
Lebens, Roman, *Leipzig, 1925 darstelle, W.E. Süskind, dessen Kraft im Sprachlichen
liege und Martin Raschke (1905 – 1943), der dithyrambisch schreibe (Wir werden sein!
Manifest, 1926;* Wind, Wolken, Palmen, Gedichte, 1926). *Mit diesen drei Beispielen will
er zeigen, daß es in der neuen Jugend keine eigentliche Richtung gebe. Als Vertreter der
„jüngsten Generation" lehnt er Brecht, Bronnen und Klabund ab.*]

80   DER SCHWIERIGE TOD

(Aufsatz)

in: *Berliner Tageblatt*, 30.12.1926.

ferner in: *S*, S. 164 − 170; unter dem Titel: *René Crevel, La mort difficile*, in: *P*,
S. 27 − 32.

> [*Über den Roman von René Crevel (1900 − 1935)*, La mort difficile, *Paris, 1926. K.M.
> hatte Crevel im Frühjahr 1926 in Paris kennengelernt (Cf. W, S. 150 − 152), und dieser
> schenkte ihm ein Exemplar seines Romans (Widmungsexemplar im KMA). Eine deutsche
> Übersetzung des Werkes erschien 1930 (Der schwierige Tod, Deutsch von Hans Feist,
> Berlin, 1930). K.Ms Rezension ist ein Bekenntnis zur Solidarität mit der französischen
> Jugend und eine Art Beitrag zur Erörterung eigener Probleme. In der Hauptgestalt von
> Crevels Roman sieht K.M. eine Art Spiegelbild. Auch: erstes Bekenntnis zu André Gide
> (Hinweis auf* L'immoraliste *und* Les caves du Vatican).]

81   ORPHEUS IN DER UNTERWELT

(Theaterkritik)

(Ende Dezember 1926 − Zeitungsausschnitt ohne genaue Datumsangabe, KMA)

> [*Bericht über eine Aufführung der Operette* Orpheus in der Unterwelt *von Hector Cre-
> mieux und Jacques Offenbach in den Hamburger Kammerspielen, am 26.12.1926, unter
> der Regie von Gustaf Gründgens (1899 − 1963). Sehr lobend.*]

F2   ERSTVERÖFFENTLICHUNG NICHT NACHGEWIESEN

82   BEGEGNUNG MIT HUGO VON HOFMANNSTHAL

(Dichterportrait)

in: *S*, S. 136 − 138, *Wb*, S. 23 − 24.

> [*Hugo von Hofmannsthal hatte Klaus Mann in Wien aus Anlaß einer Aufführung von*
> Anja und Esther *im Frühjahr 1926 gesehen. Es hatte K.M. eine sehr große Freude berei-
> tet, den Dichter kennenzulernen.*]

83   AUF REISEN GELESEN

(Aufsatz)

in: *S*, S. 234 − 239.

> [*Über die Märchen von E.T.A. Hoffmann und die Novelle von Heinrich Mann,* Liliane
> und Paul, *1926. Sehr lobend.*]

UNVERÖFFENTLICHT

**84   [PROGRAMMENTWURF FÜR EINEN VORTRAGSABEND MIT ERIKA
MANN]**

o.O.   o.D. [Ende 1926]   2 Bl Hs   KM 639

> [*Klaus Mann trägt schon* Heute und Morgen *vor (Cf. Nr 94).*]

E1 85   ANTHOLOGIE JÜNGSTER LYRIK

herausgegeben von Willi R. Fehse und Klaus Mann

Geleitwort von Stefan Zweig

Gebrüder Enoch Verlag, Hamburg, 1927.

(Gedichte von 19, um die Jahrhundertwende geborenen Dichtern)

> *[In seinem Nachwort (S. 159 − 162) verteidigt K.M. die Beschäftigung mit Lyrik und übt sehr scharfe Kritik an Bertolt Brecht. Dieser hatte Anfang 1927 Aufsehen erregt, als er im Rahmen eines Preisausschreibens der* Literarischen Welt *dem Song von Hannes Küpper,* He! He! The iron man, *einem Gedicht auf den Radrennfahrer Mc Namara, den Preis für lyrische Dichtung zuerkannte. Cf.* Kurzer Bericht über 400 (vierhundert) junge Lyriker, *in:* Die Literarische Welt, *Berlin, 3 (1927) 5, 4.2.1927. K.M. findet die Stellungnahme von Bertolt Brecht beschämend.]*

> *(Um möglichst viele junge Dichter an der Vorbereitung der Anthologie zu beteiligen, hatten Mann und Fehse sie in der* Literarischen Welt *angezeigt: Cf. Willi Fehse und Klaus Mann,* Anthologie jüngster Lyrik, *in:* Die Literarische Welt, *3 (1927) 1, 7.1.1927.)*

F1 86   DANK DER JUGEND AN RAINER MARIA RILKE

(Essay)

in: *Die Literarische Welt*, 3 (1927) 2, 14.1.1927.

ferner in: *Das Inselschiff*, Leipzig, 8 (1927) 2, April 1927, S. 148 − 151; *S*, S. 131 − 135.

> *[Nachruf auf Rainer Maria Rilke, der am 29.12.1926 verstorben war. Auch ein Bekenntnis zu seiner Dichtung; sehr bewundernde Worte über die* Duineser Elegien *und die* Sonette an Orpheus.]

87   [ANTWORT AUF EINE UMFRAGE NACH DEM URSPRUNG DICHTERISCHER GESTALTEN]

in: *Neue Leipziger Zeitung*, 23.1.1927.

> *[K.M. über Gestalten aus seinen ersten Werken. Er betont schon die Bedeutung des Autobiographischen in seinem Schaffen.]*

88   ALS ICH HEIRATEN WOLLTE

(Glosse)

in: *Neue Leipziger Zeitung*, 4.5.1927.

> *[Erinnerungen aus den Jahren 1924 − 1926.]*

89   RÜCKBLICK AUF UNSERE TOURNEE

(Zuschrift an *Die Literarische Welt*)

in: *Die Literarische Welt*, 3 (1927) 25, 24.6.1927.

> *[Bericht über die eben beendete Tournee mit der Komödie* Revue zu Vieren *(Cf. Nr 70). K.M. versucht, sich − sehr ungeschickt − gegen seine heftigsten Kritiker zu verteidigen.]*

90   JÜNGSTE DEUTSCHE LYRIK

(Aufsatz)

in: *Der Bücherwurm*, Leipzig, 12 (1927), 7, Juli 1927.

ferner in: *S*, S. 253 — 256, unter dem Titel: *Zum Erscheinen der Anthologie jüngster Lyrik.*

> [*Ein Plädoyer für die lyrische Dichtung; Cf. Nr 85.*]

91   ZUR JÜNGSTEN LYRIK

(Aufsatz)

in: Hans Bodenstedt (Herausgeber), *Das goldene Buch der Jungen*, Eigenbrödler Verlag Berlin, 1927, S. 201 — 203.

> [*Auszüge aus:* Jüngste deutsche Lyrik, Cf. *Nr 90 und* Heute und Morgen, Cf. *Nr 94. Von der Notwendigkeit lyrischer Dichtung in der Nachkriegszeit. Bekenntnis zu Werfel und George. K.M. tritt auch als Europäer auf.*]

92   [ANTWORT AN AXEL EGGEBRECHT]

(Zuschrift an *Die Literarische Welt*)

in: *Die Literarische Welt*, 3 (1927) 37, 16.9.1927.

> [*Am 26.8.1927 hatte der Publizist Axel Eggebrecht (geb. 1899) (Cf. Zeitschriftenschau in* Die Literarische Welt, *3 (1927) 34, 26.8.1927) einen sehr polemischen Bericht über eine neue, in Magdeburg erscheinende Zeitschrift,* Jüngste Dichtung, *publiziert. Im ersten Heft von* Jüngste Dichtung, *war ein Auszug aus* Heute und Morgen (Cf. Nr. 94) *abgedruckt. Eggebrecht sah in K.M. den „Führer" einer „Gruppe von impotenten, aber arroganten Knaben", denen er den Rat erteilte, „uns (. . .) fünf Jahre lang in Ruhe zu lassen". In seiner Antwort protestiert K.M. gegen Eggebrechts Ton und hebt hervor, es habe nie in seiner Absicht gelegen, „eine Gruppe zu führen", denn er sei „vielmehr des festen Glaubens, (. . .) Gruppenbildung sei heute in der Jugend unmöglich.*]

93   JEAN COCTEAU

(Reportage)

in: *Das Tagebuch*, Berlin, 8 (1927) 39, 24.9.1927, S. 1559 — 1563.

ferner in: *S*, S. 297 — 305; *P*, S. 52 — 57.

> [*Jean Cocteau und das Milieu der Pariser Literaten. K.M. ist sehr stark an Cocteaus Übertritt zum Katholizismus interessiert.*]

94   HEUTE UND MORGEN

(Essay)

Zur Situation des jungen geistigen Europas.

Gebrüder Enoch Verlag, Hamburg, 1927.

ferner in: *S*, S. 21 — 56.

Auszüge, unter dem Titel: *Über die Jugend*, in: *Jüngste Deutsche Dichtung*, Magdeburg, 1 (1927) 1, Juli 1927, S. 11 — 14; unter dem Titel: *Zur Situation des jungen geistigen Europas*, in: *Das neue Deutschland*, herausgegeben von Jacques Mortane, Orell Füßli Verlag, Zürich und Leipzig, 1928, S. 166 — 170.

Französische Übersetzung (Auszüge) unter dem Titel: *Sur la situation des jeunes intellectuels européens*, in der französischen Ausgabe des Buches von Jacques Mortane, *Sous les tilleuls — La nouvelle Allemagne*, Editions Baudinière, Paris, 1928, S. 207 — 213.

> [*Als „junger geistiger Europäer" will K.M. seine „soziale Verpflichtung" wahrnehmen. Ein Schriftsteller laufe Gefahr, sein Talent zu verlieren, wenn er seine Pflichten gegenüber der Gesellschaft vernachlässigt. K.M. fordert die Jugend auf, sich mit Autoren zu befassen, die ihr wirklich den Weg in die Zukunft zeigen. Er nennt insbesondere Heinrich Mann, R.N. Coudenhove-Kalergi und Ernst Bloch. Die zukunftswillige Jugend sei gleichzeitig fromm und vernünftig; sie sei individualistisch, habe aber auch Gemeinschaftssinn.]*
> Zur Entstehung: *K.M. schrieb seinen Essay Ende 1926 — Anfang 1927. Ende März 1927 trug er im Rahmen einer Matinee Auszüge daraus in München vor:* Cf. sp, Vortragsabend, in: *Münchner Neueste Nachrichten, 1.4.1927.*
> *Die Buchausgabe erschien im Herbst 1927:* Cf. Brief an Stefan Zweig, 1.11.1927, in: *BA1, S. 51.*

F2   ERSTVERÖFFENTLICHUNG NICHT NACHGEWIESEN

95   DER RELIGIÖSE ROMAN „DIE SONNE SATANS"

(Rezension)

In: *S,* S. 353 — 356.

> [*Der Roman von Georges Bernanos,* Sous le soleil de Satan, *Paris 1926, war 1927 in einer Übersetzung von Friedrich Burschell, unter dem Titel* Die Sonne Satans, *Hegner Verlag, Hellerau, erschienen.*
> ¨ *Der Katholik Bernanos fasziniert K.M.]*

1 9 2 8

E1   96   ANTHOLOGIE JÜNGSTER PROSA

herausgegeben von Erich Ebermayer, Klaus Mann und Hans Rosenkranz
J.M. Spaeth Verlag, Berlin, 1928. 13 Beiträge (Die Anthologie war in der *Literarischen Welt* angezeigt worden: *Cf. Selbstanzeige: Anthologie jüngster Prosa,* in: *Die Literarische Welt,* 3 (1927) 25, 24.6.1927.)

F1   97   JAHRMARKT DER EITELKEITEN

(Reportage)

in: *Neue Leipziger Zeitung,* 1.1.1928.

> [*Über Schauspieler in Hollywood, usw.*]

98   BESUCH BEI UPTON SINCLAIR

(Dichterportrait)

in: *Das Tagebuch,* 9 (1928) 1, 7.1.1928, S. 25 — 27.

> [*Damals empfand K.M. schon starke Sympathie für den amerikanischen Schriftsteller Upton Sinclair (1878 — 1968).*]

99   DER FALL MARION KRAMER
(Reportage)

in: *Das Tagebuch*, 9 (1928) 3, 14.1.1928, S. 116 – 118.
[*Über einen Kriminalfall in Kalifornien. Ablehnende Kommentare über die Rolle der Sensationspresse in Amerika.*]

100   BEI POLA NEGRI
(Feuilleton)

in: *Neue Leipziger Zeitung*, 5.2.1928.
[*Portrait der Schauspielerin (1897 – 1950).*]

101   KLAUS MANN SCHREIBT UNS AUS HOLLYWOOD
(Leserbrief)

in: *Weltstimmen*, 2 (1928) 3, März 1928, S. 119.
[*Erinnerungen an frühes Schaffen.*]

102   KEHRSEITE DES MATERIALISMUS
(Reportage)

in: *Neue Leipziger Zeitung*, 28.4.1928.
[*Über das Sektenwesen in Kalifornien und die „Priesterin" Aimee Mc Ferson. In einer materialistischen Gesellschaft werden religiöse Veranstaltungen zu Pseudogottesdiensten.*]

103   ZWEI MONATE HOLLYWOOD
(Reportage)

in: *Die Wochenschau*, 1928 (keine andere Datumsangabe).
[*Über den Schauspieler Conrad Veidt und den Film* L'homme qui rit.]

104   JAPANS KLASSISCHE BÜHNE
(Reportage)

in: *Kölnische Zeitung*, 14.8.1928.
[*Über das japanische Theater.*]

105   TARAWAYA HOTEL
(Reportage)

in: *Die Wochenschau*, 19.8.1928.
[*Eindrücke vom Aufenthalt in Japan.*]

106   **PEKING-ERSATZ**

(Reisebericht)

in: *Die Wochenschau*, 26.8.1928.
> [*Über Eindrücke in Korea.*]

107   **KLABUND IST TOT**

(Aufsatz)

in: *Der Bund*, Bern, 1928, Nr 392.

ferner in: *S*, S. 142 – 147.
> [*Nachruf auf den Dichter und Freund (1880 – 1928).*]

108   **ZWISCHEN DEN REICHEN**

(Reportage)

in: *Die Wochenschau*, 2.9.1928.
> [*Über Charbin und die Mandschurei.*]

109   **AMERIKANISCHE LEKTÜRE**

(Aufsatz)

in: *Freude*, Egesdorf, 5 (1928).
> [*Über amerikanische Literatur im allgemeinen.*]

110   **FORM IN DER AMERIKANISCHEN ZIVILISATION**

(Glosse)

in: *Form*, Bonn, 1 (1928), S. 26 – 28.
> [*Allgemeine Betrachtung zum Thema Amerika.*]

111   **WEDEKIND AUF JAPANISCH**

(Bericht)

in: *Illustrierte Zeitung*, Leipzig, 1928, Nr 4354.
> [*Über eine Aufführung von* Frühlings Erwachen *in Tokio.*]

112   **WOLFGANG GRÄSER, KÖRPERSINN**

(Rezension)

in: *Acht Uhr Abendblatt*, 6.9.1928.

ferner, unter dem Titel: *Körpersinn*, in: *S*, S. 247 – 253.
> [*Über das Buch von Wolfgang Gräser (gestorben 1928),* Körpersinn, *1928. Thema des Werkes ist die „neue Körperlichkeit". Gräsers „Körpergefühl" interessiert K.M.; in sei-*

nem Kommentar hebt er hervor, daß „körperlich" leben keineswegs die „antigeistige Welle" mitmachen bedeute. Einige ablehnende Bemerkungen über das Buch wegen Gräsers Sympathie für den Faschismus.]

113   EINDRUCK IN DER BECKMANN-AUSSTELLUNG

(Feuilleton)

in: *Münchner Mitteilungen für künstlerische und geistige Interessen*, 2 (1928) 40 (Herbst 1928), S. 602 – 603.

ferner, unter dem Titel: *Beckmann-Ausstellung*, in: S, S. 277 – 280.

> [*Lobender Bericht über eine Ausstellung von Bildern des Malers Max Beckmann (1884 – 1950) in München.*]

114   UNORDNUNG UND SPÄTE FREUDE

(Reportage von Erika und Klaus Mann)

in: *Der Querschnitt*, Berlin, 8 (1928) 12, Dezember 1928, S. 825 – 829.

> [*Bericht über die Rückkehr von der Weltreise über Sibirien, Rußland und Polen.*]

F2   ERSTVERÖFFENTLICHUNG NICHT NACHGEWIESEN

115   DER IDEENROMAN

(Rezension)

in: *S*, S. 151 – 158.

> [*Über den Roman von André Gide, Les faux-monnayeurs, 1925. K.M. hatte das Buch in deutscher Übersetzung gelesen: Die Falschmünzer, übersetzt von Ferdinand Harde-kopf, Deutsche Verlags-Anstalt, Stuttgart, Berlin, 1928 (Cf. Brief an André Gide, 2.2.1928, in: André Gide — Klaus Mann: Briefwechsel, Einleitung und Anmerkungen von Michel Grunewald, in: Revue d'Allemagne, Strasbourg, 14 (1982) 4, octobre-décembre 1982).*
>
> *K.M. äußert sich begeistert über Gides Roman. Er sieht in den Gestalten des Werkes seine Brüder.*]

116   STEFAN GEORGE, FÜHRER DER JUGEND

Als Rede gehalten am 28.10.1928 in der Berliner Singakademie.
in: *S*, S. 121 – 130.

> [*Über Stefan George als Vorbild. K.M. will aber nicht als „Georgeaner" auftreten. Er erkennt jedoch die „reinigende Kraft", die von Georges Dichtung ausgehe. Er könne sich einen geistigen Menschen durchaus vorstellen, der „Marx liest und sich trotzdem als George-Anhänger weiß".*]

B1   117   GEGENÜBER VON CHINA

Novelle

in: *Velhagen und Klasings Monatshefte*, Berlin, Bielefeld, Wien, 43 (1929) 6, Februar 1929, S. 674 − 684.

ferner in: *Abenteuer*, S. 78 − 124.

> [*Spielt in Hollywood. Die Geschichte eines jungen deutschen Schauspielers, der vergeblich auf Erfolg in Hollywood gehofft hatte.*]

118   EINE MORALISCHE GESCHICHTE

(Erzählung)

in: *Neue Leipziger Zeitung*, 28.7.1929.

Auszug aus *ABENTEUER DES BRAUTPAARS*

Ferner, unter diesem Titel, in: *Abenteuer*, S. 7 − 77, *Ab Btp*, S. 132 − 171.

> [*Die Geschichte von zwei Jugendlichen, die mit dem bürgerlichen Milieu gebrochen haben. Das Mädchen führt ein mondänes Leben. Der Junge gehört einer kommunistischen Zelle an, aber er veruntreut das Geld seiner Genossen. K.Ms erster Versuch, das kommunistische Milieu zu schildern.*]

119   ABENTEUER

Novellen

Verlag von Philipp Reclam Junior, Leipzig, 1929

Inhalt:

− *ABENTEUER DES BRAUTPAARS*   S. 7

   (*Cf*. Nr 118)

− *GEGENÜBER VON CHINA*   S. 78

   (*Cf*. Nr 117)

− *DAS LEBEN DER SUZANNE COBIERE*   S. 125

   ferner in: *Ab Btp*, S. 172 − 193.

> [*Die Geschichte einer Frau, die in ihrer Jugend mit dem bürgerlichen Milieu gebrochen hat. Eine Art Kurzroman.*]

C1   120   GEGENÜBER VON CHINA

Komödie in sechs Bildern

Osterheld und Co, Berlin, 1929.

> [*Uraufführung: 27.1.1930, Staatstheater Bochum. Cf. Aufführungsbericht in:* Die Literatur, *32 (1929 − 1930) 6, März 1930, S. 335 − 336.*]
> [*Über das problematische Verhältnis zwischen amerikanischer und europäischer Jugend.*]

E1   121   RUNDHERUM. EIN HEITERES REISEBUCH

(Reisebericht von Erika und Klaus Mann)

S. Fischer Verlag, Berlin, 1929.

Neuausgabe:

RUNDHERUM. DAS ABENTEUER EINER WELTREISE

Nymphenburger Verlagshandlung, München, 1965; Rowohlt Taschenbuch Verlag, Reinbek, 1982.

[*Über die Weltreise. Von New York bis zur Rückkehr über Japan, die UdSSR und Polen.*]

122   ANTHOLOGIE JÜNGSTER LYRIK, NEUE FOLGE

herausgegeben von Willi Fehse und Klaus Mann

Geleitwort von Rudolf G. Binding
Gebrüder Enoch Verlag, Hamburg, 1929.

[*Gedichte von zwanzig jungen Dichtern.*]

F1   123   DICHTERKINDER . . . FRÜH VERGIFTET

(Feuilleton)

in: *Der Querschnitt*, 9 (1929) 3, März 1929, S. 163 – 165.

ferner, unter dem Titel: *Kindheit*, in: *Das Antlitz des Kindes*, herausgegeben von Karin Michaelis, Neufeld und Hennis, Berlin, 1931, S. 251 – 254; *Wh*, S. 59 – 63.

[*Erinnerungen an die Ferien in Bad Tölz, an erste literarische Versuche und an die ersten schauspielerischen Versuche in der Kindheit.*]

124   JEAN DESBORDES

(Aufsatz)

in: *Neue Schweizer Rundschau*, 22 (1929) 4, April 1929, S. 316 – 320.

ferner in: *S*, S. 173 – 181; *P*, S. 41 – 46; auch Auszüge in: *Die Literatur*, 31 (1928 – 1929) 9, Juni 1929, S. 528 – 529.

[*Begeisterte Kommentare zum Buch von Jean Desbordes (1906 – 1944) J'adore, Paris, 1928. Wichtige Aussage zum Thema Religion und Erotik.*
Desbordes gehörte zu den Freunden von Jean Cocteau. K.M. hatte ihn 1929 in Paris kennengelernt: Cf. W, S. 240.]

125   IVAN UND CLAIRE

(Dichterportrait)

in: *Wirtschaftskorrespondenz für Polen*, Kattowice, 15.6.1929.

ferner in: *S*, S. 331 – 335; unter dem Titel: *Ivan und Claire Goll – schwärmerisches Paar*, in: *Deutsches Allgemeines Sonntagsblatt*, Hamburg 5.2.1967.

[*Über das Dichterpaar Ivan und Claire (1891 – 1977) Goll und dessen Werk. Die Gedichte von Ivan und Claire Goll gefallen K.M. vor allem wegen ihrer „etwas manierierte(n) Mischung von trockener Sachlichkeit und lyrischstem Enthusiasmus".*]

126   AM GRABE HUGO VON HOFMANNSTHALS

(Nachruf)

in: *Das Prisma*, Kolberg, September 1929.

ferner, unter dem Titel: *Jugend am Grabe Hofmannsthals*, in: *Saarbrücker Blätter für Theater und Kunst*, 9 (1929), S. 158. Unter dem Titel: *Am Grabe Hugo von Hofmannsthals*, in: *S*, S. 138 – 142; *Wh*, S. 43 – 46.

> [*Sehr bewegte Worte über den verstorbenen Dichter. K.M. erinnert auch an sein Treffen mit ihm 1926.*]
>
> (*Cf. Nr 82*)

127   ANDRE GIDE ZUM SECHZIGSTEN GEBURTSTAG

(Geburtstagsgruß)

in: *Die Neue Rundschau*, 40 (1929) 11, November 1929, S. 720.

ferner in: *Der Bund*, Bern, 22.11.1929; *S*, S. 148 – 150.

> [*Bekenntnis zu André Gide. K.M. feiert ihn als seinen „erlauchtesten und reifsten Bruder" und sieht in ihm den „europäischsten Dichter".*]

128   IN MEMORIAM LENA AMSEL

(Nachruf)

in: *Vossische Zeitung*, 226 (1929) 265, 12.11.1929.

ferner in: *S*, S. 284 – 287, *HuM*, S. 19 – 21.

> [*Die Tänzerin Lena Amsel war bei einem Autounfall ums Leben gekommen. Sie diente K.M. als Vorlage für eine Gestalt von* Treffpunkt im Unendlichen, Greta, die Tänzerin, *die auch bei einem Autounfall den Tod findet.*]

129   W.E. SÜSKIND, JUGEND

(Rezension)

in: *Neue Leipziger Zeitung*, 7.12.1929.

ferner, unter dem Titel *W.E. Süskinds Roman*, in: *S*, S. 362 – 366.

> [*Über dem Roman von Wilhelm Emmanuel Süskind*, Jugend, *Deutsche Verlags-Anstalt, Stuttgart, Berlin, 1929. K.M. begrüßt das Buch seines Freundes als ein „sehr wichtiges Werk".*]

130   ÜBER MEIN STÜCK GEGENÜBER VON CHINA

in: *Die Szene*, Berlin, 19 (1929), S. 253.

(*Cf. Nr 120*)

131 A   VIRGINIA WOOLF, DIE FRAU VON FÜNFZIG JAHREN

(Rezension)

in: *Das Inselschiff*, Leipzig, 11 (1929 – 1930), S. 153 – 155.

ferner, unter dem Titel: *Zwei europäische Romane*, in: *S*, S. 227 – 231.

[*Über den Roman von Virginia Woolf*, Mrs Dalloway, *1925 (Deutsche Übersetzung: Eine Frau von fünfzig Jahren*, Insel Verlag, Leipzig, 1928).

K.M. lobt vor allem die Meisterschaft der Komposition im Werk der englischen Schriftstellerin.]

F2 ERSTVERÖFFENTLICHUNG NICHT NACHGEWIESEN

131 B [JEAN COCTEAU, LES ENFANTS TERRIBLES]

(Rezension)

ferner in: *S*, S. 231 – 234, als 2. Teil von: *Zwei europäische Romane* (Nr 131 A).

[*Über* Les enfants terribles, *Bernard Grasset, Paris, 1929. Das Werk übte als ästhetische Leistung eine sehr starke Faszination auf K.M. aus.*]

132 ERINNERUNG AN ANITA BERBER

(Feuilleton)

in: *S*, S. 287 – 293.

ferner in: *HuM*, S. 21 – 25.

[*Die verstorbene Tänzerin kam K.M. gleichzeitig „faszinierend" und „abscheulich" vor.*]

133 FRANS MASEREEL

(Feuilleton)

in: *S*, S. 326 – 331.

[*K.M. schildert Frans Masereel (1889 – 1972) als europäischen, lebensbejahenden und frommen Künstler.*]

134 WILDBLÜHENDE JUGEND

(Rezension)

in: *S*, S. 367 – 370.

[*Über den Roman des amerikanischen Schriftstellers Robert Spencer Carr (geb. 1909),* The Rampant Age, *1928, übersetzt von Wilhelm Emmanuel Süskind unter dem Titel* Wildblühende Jugend, *Deutsche Verlags-Anstalt, Stuttgart Berlin, 1929.*

K.M. über sein Verhältnis zur amerikanischen Jugend. Er bewundert ihre Vitalität, aber er fühlt sich ihr geistig überlegen.]

1930

A1 135 ALEXANDER – ROMAN DER UTOPIE

S. Fischer Verlag, Berlin, 1930.
(eigentlich im Dezember 1929 erschienen: *Cf. Die Literarische Welt*, 5 (1929) 50, 13. 12.1929, *Bibliographie der Woche*)

Neuausgabe

— Mit einem Vorwort von Jean Cocteau: Nymphenburger Verlagshandlung, München, 1963; Deutscher Taschenbuch Verlag, München, 1965; Wilhelm Goldmann Verlag, München, 1974.

Übersetzungen

Alexander — A Novel of Utopia, translated from the German by Marion Saunders, Brewer and Warren Inc, New York, 1930.

Alexandre — Roman de l'utopie, traduit de l'allemand par Ralf Lapointe, préface de Jean Cocteau, Librairie Stock, Paris, 1931.

> [*Die Geschichte von K.Ms Alexander ist die eines Scheiterns. Der König ist zum Welteroberer und Tyrannen geworden, weil die Liebe ihm versagt war.*]

B1   136   **RUT UND KEN**

(Erzählung)

in: *Deutscher Almanach für das Jahr 1930*, Reclam, Leipzig, 1930, S. 43 — 53.

ferner in: *Ab Btp*, S. 194 — 203.

> [*Eine Liebesgeschichte. Im Stil einer Anekdote.*]

C1   137   **GESCHWISTER**

Vier Akte von Klaus Mann nach Motiven aus dem Roman „Les enfants terribles" von Jean Cocteau.

Gustav Kiepenheuer Verlag, A.G., Berlin, 1930.

> [*Das Stück wurde in München (Studio der Kammerspiele) am 12.11.1930 uraufgeführt. Cf. Aufführungsbericht in: Die Literatur, 33 (1930 — 1931) 5, Februar 1931, S. 279 — 280. Es löste eine Art Skandal aus. Cf. Brief von K.M. an Stefan Zweig, 1.12.1932, in: BA1, S. 82 — 83.*]

F1   138   **W.E. SÜSKIND**

(Aufsatz)

in: *Das Prisma*, Blätter der Vereinigten Stadttheater Bochum-Duisburg, 6 (1930), Heft 15, Anfang 1930.

> [*K.M. lobt das Schaffen seines Freundes, aber seine Worte lassen zum erstenmal eine gewisse Distanz erkennen. Süskind stelle nicht „den Typus des produktiven jungen Europäers" dar. Dafür seien „andere Typen, etwa der aktivistische, zu unentbehrlich".*]

139   [ANTWORT AUF DREI FRAGEN]

in: *25 Jahre Bukum*, Fest-Almanach auf das Jahr 1930, Wien, 1930, S. 30.

> [*Die drei Fragen lauteten:*
> *Wann ist er (der Schriftsteller) sich (seiner) Berufung bewußt geworden?*
> *Mit welchem Werk ist er zum ersten Mal an die Öffentlichkeit getreten?*
> *Und welches seiner Werke ist ihm von allen das Liebste geblieben?*
> *K.M. antwortete, er sei von seiner frühesten Kindheit an zur Literatur „verurteilt" gewesen. Sein erstes „Werk" sei eine Ballade, die er mit etwa 8 Jahren verfaßt habe. Seinen*

„eben abgeschlossene(n) Roman über Alexander" betrachte er als „das Wichtigste, was
(er) bisher geschrieben" habe.
Es antworteten auch: Emil Ludwig, André Maurois usw . . .]

140   [ANTWORT AUF EINE UMFRAGE ÜBER RELIGION]

in: *Forum der Jungen*, Magdeburg, Heft 6, [Anfang 1930], S. 7.

   [Bekenntnis zu einem Katholizismus, der seine Körperfeindlichkeit überwunden hätte.]

141   **GOTTFRIED BENNS PROSA**

(Aufsatz)

in: *Die Literatur*, 32 (1929 − 1930) 4, Januar 1930, S. 195 − 197.

ferner in: *S*, S. 213 − 219; *P*, S. 167 − 171; *Benn-Wirkung wider Willen*, Dokumente
zur Wirkungsgeschichte, herausgegeben von Peter Uwe Hohendahl, Athenäum Verlag,
Frankfurt am Main, 1971, S. 137 − 140.

   [Über die Gesammelte Prosa, Kiepenheuer Verlag, Potsdam, 1928, von Gottfried Benn.
   Ein Bekenntnis zu Benn als „Revolutionär". K.M. wünscht, daß mehr junge Dichter ihn
   als ihr Vorbild betrachten.]

142   [ANFRAGE BEI FÜNFZIG JUNGEN DICHTERN ÜBER DIE TENDENZEN
       IHRES SCHAFFENS]

in: *Die Kolonne*, Zeitung der jungen Gruppe Dresden, Nr 2, Februar 1930, S. 10 − 11.

   [K.Ms Antwort: echte Dichtung sei „politische Propaganda". Der Dichter habe sich aber
   nicht mit Tagespolitik zu befassen. Je höher das ästhetische Niveau seines Werkes sei,
   desto größer sei seine politische Wirkung.
   Es antworteten auch: W.E. Süskind, Martin Raschke, Josef Breitbach, Josef Roth, Erich
   Kästner usw . . .]

143   **DIE ENGE PFORTE**

(Rezension)

in: *Die Literatur*, 32 (1929 − 1930) 5, Februar 1930, S. 300 − 301.

ferner, unter dem Titel: *André Gide, Die enge Pforte*, in: *S*, S. 347 − 349.

   [Über La porte étroite, 1909, erschienen in einer Übersetzung von Paul Greve, Deutsche
   Verlags-Anstalt, Stuttgart, Berlin, 1930.
   Gide gehöre zu den Christen mit einer „passionierten Hinneigung zum Heidnischen".
   Für K.M. ist das eine sehr typisch „europäische Geistesverfassung".]

144   **HEINRICH MANN, SIE SIND JUNG**

(Rezension)

in: *Der Querschnitt*, 10 (1930) 7, Juli 1930, S. 494.

   [Über den Novellenband Sie sind jung, Paul Zsolnay Verlag, Leipzig, Wien, 1930. K.M.
   rühmt seinen Onkel als großen Stilisten.]

145   EIN FÜHRENDER ROMAN DER JUNGEN: PERRUDJA VON HANS HENNY JAHNN

(Rezension)

in: *Neue Freie Presse*, Wien, 30.8.1930.

ferner, unter dem Titel: *Der Roman der dritten Generation*, in: *Neue Züricher Zeitung*, 28.9.1930; unter dem Titel: *Perrudja*, in: *S*, S. 219 – 227; *P*, S. 162 – 167.
> [*Sehr lobende Kommentare über den Roman von Jahnn (1929 erschienen).*]

146   FRANKREICH

(Rezension)

in: *Die Literatur*, 33 (1930 – 1931) 1, Oktober 1930, S. 13 – 16.

ferner, unter dem Titel: *E.R. CURTIUS ,,FRANKREICH''*, in: *S*, S. 343 – 346.
> [*Über das Werk von Ernst Robert Curtius (1886 – 1956)*, Die französische Kultur, *Deutsche Verlags-Anstalt, Stuttgart, Berlin, 1930.*
> *Gleichzeitig ein Bekenntnis zu Frankreich und ein Anlaß, den Unterschied zwischen französischem und deutschem Nationalismus zu betonen.*]

147   JEREMY

(Rezension)

in: *Die Literatur*, 33 (1930 – 1931) 1, Oktober 1930, S. 44.
> [*Über den Roman von Hugh Walpole (1884 – 1941)*, Jeremy *(Erstausgabe: 1919; deutsche Übersetzung: 1930). Lobend.*] ›

148   U.S.A. GLOSSEN UM DAS STERNENBANNER – HOLLYWOOD

(Rezension)

in: *Die Literatur*, 33 (1930 – 1931) 1, Oktober 1930, S. 54 – 55.
> [*Über ein Buch von Beverly Nichols (geb. 1899)*, The Star Spangled Manner, *1928 (deutsche Übersetzung:* U.S.A., Glossen um das Sternenbanner, *erschienen 1930) und ein Buch von Ali Hubert (nichts Näheres zu ermitteln), erschienen unter dem Titel:* Hollywood, Legende und Wirklichkeit, *1930. Lobende Rezensionen.*]

149   JUBILÄUM DER ODENWALDSCHULE

(Aufsatz)

in: *Berliner Tageblatt*, 8.10.1930.

ferner in: *S*, S. 272 – 277.
> [*Würdigung des Werkes von Paul Geheeb als Pädagogen und Weisen.*]

150   JULIEN GREEN

(Aufsatz)

in: *Die Literatur*, 33 (1930 – 1931) 2, November 1930, S. 74 – 76.

ferner in: *S*, S. 182 – 188; *P*, S. 81 – 86.

[*Über den Roman von Julien Green*, Léviathan, *1929 (deutsche Übersetzung, 1930). Mit seinem Buch zeige Green, daß er zur „Familie" der großen Epiker" gehört.*]

151   PORGY

(Rezension)

in: *Die Literatur*, 33 (1930 – 1931) 2, November 1930, S. 107.

[*Über den Roman* Porgy, *1925, von DuBose Heyward (1890 – 1961) (deutsche Übersetzung unter dem Titel:* Porgy, ein Negerroman, *1930). Sehr lobende Rezension.*]

152   PARIS

(Rezension)

in: *Die Literatur*, 33 (1930 – 1931) 2, November 1930, S. 116.

[*Über ein Buch von Paul Cohen-Portheim (gest 1932),* Paris, *1930. K.M. wertet Cohen-Portheim als „klugen, charmanten und bewanderten" Journalisten.*]

153   JOHN BULL ZU HAUSE

(Rezension)

in: *Die Literatur*, 33 (1930 – 1931) 2, November 1930, S. 116.

[*Kurze Notiz über das 1930 erschienene Buch des Journalisten Karl Silex.*]

154   25 JAHRE LUDWIG HARDT

(Künstlerportrait)

in: *Die Literatur*, 33 (1930 – 1931) 3, Dezember 1930, S. 126.

[*K.M. würdigt den Rezitator, den er seit 1924 kennt (Cf. Nr 34). Die Dichter hätten keinen „treueren Freund" als ihn.*]

155   DAS BILD DER MUTTER

(Bericht)

in: *Leipziger Illustrierte Zeitung*, 175 (1930) 4474, 11.12.1930, S. 851.

ferner in: *Wh*, S. 47 – 48.

[*Bekenntnis zur Mutter und Erinnerung an die Bauchfellentzündung, die ihn 1915 fast das Leben kostete.*]

F2   ERSTVERÖFFENTLICHUNG NICHT NACHGEWIESEN

156   WIE WOLLEN WIR UNSERE ZUKUNFT?

Als Vortrag gehalten für den Kulturbund in Wien, 1930.

in: *S*, S. 92 – 113.

ferner, ein Auszug unter dem Titel: *Zweifel an Gottfried Benn*, in: *P*, S. 171 – 175.

[*Aufforderung an die deutschen Intellektuellen, sich wegen der Verhältnisse in ihrem Land (Septemberwahlen 1930) mit Politik ernsthaft zu befassen. K.M. kritisiert Benn wegen seiner unpolitischen und fortschrittsfeindlichen Haltung und nennt als Beispiele Thomas und Heinrich Mann. Im Gegensatz zu Benn ist K.M. der Ansicht, der Dichter könne die Welt ändern. Er leugnet auch, daß der Künstler zum „flachen Rationalisten" werde, wenn er sich mit Politik befaßt. Auch wichtige Aussage von K.M. über sein Verhältnis zu den Kommunisten: weltanschaulich könne er ihre Auffassungen nicht akzeptieren, aber er sei politisch nicht ihr Feind.*]

157   JUGEND UND RADIKALISMUS

Eine Antwort an Stefan Zweig [November 1930]

in: *S*, S. 114 — 118.

ferner in: *HuM*, S. 9 — 11; *JuR*, S. 7 — 9.

> Zur Datierung: Cf. *Brief von K.M. an Stefan Zweig, 15.11.1930, in: BA1, S. 70.*
> [*Ein offener Brief. K.M. wirft Stefan Zweig vor, er bringe den Rechtsradikalen zu viel Verständnis entgegen.*]

158   EIN ÄLTERER ROMAN

(Aufsatz)

in: *S*, S. 205 — 213.

> [*Über* Le père Goriot *von Balzac.*]

159   EIN KLEINER HAFEN — Für Doris von Schönthan

(Feuilleton)

in: *S*, S. 268 — 272.

ferner in: *BA1*, S. 65 — 68.

> [*Beschreibung von Villefranche sur Mer. Doris von Schönthan (gest 1968) war die Tochter des Lustspielautors Franz von Schönthan (1849 — 1913), der durch die Komödie* Raub der Sabinerinnen, *1885, berühmt wurde.*]

160   DIE SURREALISTEN

(Aufsatz)

in: *S*, S. 305 — 310.

ferner in: *P*, S. 33 — 36.

> [*Ziemlich ablehnend.*]

161   HENRI BARBUSSE

(Schriftstellerportrait)

in: *S*, S. 311 — 315; ferner in: *HuM*, S. 13 — 16.

> [*K.M. bewundert Barbusse (1873 — 1935), aber sein Bekenntnis zu Stalin stört ihn.*]

162   BESUCH BEI CHAGALL MIT EINEM KINDE
(Feuilleton)

in: *S*, S. 322 — 326; ferner in: *HuM*, S. 16 — 19.

ferner, unter dem Titel: *Besuch bei Chagall*, in: *Deutsches Allgemeines Sonntagsblatt*, 5.2.1947.
>   [*K.M. beschreibt das Atelier des Malers.*]

163   YVONNE GEORGE
(Feuilleton)

in: *S*, S. 336 — 339.
>   [*Portrait der 1930 gestorbenen Schauspielerin.*]

164   ANDRE GIDE, KONGO UND TSCHAD
(Rezension)

in: *S*, S. 349 — 352.
>   [*Gides* Voyage au Congo, *1927 und* Retour du Tchad, *1928 erschienen in Deutschland 1930 in einem Band (*Kongo und Tschad, *Deutsch von Gertrud Müller, Deutsche Verlags-Anstalt, Stuttgart und Berlin).*
>   *K.M. rühmt Gides reife, tiefe und erfüllte Menschlichkeit.*]

165   HEINRICH EDUARD JACOB „BLUT UND ZELLULOID"
(Rezension)

in: *S*, S. 359 — 361.
>   [*K.M. nennt den 1929 erschienenen Roman von H.E. Jacob (1889 — 1967) ein schönes Buch.*]

166   HANS NATONEK: GELD REGIERT DIE WELT
(Rezension)

in: *S*, S. 366 — 367.
>   [*Über den Roman von Hans Natonek (1892 — 1963),* Geld regiert die Welt, *1930. Ziemlich positiv.*]

167   MAGNUS HIRSCHFELD, „SITTENGESCHICHTE DES WELTKRIEGES"
        (1930)
(Rezension)

in: *S*, S. 370 — 373.

ferner, unter dem Titel: *Krieg und Sexualität*, in: *HuM*, S. 85 — 87.
>   [*K.M. lobt das Buch des Nervenarztes und Gründers des Berliner Instituts für Sexualwissenschaft Magnus Hirschfeld (1868 — 1935), weil es eine eindringliche Warnung vor dem Krieg darstelle.*]

1931

B1 168   KATASTROPHE UM BABY

(Erzählung)

in: *Velhagen und Klasings Monatshefte*, 45 (1931) 12, August 1931, S. 616 – 624.

[*Eine traurige Geschichte. Thema: die Einsamkeit des Menschen.*]

B2 UNVERÖFFENTLICHT

169   SCHAUSPIELER IN DER VILLA

Novelle

Typoskript   KM 623

o.O.   o.D. [ca 1931]   23 Bl. Typo mit hs Korr

Zur Datierung: *nach den handschriftlichen Eintragungen zu urteilen ca. 1931. Um diese
Zeit fängt K.M. an, die Fraktur-Schrift aufzugeben.*

[*Die Novelle spielt im Schauspielmilieu. Eine Vorstufe des ersten Kapitels von* Mephisto.]

E1 170   DAS BUCH VON DER RIVIERA

Mit Originalzeichnungen von Walther Becker, Rudolf Großmann, Henri Matisse u.a.,
R. Piper und Co Verlag, München, 1931.
Aus der Serie: *Was nicht im Baedecker steht*, Bd XIV. (Buch von Erika und Klaus Mann)

171   AUF DER SUCHE NACH EINEM WEG

Aufsätze

Transmare Verlag, Berlin, 1931.

Inhalt:

— FRAGMENT VON DER JUGEND, S. 1 (*Cf.* Nr 73); HEUTE UND MORGEN,
S. 21 (*Cf.* Nr 94); DIE JUGEND UND PANEUROPA, S. 59 (*Cf.* Nr 183); WIE WOL-
LEN WIR UNSERE ZUKUNFT?, S. 92 (*Cf.* Nr 156); JUGEND UND RADIKALIS-
MUS, S. 114 (*Cf.* Nr 157).

DICHTER

— STEFAN GEORGE, S. 121 (*Cf.* Nr 116); DANK DER JUGEND AN RAINER
MARIA   RILKE,   S.   131   (*Cf.* Nr 86); BEGEGNUNG MIT HUGO VON HOF-
MANNSTHAL, S. 136 (*Cf.* Nr 82); AM GRABE HUGO VON HOFMANNSTHALS,
S. 138 (*Cf.* Nr 126); KLABUND IST TOT, S. 142 (*Cf.* Nr 107); ANDRE GIDE (60.
GEBURTSTAG), S. 148 (*Cf.* Nr 127); DER IDEENROMAN, S. 151 (*Cf.* Nr 115);
RAYMOND RADIGUET, S. 159 (*Cf.* Nr 66); RENE CREVEL, S. 164 (*Cf.* Nr 80);
JEAN DESBORDES, S. 173 (*Cf.* Nr 124); JULIEN GREEN, S. 182 (*Cf.* Nr 150);
ERNEST HEMINGWAY, S. 188 (*Cf.* Nr 181); WILDES LETZTE BRIEFE, S. 198
(*Cf.* Nr 75); EIN ÄLTERER ROMAN (BALZAC), S. 205 (*Cf.* Nr 158); GOTT-
FRIED BENNS PROSA, S. 213 (*Cf.* Nr 141); „PERRUDJA", S. 219 (*Cf.* Nr 145);
ZWEI EUROPÄISCHE ROMANE (VIRGINIA WOOLF UND JEAN COCTEAU),
S. 227 (*Cf.* Nr 131 A und B); AUF REISEN GELESEN, S. 234 (*Cf.* Nr 83); GE-
SPRÄCH (MIT BRUNO FRANK), S. 240 (*Cf.* Nr 76); KÖRPERSINN, S. 247 (*Cf.*

Nr 112); ZUM ERSCHEINEN DER ANTHOLOGIE JÜNGSTER LYRIK, S. 253 (*Cf.* Nr 90).

BILDER

— SELBSTMÖRDER, S. 259 (*Cf.* Nr 177); NICHT GEHALTENE REDE, S. 263 (*Cf.* Nr 179); EIN KLEINER HAFEN, S. 268 (*Cf.* Nr 159); JUBILÄUM DER ODEN-WALDSCHULE, S. 272 (*Cf.* Nr 149); BECKMANN-AUSSTELLUNG, S. 277 (*Cf.* Nr 113); ÜBER DAS BILD EINES JUNGEN MALERS, S. 280 (*Cf.* Nr 29); IN MEMORIAM LENA AMSEL, S. 284 (*Cf.* Nr 128); ERINNERUNG AN ANITA BERBER, S. 287 (*Cf.* Nr 132).

PARISER KÖPFE

— JEAN COCTEAU, S. 297 (*Cf.* Nr 93); DIE SURREALISTEN, S. 305 (*Cf.* Nr 160); HENRI BARBUSSE, S. 311 (*Cf.* Nr 161); ANDRE MAUROIS, S. 316 (*Cf.* Nr 172); BESUCH BEI CHAGALL MIT EINEM KINDE, S. 322 (*Cf.* Nr 162); FRANS MASEREEL, S. 326 (*Cf.* Nr 133); IVAN UND CLAIRE, S. 331 (*Cf.* Nr 125); YVONNE GEORGE, S. 336 (*Cf.* Nr 163).

HINWEISE AUF EINIGE BÜCHER

FRANKREICH, S. 343 (*Cf.* Nr 146); DIE ENGE PFORTE, S. 347 (*Cf.* Nr 143); KONGO UND TSCHAD, S. 349 (*Cf.* Nr 164); DIE SONNE SATANS, S. 353 (*Cf.* Nr 95); DER GROSSE KAMERAD, S. 356 (*Cf.* Nr 173); BLUT UND ZELLULOID, S. 359 (*Cf.* Nr 165); W.E. SÜSKINDS ROMAN, S. 362 (*Cf.* Nr 130); GELD REGIERT DIE WELT, S. 366 (*Cf.* Nr 166); WILDBLÜHENDE JUGEND, S. 367 (*Cf.* Nr 134); SITTENGESCHICHTE DES WELTKRIEGES, S. 370 (*Cf.* Nr 167).

WOHER WIR KOMMEN — UND WOHIN WIR MÜSSEN, S. 375 (*Cf.* Nr 192).

F1 172 **ANDRE MAUROIS**

(Aufsatz)

in: *Die Literatur*, 33 (1930 — 1931) 4, Januar 1931, S. 192 — 194.

ferner in: *S*, S. 316 — 321.

> [*Betrachtungen über die Schriften von André Maurois. K.M. rühmt seine vernünftige Haltung und kritisiert den „blutrünstigen Irrationalismus", den Henry de Montherlant vertrete.*]

173 **ALAIN-FOURNIER, DER GROSSE KAMERAD**

(Rezension)

in: *Die Literatur*, 33 (1930 — 1931) 4, Januar 1931, S. 227.

ferner in: *S*, S. 356 — 359; *P*, S. 80 — 81.

> [*Über den Roman von Alain-Fournier (1886 — 1914), Le grand Meaulnes, 1913 (deutsche Übersetzung, Der große Kamerad, 1930). K.M. mag den Roman, aber in seiner Rezension warnt er zum erstenmal vor Aspekten des romantischen Geistes.*]

174 **DON JUAN**

(Rezension)

in: *Die Literatur*, 33 (1930 — 1931) 4, Januar 1931, S. 227.

> [*Über das Buch von Joseph Delteil (1894 — 1978). Deutsche Übersetzung, unter dem Titel Don Juan, 1930. Lobende Rezension.*]

175 SALEM

Afrikanischer Reisebrief.

in: *Velhagen und Klasings Monatshefte*, 45 (1930 — 1931) 6, Februar 1931, S. 634 — 638.

> [*Über einen Araberjungen in Nordafrika. Vorstufe zu einer Episode aus* Treffpunkt im Unendlichen. *K.M. war im Frühjahr 1930 mit seiner Schwester Erika in Nordafrika:* Cf. Brief an Stefan Zweig, *1.6.1930, in:* BA1, *S. 69.*]

176 R.N. COUDENHOVE-KALERGI: LOS VOM MATERIALISMUS

(Rezension)

in: *Die Literarische Welt*, 7 (1931) 6, 6.2.1931.

> [*Über das Buch von R.N. Coudenhove-Kalergi*, Europa erwacht, *1930. K.Ms erste Abrechnung mit der paneuropäischen Bewegung wegen ihrer Ablehnung des Sozialismus.*]

177 SELBSTMÖRDER

(Bericht)

in: *Vossische Zeitung*, 228 (1931), 6.2.1931.

ferner in: *S*, S. 259 — 263; *HuM*, S. 26 — 29; *JuR*, S. 9 — 12.

> [*Über zwei Freunde, die Selbstmord begangen hatten.*]

178 EIN FREMDER IN PARIS

(Rezension)

in: *Die Literatur*, 33 (1930 — 1931) 6, März 1931, S. 344 — 345.

> [*Über den Roman der amerikanischen Schriftstellerin Margaret Goldsmith. Positiv.*]

179 NICHT GEHALTENE REDE BEIM HOCHZEITSESSEN EINER FREUNDIN

(Feuilleton)

in: *Die Literarische Welt*, 7 (1931) 10, 6.3.1931.

ferner in: *S*, S. 263 — 267.

> [*Über die unüberwindliche Einsamkeit des Menschen.*]

180 HEINRICH MANN ZUM 60. GEBURTSTAG AM 27. MÄRZ

(Geburtstagsgruß)

in: *Berliner Tageblatt*, 26.3.1931.

> [*Würdigung des Künstlers Heinrich Mann.*]

181   ERNEST HEMINGWAY

(Aufsatz)

in: *Neue Schweizer Rundschau*, 24 (1931) 4, April 1931, S. 272 – 277.

ferner in: *S*, S. 188 – 198; *Wb*, S. 49 – 56.

> [*Ernest Hemingway stehe auf derselben Ebene wie Franz Kafka und stelle den Amerikaner dar, der auch die besten Traditionen des europäischen Geistes in seine geistige Welt einbeziehe.*]

182   KOMMT DAS „DRITTE REICH" VON WALTER OEHME UND KURT
       CARO. ADOLF HITLER, WILHELM DER DRITTE, VON WEIGAND VON
       MILTENBERG

(Rezension)

in: *Die Literatur*, 33 (1930 – 1931) 7, April 1931, S. 415.

> [*K.Ms erster Beitrag über das Thema Nationalsozialismus. Er stellt fast erleichtert fest, daß der Nationalsozialismus „geistig betrachtet nichts hinter sich hat".*]

183   DIE JUGEND VON PANEUROPA

(Auszug aus dem Vortrag für die Paneuropäische Jugendsektion, Wien, Frühling 1930)
in: *Neue Leipziger Zeitung*, 16.5.1931.

ferner (der gesamte Text), in: *S*, S. 59 – 92; Auszüge, unter dem Titel: *Ernst Jünger*,
in: *P*, S. 157 – 161.

> [*Bekenntnis zu Europa als Synthese des christlichen und des griechisch-römischen Geistes. Abrechnung mit Henri Massis und vor allem mit Ernst Jünger, in dem er einen Propheten des nächsten Weltkrieges sieht. Andere Schriftsteller, die er ablehnt: Bertolt Brecht, Arnolt Bronnen. Der junge Europäer müsse für die Vernunft werben, die im Bund mit dem Leben steht. Wer Europäer im echten Sinn des Wortes ist, verbünde sich nicht mit Materialisten; er dürfe auch kein Nationalist sein: deswegen müsse er den Gegensatz zu Amerika überwinden.*]

184   HERMANN KESTEN: GLÜCKLICHE MENSCHEN

(Rezension)

in: *Acht Uhr Abendblatt*, 84 (1931), 25.6.1931.

> [*Über den Roman von Hermann Kesten,* Glückliche Menschen, *1931. Positiv.*]

185   GRUSS AN DAS ZWÖLFHUNDERTSTE HOTELZIMMER

(Glosse in Versen)

in: *Der Querschnitt*, 11 (1931) 7, Juli 1931, S. 552 – 554.

186   RICHARD FRIEDENTHAL, DER EROBERER, EIN CORTES-ROMAN

(Rezension)

in: *Der Querschnitt*, 11 (1931) 7, Juli 1931, S. 579.

> [*Über den 1931 erschienenen Roman von Richard Friedenthal (1896 – 1979). Sehr positiv.*]

187   **KNALL IM GARTEN**

(Feuilleton)

in: *Neue Leipziger Zeitung*, 2.9.1931.

ferner in: *Düsseldorfer Nachrichten*, 29.9.1931.
[*Erinnerungen aus der Kindheit.*]

188   **HERR GILHOOLEY**

(Rezension)

in: *Die Literatur*, 34 (1931 − 1932) 1, Oktober 1931, S. 46 − 47.
[*Über den Roman von Liam O'Flaherty (geb. 1897)* Mister Gilhooley, *1926 (deutsche Übersetzung unter dem Titel* Herr Gilhooley, *erschienen 1931). K.M. schätzt das Werk vor allem wegen der Einfachheit seines Stils.*
Sehr wichtige Aussage von K.M. über sein Verhältnis zur Literatur:
„. . . denn (. . .) für jeden Schriftsteller (ist) das Schreiben Anfang und Ende, Schicksal und letztes Abenteuer. (. . .) Dies gilt sogar, will mir scheinen, für den berühmtesten neueren Fall dieser literaturfeindlichen Dichtergattung, für Arthur Rimbaud, dem in der Stunde, da er starb, wahrscheinlich sein Gedicht von den Vokalen wichtiger war als all seine afrikanischen Unternehmungen."]

189   **„DU GEIST DER HEILIGEN JUGEND UNSERES VOLKES"**

(Rezension)

in: *Die Literatur*, 34 (1931 − 1932) 2, November 1931, S. 74 − 75.
[*Über einen Gedichtband des George-Kreises:* Du Geist der heiligen Jugend unseres Volkes, *Verlag Die Runde, Berlin, 1931. K.M. nimmt den George-Kreis in Schutz gegen den Vorwurf, seine Mitglieder hätten „völkische" Neigungen.*]

190   **ANDRE GIDE: „EUROPÄISCHE BETRACHTUNGEN"**

(Rezension)

in: *Berliner Tageblatt*, 13.12.1931.
[*Andre Gides* Europäische Betrachtungen *(Übertragung und Nachwort von Ernst Robert Curtius, 1931) waren eine Auswahl aus* Pretextes *(1903),* Nouveaux pretextes *(1911),* Incidences *(1924) und* Divers *(1931). In seiner Rezension hebt K.M. vor allem hervor, daß die „Artistenneugierde für die Geheimnisse im Menschen" beim Künstler die eigentliche Grundlage des moralischen Engagements darstelle. Gide dient ihm auch als Kronzeuge gegen die Nationalisten.*]

191   **GITTER**

(Feuilleton in der Serie: *Bilderbogen der frühesten Erinnerungen*)

in:*Die Literarische Welt*, 7 (1931) 51/52, 17.12.1931.

ferner in: *Wh*, S. 57 − 59.
[*K.M. über seine früheste Kindheit.*]

F2 ERSTVERÖFFENTLICHUNG NICHT NACHGEWIESEN

192   WOHER WIR KOMMEN UND WOHIN WIR MÜSSEN

(Aufsatz)

in: *S*, S. 377 – 381.

ferner in: *Jugend in Front vor dem Leben. Almanach der jungen Generation auf das Jahr 1933*, herausgegeben von Erich O. Funk, Wiesbaden, 1933; *Wh*, S. 240 – 243.

[*K.M. zieht eine Bilanz seiner geistigen Entwicklung seit 1924.*]

UNVERÖFFENTLICHT

193   [ÄNDERUNGSVORSCHLÄGE FÜR EINE BEARBEITUNG VON KASPAR HAUSER LEGENDEN ALS HÖRSPIEL]

Typoskript   KM 301

o.O.   o.D. [ca. 1931]   5 Bl Typo mit hs Korr

Zur Datierung: *K.M. fängt an, die Fraktur-Schrift aufzugeben (Cf. Nr 169).*

1 9 3 2

A1 194   TREFFPUNKT IM UNENDLICHEN

Roman

S. Fischer Verlag, Berlin, 1932.

Neuausgabe

– Mit einem Vorwort von Werner Rieck; Rowohlt Taschenbuch Verlag, Reinbek, 1982.

Übersetzung

Gift, oversatz Gunnar Leistikow, Hasselbach Forlag, Kobenhavn, 1933.

Samuel Fischer nannte den Roman K.Ms ,,erstes richtiges Buch" (*Cf.* Golo Mann in: *BA2*, S. 330).

[*Hauptthema des Werkes: von der Unmöglichkeit einer echten Begegnung zwischen den Menschen. Der Roman spielt sich vor dem Hintergrund der Krise der dreißiger Jahre ab.*]

B1 195   ATHEN

(Drama)

Fünf Bilder von Vincenz Hofer

Osterheld und Co, Berlin, 1932.
(Nie aufgeführt)

Zur Wahl des Pseudonyms: Cf. *Brief an Stefan Zweig, 1.12.1932, BA1, S. 82 – 83.*
K.M. hielt das Stück für sein bestes: Cf. *Brief an Eva Herrmann, 1.12.1932, BA1, S. 82.*
[*Thema: Athen vor dem Tod von Sokrates und in der Zeit von Alkibiades' Sizilien-Expedition (K.M. behandelt beide Ereignisse gleichzeitig, obwohl Sokrates 399, d.h. 16 Jahre nach der Sizilien-Expedition starb). Das Stück ist eine indirekte Darstellung der Verhältnisse in Deutschland in den letzten Monaten der Weimarer Republik. Sokrates möchte*

die Stimme der Vernunft hören lassen, aber es gelingt ihm nicht mehr. Auch Sokrates'
Einstellung zum Leben und zur Philosophie wird dargestellt. K.Ms Bild von Sokrates ist
sehr stark von Nietzsches Geburt der Tragödie *beeinflußt.*]

D2 UNVERÖFFENTLICHT . . . .

196 DAS

(Text für die „Pfeffermühle")

Typoskript   KM 523

München   23.12.1932   2 Bl Typo

> [*Erika Manns Kabarett war am 1.1.1933 in München eröffnet worden. Nach einer Pause*
> *im März 1933 sollte es am 1.4.1933 in einem größeren Saal wieder eröffnet werden. (Cf.*
> *W, S. 253 — 255). Es kam aber nicht mehr dazu in Deutschland. Während des Exils fan-*
> *den Vorstellungen in der Schweiz, in der Tschechoslowakei und in Holland statt. 1936*
> *und 1937 versuchte Erika Mann ihr Kabarett vergeblich in den USA durchzusetzen (Cf.*
> *W, S. 326 — 331).*]

E1 197   KIND DIESER ZEIT

(Autobiographie)

Transmare Verlag, Berlin, 1932.

Neuausgabe

— Mit einem Nachwort von William Shirer: Nymphenburger Verlagshandlung, München, 1965; Rowohlt Taschenbuch Verlag, Reinbek, 1967 und 1982.

Übersetzung:

Je suis de mon temps, traduction de Joseph Joran, Aubier Editions Montaigne, Paris
1933 (Vorabdruck: *Souvenirs d'école (à l'Odenwaldschule)*, in: *Revue d'Allemagne et
des pays de langue allemande*, 7 (1933) 68, 15.6.1933, S. 481 — 504.).

> [*K.Ms erste Autobiographie umfaßt die Zeit von 1906 bis 1924.*]

F1 198   VERDAMMTES GOLD

(Rezension)

in: *Die Literatur*, 34 (1931 — 1932) 4, Januar 1932, S. 236 — 237.

> [*Über den Roman von Liam O'Flaherty,* The house of Gold, *1929 (deutsche Überset-*
> *zung unter dem Titel* Verdammtes Gold, *1931). Ziemlich zurückhaltend.*]

199   DAS UNAUFHÖRLICHE

(Rezension)

in: *Die Literatur*, 34 (1931 — 1932) 5, Februar 1932, S. 241.

> [*Über das Oratorium* Das Unaufhörliche, *1931, von Gottfried Benn (vertont von Paul*
> *Hindemith).*
> *Nach seiner scharfen Kritik an Benn im Herbst 1930 (Cf. Nr 156) äußert sich K.M. jetzt*
> *sehr positiv über den Dichter. Sein Oratorium sei antimaterialistisch, aber es könne nie*
> *antisozialistisch wirken. Es warne davor, „das Geheimnis zu vergessen, das auch dann*
> *über unseren armen Leben walten wird, wenn die Güter dieser Erde (. . .) gerecht verteilt*
> *sein werden, und das dunkel ist von Farb und Angesicht."*]

54

200 ERNTE

(Rezenzion)

in: *Die Literatur*, 34 (1931 — 1932) 5, Februar 1932, S. 292 — 293.

> [*Über den Roman von Jean Giono (1895 — 1970)*, Regain, *1930 (deutsche Übersetzung unter dem Titel* Ernte, *1931). K.M. betrachtet Gionos Buch als „Blut-und-Boden"-Literatur und mag es nicht, obwohl er meint, man müsse es lesen. Er hoffe, die Franzosen werden es auf dem Weg der „Überschreitung" der Zivilisation nicht so weit treiben wie die „Zivilisationsverächter" in Deutschland.*]

201 FLUCHT VOR DEM ALTER

(Rezension)

in: *Die Literatur*, 34 (1931 — 1932) 6, März 1932, S. 406 — 407.

> [*Über die unter dem Titel* Flucht vor dem Alter *erschienenen Kurzgeschichten von Willi Fehse (geb 1906). Sehr positiv.*]

202 MASEREEL-FILM

(Aufführungsbericht)

in: *Die Literatur*, 34 (1931 — 1932) 7, April 1932, S. 424.

> [*Über die Vorführung eines Trickfilms nach Zeichnungen von Frans Masereel im Théâtre du Vieux Colombier, Paris.*]

203 RICHARD HALLGARTEN

(Aufsatz)

in: *Kunst und Künstler*, 31 (1932), 10.10.1932.

ferner, unter dem Titel: *Ricki Hallgarten — Radikalismus des Herzens* in: *P*, S. 337 — 360.

Manuskript

Martin Gregor-Dellin erwähnt (*Cf. P*, S. 381) ein Manuskript vom 11.7.1932, das sich nicht im KMA befindet.

> [*Nachruf auf den Freund, der am 5.5.1932 Selbstmord begangen hatte. Auch grundsätzliche Aussagen über Kunst (der Künstler könne nie im Dienste eines Staates stehen) und Leben (Leben sei gleichzeitig Segen und Fluch).*]

204 [SERIE] MEIN ERSTER ERFOLG — MEIN ERSTER MISSERFOLG

(Feuilleton)

in: *Die Literarische Welt*, 8 (1932) 43, 21.10.1932.

> [*Über das Angebot der Zeitschrift* Der Feuerreiter, *die Erzählung* Die Jungen *zu veröffentlichen. Über seinen Mißerfolg im Berliner Kabarett, 1924.*]

205   DIE GROSSE HERDE
(Rezension)

in: *Die Literatur*, 35 (1932 – 1933) 3, Dezember 1932, S. 168.

> [*Über Gionos Roman*, Le grand troupeau, *1931 (deutsche Übersetzung unter dem Titel* Die große Herde, *1932). Noch strenger als Nr 200.*]

206   ZWILLING DER SEXUALPATHOLOGIE
(Glosse)

in: *Das Tagebuch*, 13 (1932) 53, 31.12.1932, S. 2117 – 2118.

> [*Über ein seltsames Zueinanderfinden von Sadismus und Nationalsozialismus.*]

F2   SPÄTER VERÖFFENTLICHT
207   NÖRDLICHER SOMMER
(Reisebericht)

Typoskript   KM 610
o.O.   o.D. [Herbst 1932]   29 Bl Typo mit hs Korr

veröffentlicht in *Wb*, S. 64 – 92; Auszüge in: *Mitteilungen aus der deutschen Biblio-thek*, Jahrbuch für deutsch-finnische Literaturbeziehungen, Helsinki, Nr 12, 1978, S. 87 – 95.

> Zur Datierung: *nach dem Selbstmord von Richard Hallgarten unternahmen Klaus und Erika Mann eine längere Reise in Skandinavien im Sommer 1932 (Cf. Brief von K.M. an Erika Mann. 23.6.1932, KMA; Brief von K.M. an Eva Herrmann, 5.9.1932, in: BA1, S. 80).*

> [*Dieser Reisebericht diente K.M. als Vorlage für einige Kapitel seines Romans* Flucht in den Norden *(Cf. Nr 260).*]

UNVERÖFFENTLICHT
208   NÖRDLICHE ABENTEUER
Dialog über eine Nordlandfahrt von Erika und Klaus Mann.

Typoskript   (Nachlaß Erika Mann, EM 1)
o.O.   o.D. [Herbst 1932]   18 Bl Typo

> Zur Datierung: Cf. *Nr. 207.*

> [*Eine dialogisierte Fassung von K.Ms Reisebericht.*]

209   LONDON, NICHT IN DER SEASON
(Feuilleton)

Typoskript   KM 567
London,   Ende Dezember [vor 1933]   4 Bl Typo mit hs Korr

> Zur Datierung: *K.M. hat Greta Garbo im Film* Grand Hotel *gesehen. Der Film, nach dem Roman von Vicki Baum (1888–1960),* Grand Hotel, *1931 gedreht, wurde 1932 aufgeführt.*

> [*Kulturbericht über Film und Theater*]

1 9 3 3 (VOR DEM EXIL)

F1 210 **DIE DAUERKRISE**

(Aufsatz)

in: Aloys Seyfried, *Kompaß für morgen*, Augarten Verlag, Stephan Szabo, Wien, Leipzig, 1933.

Manuskript

Handschrift   KM 118
München   3.–6.12.1931   21 Bl

> [*Klaus Manns letzter großer Aufsatz, der vor der Machtergreifung durch Hitler entstand. Gleichzeitig eine Warnung vor den Gefahren der Krise und eine Abrechnung mit der Intoleranz der Marxisten. K.M. wünscht eine Gesellschaft, die zwischen Liberalismus und Kommunismus stehen würde. Deswegen preist er das Buch von Jose Ortega Y Gasset (1883 – 1955), La rebelion de las masas, 1930 (deutsche Übersetzung: Der Aufstand der Massen, 1931), das zu einer Erneuerung der liberalen Gesellschaft beitragen könne.*]

211 **NACHTFLUG**

(Rezension)

in: *Die Literatur*, 35 (1932 – 1933) 6, März 1933, S. 357.

> [*Über den Roman von Antoine de Saint-Exupéry,* Vol de nuit, *1931 (deutsche Übersetzung unter dem Titel* Nachtflug, *1932). Sehr positiv. K.M. arbeitete Anfang 1933 mit Erich Ebermayer an einer Bühnenbearbeitung des Romans (Cf. Briefe an Erich Ebermayer, Stiftung Preußischer Kulturbesitz, Nachlaß Ebermayer).*]

212 **DER STREITBARE ZEICHENSTIFT**

(Glosse)

in: *Neue Leipziger Zeitung*, 26.3.1933.

> [*Über Karikaturisten.*]

213 **IM KREIS DER FAMILIE**

(Rezension)

in: *Die Literatur*, 35 (1932 – 1933) 7, April 1933, S. 415.

> [*Über den Roman von André Maurois,* Le cercle de famille, *1932 (deutsche Übersetzung:* Im Kreis der Familie, *1932). K.M. bezeichnet Maurois als „Intellektuellen von europäischem Format".*]

1 9 3 3 (IM EXIL)

B1 214 **WERT DER EHRE**

(Erzählung)

in: *Prager Tageblatt*, 4.4.1933.

ferner in: *Ab Btp*, S. 204 – 207.

> [*Über zwei Hochstapler.*]

215   **APRIL, NUTZLOS VERTAN**

(Erzählung)

in: *Bunte Woche*, Nr 25, 1933.

ferner in: *Ab Btp*, S. 127 – 131 (von Martin Gregor-Dellin irrtümlich auf 1929 datiert!
Cf. S. 279)

Manuskript

Handschrift   KM 70
Le Lavandou   29.4.1933   8 Bl Hs
          [*Hauptgestalt der Erzählung: ein Student, der eine Art Außenseiterdasein führt.*]

B2   **UNVERÖFFENTLICHT**

216   **SCHMERZ EINES SOMMERS**

Novelle

Typoskript   KM 34 A
o.O.   o.D. [Sommer 1933]   29 Bl Typo mit hs Korr
          [*Das Emigrantenmilieu in Sanary-sur-Mer diente K.M. offenbar als Vorlage für diese Ge-
          schichte. Das Ganze spielt im Sommer 1933 und wird in Tagebuchform erzählt. Die
          Geschichte eines 46jährigen Schriftstellers, den das Gefühl, älter zu werden, beunruhigt.
          In der Hauptgestalt könnte K.M. seinen Vater parodiert haben. Thomas Mann weilte im
          Sommer 1933 in Sanary-sur-Mer (Cf. Thomas Mann,* Tagebücher 1933 – 1934, S. 74 –
          187*).*]

D2   **UNVERÖFFENTLICHT**

217   **MEIN LIECHTENSTEIN**

(Text für die „Pfeffermühle")

     Lenzerheide 5.3.1933   KM 522
     Handschrift   2 Bl
     Typoskript   1 Bl

218   **HAUSFRAU**

(Text für die „Pfeffermühle")

     Lenzerheide 9.3.1933   KM 514
     Handschrift   3 Bl
     Typoskript   2 Bl (2 Exempl)

219   **GYMNASIAST**

(Text für die „Pfeffermühle")

     Lenzerheide/München 11.3.1933   KM 509
     Handschrift   3 Bl
     Typoskript   2 Bl (3 Exempl)

220 DIE LEERE WOHNUNG

(Text für die „Pfeffermühle")

Lenzerheide 3./4.3.1933   KM 520
Handschrift   11 Bl
Typoskript   9 Bl (2 Exempl)

221 WEH, DARF ICH MICH NIEDERLEGEN? . . .

(Text für die „Pfeffermühle")

Paris 15.11.1933   KM 528
Handschrift   1 Bl

222 DIE SCHNEIDERIN UND DIE DAME

(Text für die „Pfeffermühle")

Bern 21.–26.11.1933   KM 515
Handschrift   5 Bl
Typoskript   5, 3, 3, 2 Bl

223 PROMINENTENTEE

(Text für die „Pfeffermühle")

Bern 25.11.1933   KM 521
Handschrift   7 Bl
Typoskript   4 Bl (2 Exempl)

224 DER ENTLASSENE

(Text für die „Pfeffermühle")

Küsnacht 11.–13.12.1933   KM 512
Handschrift   3 Bl
Typoskript   1, 2 Bl

E2 UNVERÖFFENTLICHT

225 HORST WESSEL

(Biographie)

Zandvoort, Zürich, Amsterdam, Anfang August – Ende Oktober 1933   KM 561

Handschrift   155 Bl

Typoskript von Kap II und III (andere Fassung)   15 Bl Typo mit hs Korr

Vorarbeiten und Materialien   32 Bl Hs

[*K.Ms* Horst Wessel *ist ein sehr polemisch konzipierter biographischer Essay. Sein Haupt-*
ziel ist die Widerlegung der beiden Wessel-Biographien, die ihm als Vorlagen dienten:
Hanns Heinz Ewers, Horst Wessel, ein deutsches Schicksal, *1932, und Erwin Reitmann,*
Horst Wessels Leben und Sterben, Berlin, 1932. K.M. hat auch die Absicht, vor dem Typ
Wessel zu warnen.

Als biographischer Essay ist das Buch mißlungen. K.Ms Freund und Verleger Fritz Lands-
hoff sprach sich von Anfang an gegen seine Veröffentlichung aus: Cf. undatierter Brief
von Landshoff [ca November 1933], KMA, an K.M. Landshoff schickte nachher das
Manuskript an Gustav Regler (Cf. Brief von Landshoff an K.M., 20.11.1933, KMA),
damit dieser den Editions du Carrefour, Paris, das Werk anbieten könne. Eine Veröffent-
lichung in diesem Verlag kam aber nicht zustande. Regler bat K.M. im Mai 1934 (Cf.
Brief von Regler an K.M., 15.5.1934, KMA), aus Anlaß des Prozesses gegen die Mörder
von Wessel, eine Zusammenfassung seines biographischen Essays für die kommunistische
Wochenzeitung Der Gegen-Angriff *zu verfassen. K.M. hat diesen Aufsatz aber nicht ge-*
schrieben.]

F1   226   **ANDRE GIDE UND RUSSLAND**

(Aufsatz)

in: *Die Neue Weltbühne*, Prag, Wien, Zürich, 29 (1933) 13, 29.3.1933.

ferner, unter dem Titel: *André Gides Tagebücher*, in: *P*, S. 102 — 108.

Manuskript

Martin Gregor-Dellin erwähnt (*Cf. P*, S. 375) ein Manuskript vom 8.2.1933, das sich
nicht im KMA befindet.

> *[Über die in der* Neuen Rundschau *erschienenen Tagebuchblätter von Gide aus den Jah-*
> *ren 1931 und 1932 (Cf. Tagebuchblätter, in:* Die Neue Rundschau *44 (1933) 1, 2;*
> *Januar und Februar 1933, S. 50 — 65 und 187 — 197).*
>
> *K.Ms erste große Arbeit nach dem Machtwechsel in Deutschland. Er bekundet seine Be-*
> *reitschaft, mit den Kommunisten solidarisch zu handeln. Diese Solidarität bedeute aber*
> *keinen Verzicht auf die eigene Identität: Gide sei ihm hier richtunggebend.]*

227   **ZWEI KLEINE BÜCHER**

(Rezension)

in: *National-Zeitung*, Basel, 1933, Nr 219, 14.5.1933.

Manuskript

Typoskript   KM 437
Le Lavandou   25.4.1933   4 Bl Typo mit hs Korr
> *[Über Annemarie Schwarzenbach (1908 — 1942),* Lyrische Novelle, *1933, und Franz*
> *Hessel (1880 — 1941),* Ermunterungen zum Genuß, *1933,* Lobend.*]*

228   [SERIE] **SCHRIFTSTELLER ÜBER KARL MARX**

(Antwort auf eine Umfrage)

in: *Internationale Literatur*, Moskau, 3 (1933) 2, Juni 1933, S. 187 — 188.
> *[Jeder müsse die Bedeutung von Marx im Rahmen der Geistesgeschichte erkennen, aber*
> *die „literarischen Snobs des Marxismus" seien eine „schlimme Plage des deutschen öffent-*
> *lichen Lebens".]*

229   **VERGESST ES NICHT!** STREIFZÜGE DURCH DAS SCHRIFTTUM NA-
TIONAL-SOZIALISTISCHER PROMINENZ.

(Aufsatz)

in: *Neue Freie Presse*, Wien, um August 1933 (Zeitungsausschnitt ohne Datumsangabe,
KMA).

Manuskript unter dem Titel: *Pg Rosenberg*   KM 537

Handschrift
Zandvoort 10./11.8.1933   6 Bl

Typoskript
o.O.   o.D.   5 Bl Typo mit hs Korr

[*Sehr polemischer Kommentar zu Alfred Rosenbergs Broschüre,* Das Wesensgefüge des
Nationalsozialismus. *Rosenberg sei der gefährlichste Nazi, denn er verstehe es, seine Aus-
führungen in „feinem, echtem Professorenton zu verfassen". Seine Schrift zeige aber, wie
gefährlich der Nationalsozialismus sei. Das Ziel dieser Bewegung sei die Vorbereitung des
Krieges gegen Frankreich. Deswegen müsse Deutschlands Nachbarland auf der Hut sein.
Hitler und seine Anhänger seien gewillt, es zu zerstören.*

*K.M. warnt auch die Europäer: wer sich an die Prosa der Nationalsozialisten gewöhne,
laufe schon Gefahr, nicht mehr aufmerksam gegen die Gefahr zu sein, die sie bedeuten.*]

230   **DIE SAMMLUNG**

(Vorstellung der Zeitschrift)

in: *Die Sammlung*, Amsterdam, 1 (1933 − 1934) 1, September 1933, S. 1 − 2.

ferner in: *HuM*, S. 91 − 93.

Manuskript:

2 Vorstufen:

− ohne Titel, erste Zeile: „Was können wir tun, damit das große deutsche Erbe be-
wahrt bleibe"
Sanary   5.5.1933   1 Bl Hs   KM 318
− unter dem Titel: *Die Sammlung*
Sanary   16.5.1933   3 Bl Hs   KMA, ohne Signatur
[*K.M. stellt seine literarische Zeitschrift* Die Sammlung *vor. Sie werde sich nicht mit
Tagespolitik befassen, aber sie werde eine politische Aufgabe haben. Nach der Umwäl-
zung in Deutschland sei die Beschäftigung mit Literatur eine Kampfansage an den Feind.*]

231   **GOTTFRIED BENN. ODER: DIE ENTWÜRDIGUNG DES GEISTES**

(Aufsatz)

in: *Die Sammlung*, 1 (1933 − 1934) 1, September 1933, S. 49 − 50.

ferner in: *P*, S. 178 − 181.

Manuskript

Handschrift   KM 74
o.O.   o.D.   3 Bl
[*K.M. rezensiert Benns Buch,* Der neue Staat und die Intellektuellen, *1933. Er stellt eine
Verschlechterung von Benns Stil fest, seit er mit dem III. Reich gemeinsame Sache macht.*]

232   **FILME**

(Feuilleton)

in: *Die Sammlung*, 1 (1933 − 1934) 1, September 1933, S. 52 − 54.

Manuskript

Handschrift   KM 146

Zandvoort   6.7.1933   4 Bl

[*Sehr positiver Beitrag über neue amerikanische Filme:* Back Street, Lady Lou, 42th Street, Cavalcade, President Phantom.]

233   VON DEUTSCHER KULTUR

(Bericht)

in: *Die Sammlung*, 1 (1933 − 1934) 1, September 1933, S. 54 − 56.

Manuskript

Teile der Handschrift   KM 501
o.O.   O.D.   2, 1 Bl

[*Über Kultur in Deutschland. Bericht über eine Rede des bayrischen Kultusministers Schemm, über eine Stellungnahme von Prinz August Wilhelm von Preußen. Kurzkommentar des Buches von Johannes Leer,* Juden sehen dich an, *und von* Die Greuelpropaganda ist eine Lügenpropaganda − *sagen die deutschen Juden selbst, einer antisemitischen Broschüre von Jakow Trachtenberg. Auch: Würdigung einer mutigen Stellungnahme des bayrischen Ministers Franz Schweyer.*]

234   RENE SCHICKELE

(Geburtstagsgruß)

in: *Die Sammlung*, 1 (1933 − 1934) 1, September 1933, S. 56.

[*Aus Anlaß von René Schickeles (1883 − 1940) 50. Geburtstag. Sehr herzlich. Schickele sei gleichzeitig ein guter Deutscher und ein guter Europäer.*]

235   DAS SCHWEIGEN STEFAN GEORGES

(Aufsatz)

in: *Die Sammlung*, 1 (1933 − 1934) 2, Oktober 1933, S. 98 − 103.

ferner in: *P*, S. 209 − 216.

Manuskript:

− Unter dem Titel: *St. G.*
  Skizzen   KM 457
  o.O.   o.D.   3 Bl Hs

− Unter dem Titel: *Das Schweigen Stefan Georges*   KM 283

  Entwurf
  o.O.   o.D.   4 Bl Hs

  Handschrift
  Sanary   17.5.1933   12 Bl

  Typoskript
  Sanary   18.5.1933   8 Bl Typo mit hs Korr

[*K.M. leugnet nicht, daß George die Nationalsozialisten beeinflußt haben könne. Für ihn steht er aber auf einem anderen Niveau als die Anhänger des III. Reiches. George sei ein Europäer, während die Nationalsozialisten Deutschland außerhalb Europas stellen möchten. Hätte der Dichter wirklich Einfluß auf sie gehabt, hätte er* „sittigend" *auf sie gewirkt.*
Zu beachten: In diesem Aufsatz drückt K.M. aber noch nicht die unumstößliche Gewißheit aus, George lehne den Nationalsozialismus ab. Er hofft, sein Schweigen bedeute „Abwehr".]

236   RENE CREVEL, LES PIEDS DANS LE PLAT

(Rezension)

in: *Die Sammlung*, 1 (1933 − 1934) 2, Oktober 1933, S. 108 − 110.

ferner in: *Wb*, S. 96 − 99.

Manuskript

Handschrift unter dem Titel: *Les pieds dans le plat*   KM 252
Amsterdam   16.6.1933   5 Bl + 1 Bl Notizen

> [*Rezension des Romans von René Crevel*, Les pieds dans le plat, *Paris 1933. Freundschaftlich, aber ein gewisses Unbehagen wegen Crevels kritikloser Haltung gegenüber den Kommunisten.*]

237   [BRIEF VON ROMAIN ROLLAND IN SACHEN „DIE SAMMLUNG" + KOMMENTAR VON KLAUS MANN]

in: *Die Sammlung*, 1 (1933 − 1934) 3, November 1933, S. 113.

> [Cf. *Nr 253 und 254.*]

238   88 AM PRANGER

(Glosse)

in: *Das Neue Tage-Buch*, Paris, Amsterdam, 1 (1933) 19, 4.11.1933, S. 457.

Manuskript: KM 424

Handschrift
Amsterdam   29.10.1933   4 Bl

Typoskript

o.O.   o.D.   3 Bl

> [*Sehr polemische Zeilen gegen die Unterzeichner des Treuegelöbnisses der deutschen Schriftsteller an Hitler.*]
> (Cf. *zu diesem Thema: Joseph Wulf*, Literatur und Dichtung im Dritten Reich, *Rowohlt Taschenbuch Verlag, Reinbek, 1966, S. 112 − 113.*)

239   DRINNEN UND DRAUSSEN

(Glosse)

in: *Deutsche Stimmen*, Beilage zur *Deutschen Freiheit*, Saarbrücken, 26.11.1933.

ferner in: *HuM*, S. 94 − 97.

> [*Polemik gegen Gerhart Hauptmann, Hans Heinz Ewers, Gottfried Benn usw. Auch Verteidigung der Emigranten.*]

240   DER ZWEITE TAG

(Rezension)

in: *Die Neue Weltbühne*, 29 (1933) 44, November 1933, S. 1382 − 1385.

ferner, unter dem Titel: *Ilja Ehrenburg, Der Zweite Tag*, in: *The Living Age*, New York, Vol 345 (1934), Februar 1934, S. 541 − 543; unter dem Titel: *Jugend in Sowjetrußland*, in: *HuM*, S. 87 − 91.

Manuskript   KM 447

— unter dem Titel: *Der zweite Tag*

Notizen
o.O.   o.D.   1 Bl Hs

— Unter dem Titel: *Ilja Ehrenburg, Der zweite Tag*

Handschrift
Amsterdam   23.10.1933   7 Bl

Typoskript
o.O.   o.D.   5 Bl Typo mit hs Korr
> [*Über den Roman von Ilja Ehrenburg (1891–1967), Malik Verlag, Prag, 1933. K.M.
> empfindet Sympathie für die Gestalten des Werkes und gibt zu, daß eine materialistische
> Weltanschauung den Menschen begeistern könne.*]

241   **DEUTSCHE BÜCHER 1933**

(Rezension)

in: *Die Sammlung*, 1 (1933 — 1934) 4, Dezember 1933, S. 209 — 215.

Manuskript

— *Entwürfe und Handschriften* unter verschiedenen Titeln:

Herzog
o.O.   o.D.   2 Bl Hs   KM 172

Kampf und Republik
o.O.   o.D.   1 Bl Hs   KM 190

Arnold Zweig „Spielzeug dieser Zeit"
o.O.   o.D.   3 Bl Hs   KM 331

Hermynia zur Mühlen
o.O.   o.D.   1 Bl Hs   KM 415

Feuchtwanger
o.O.   o.D.   3 Bl Hs   KM 144

Regler
o.O.   o.D.   1, 4 Bl Hs   KM 264

— *Typoskript* unter dem Titel: *Deutsche Bücher 1933*   KM 625
o.O.   o.D.   14 Bl Typo mit hs Korr
> [*Sehr positive Kommentare zu folgenden Büchern von emigrierten deutschen Autoren:
> Wilhelm Herzog (1884 — 1960), Der Kampf einer Republik. Die Affäre Dreyfus, Europa
> Verlag, Zürich, 1934; Lion Feuchtwanger (1884 — 1958), Die Geschwister Oppenheim,
> Querido Verlag, Amsterdam, 1933; Arnold Zweig (1887 — 1968), Spielzeug dieser Zeit,
> Novellen, Querido Verlag, Amsterdam, 1933; Hermynia zur Mühlen (1883 — 1951),
> Reise durch ein Leben, Roman, Gotthelf Verlag, Bern, 1933; Gustav Regler (1898 —
> 1963), Der verlorene Sohn, Roman, Querido Verlag, Amsterdam, 1933.*]

242   **IN EINEM ANDEREN LAND**

(Dokumente und redaktioneller Kommentar)

in: *Die Sammlung*, 1 (1933 — 1934) 3, Dezember 1933, S. 216 — 217.

Manuskript

Typoskript   KM 631 o.O.   o.D.   5 Bl Typo

[*Über die Haltung von Rudolf Binding (1867 — 1938), einem der Unterzeichner des
Treuegelöbnisses an Hitler. Auch Abdruck eines Briefes von Binding. Cf. Nr 238.*]

243   HERR VON SCHMIDT-PAULI IN LONDON
(Bericht)

in: *Die Sammlung*, 1 (1933 — 1934) 4, Dezember 1933, S. 222.

[*Über die Tagung des Exekutiv-Komitees des PEN-Clubs in London am 8.11.1933. Im
Rahmen dieser Tagung gab der deutschnationale Schriftsteller Edgar von Schmidt-Pauli
den Austritt der deutschen Gruppe aus dem Internationalen PEN-Club bekannt (Cf. zu
diesem Thema: Der deutsche PEN-Club im Exil — Eine Ausstellung der Deutschen Bi-
bliothek Frankfurt am Main, Buchhändler Vereinigung GmbH, Frankfurt am Main, 1980,
S. 36 — 38.)
Nach diesem Austritt bildeten die emigrierten deutschen Schriftsteller eine eigene PEN-
Gruppe, die ab 1934 dem Internationalen PEN-Club angehörte (Cf. Der deutsche PEN-
Club im Exil . . ., S. 46 — 84).*]

244   DIE KONSEQUENTEN
(Glosse)

in: *Der Gegen-Angriff*, Prag, Paris, Basel, 1 (1933) 22, 17.12.1933.

ferner in: *HuM*, S. 98 — 101.

Manuskript

Handschrift   KM 196
Küsnacht   5.12.1933   5 Bl

[*Um der Macht willen seien die Nationalsozialisten bereit, jede Lehre zu verraten.*]

F2   **SPÄTER VERÖFFENTLICHT**

245   [DER ZEHNTE MÄRZ 1933]   (Anfang der ersten Zeile)

(Bericht)   KM 608

Handschrift
Paris   5.4.1933   4 Bl

Typoskript
o.O.   o.D.   5 Bl Typo

veröffentlicht, unter dem Titel: *München, März 1933*, in: *Wb*, S. 93 — 95.

[*K.M. über die letzten Tage, die er in München vor der Emigration am 13.3.1933 verbrachte.*]

246   [BRIEF AN GOTTFRIED BENN]

Typoskript   KM 64
Le Lavandou   9.5.1933   4 Bl Typo mit hs Korr

veröffentlicht in: Gottfried Benn, *Doppelleben*, 1950; *Klaus Mann zum Gedächtnis*,
Querido Verlag, Amsterdam, 1950, S. 17 — 19; *P*, S. 175 — 178; *JuR*, S. 12 — 14.

[*K.M. fordert Benn auf, den nationalsozialistischen Staat nicht mehr zu unterstützen.
Er warnt ihn auch vor der Undankbarkeit der neuen Machthaber und macht auf den
Zusammenhang zwischen Kult des Irrationalen und Faschismus aufmerksam.*]

Benn antwortete K.M. am 23.5.1933 im Rundfunk. Seine Antwort wurde am 25.5.1933 in der Deutschen Allgemeinen Zeitung *unter dem Titel* Antwort an die literarischen Emigranten *veröffentlicht* (Cf. Gottfried Benn, Gesammelte Werke, *Limes Verlag, Wiesbaden, 1968, Bd 7, S. 1685 – 1704.*]

[Cf. Nr 231]

UNVERÖFFENTLICHT

247   [STELLUNGNAHME ÜBER DIE LAGE DER DEUTSCHEN LITERATUR
ANFANG MÄRZ 1933]

(Glosse)

Handschrift unter dem Titel: *Rundfrage „Internationale Literatur"*
Lenzerheide   7.3.1933   2 Bl   KM 276

Typoskript unter dem Titel: *„Situation und Perspektiven der deutschen Literatur"*
o.O.   8.3.1933   2 Bl Typo   KM 548
[*Ziemlich pessimistische Aussage über die Zukunft der Literatur in Deutschland. Ein junger deutscher Autor, der sich nicht an eine besondere politische Gruppe wendet, habe das Gefühl, ins Leere zu reden.*]

248   **KULTUR UND „KULTURBOLSCHEWISMUS"**

(Aufsatz)   KM 488

Handschrift
Paris   2.4.1933   10 Bl

Typoskript
Paris   April 1933   7 Bl Typo mit hs Korr
[*Es könne keine positive Definition des Nationalsozialismus geben. Man wisse nur, was die neuen politischen Herrn Deutschlands zerstören wollen. Auf allen Gebieten bedeute die neue Herrschaft einen Rückschritt: in der Jugenderziehung, in der Wissenschaft, in der Kunst und in der Literatur. K.M. stellt auch eine ziemlich pessimistische Prognose: wenn kein Wunder geschehe, werde der „Ungeist" für lange Zeit Sieger in Deutschland bleiben.*]

249   [SOMMER, HUNGER UND JOHANNA]

(Rezension)   KM 476

Handschrift unter dem Titel: *Sommer, Hunger und Johanna*
Le Lavandou   9.5.1933   1 Bl

Typoskript unter dem Titel: *Otto Karsten, Sommer, Hunger und Johanna*
o.O.   o.D.   1 Bl Typo mit hs Korr
[*Über die Erzählung von Otto Karsten (geb. 1904), Sommer, Hunger und Johanna, S. Fischer Verlag, Berlin, 1933. Sehr streng.*]

250   **WERKZEUG IN GOTTES HAND**

(Rezension)   KM 322

Handschrift

Sanary   16.5.1933   5 Bl

[*Über den Roman von Erich Ebermayer*, Werkzeug in Gottes Hand, *Paul Zsolnay Verlag, Berlin, Wien, Leipzig, 1933. Positiv, aber nicht beendet.*]

251   „ANTWORT AUF DIE ANTWORT" [GOTTFRIED BENNS]

(Aufsatz)   KM 64

Handschrift
Paris   31.5.1933   6 Bl

Typoskript
o.O.   o.D.   4 Bl Typo mit hs Korr (nicht vollständig)
und, unter dem Titel: *Benn*, 3 Bl Hs

Anlage: Gottfried Benn, *Antwort an die literarischen Emigranten*, in: *Deutsche Allgemeine Zeitung*, 25.5.1933. Auch eine Karte von Benn an Klaus Mann, mit folgendem Inhalt:
„25.5.33
Sehr verehrter Herr Mann,
Ihren Brief vom 9.V. beantworte ich in der anliegenden Form. Ich werde mich Ihrer freundschaftlichen Gesinnung gegen mich immer dankbar erinnern.
Ihr sehr ergebener
Dr Gottfried Benn"

> [*K.Ms Kommentar zu Benns* Antwort an die literarischen Emigranten. *Sie sollte ursprünglich im Rahmen einer Veranstaltung des Schutzverbandes Deutscher Schriftsteller im Exil (SDS) vorgetragen werden. (Cf. hektographierter Programmzettel des SDS AUSLAND: Freitag, 9. Juni 1933, 20 Uhr, Mutualité [Paris] (. . .) Brief Klaus Manns an Gottfried Benn — Gottfried Benns Erklärung im Rundfunk und in der DAZ. Klaus Manns Schlußwort (. . .), KM 3). Aus Rücksicht auf seinen Vater, der sich damals jeder polemischen Äußerung gegen Deutschland enthielt, sagte K.M. seine Teilnahme an dieser Veranstaltung jedoch am 8.6.1933 ab (Cf. Thomas Mann, Tagebücher 1933 — 1934, S. 107 — 108 und 109; Brief von K.M. an Thomas Mann, 23.6.1933, BA1, S. 106).*
>
> *In seinem Kommentar bezweifelt K.M. Benns Ehrlichkeit nicht, aber er warnt noch einmal vor den Gefahren des Irrationalismus. Sein Ton ist an manchen Stellen sehr scharf.*]

252   **ALFRED DÖBLIN, UNSER DASEIN**

(Rezension)   KM 445

Notizen
o.O.   o.D.   3 Bl Hs

Handschrift unter dem Titel: *Döblin „Unser Dasein"*
Paris   2.6.1933   6 Bl

Typoskript unter dem Titel: *Alfred Döblin „Unser Dasein"*
Paris   10.6.1933   4 Bl Typo mit hs Korr

> [*Über das Buch von Alfred Döblin,* Unser Dasein, *S. Fischer Verlag, Berlin, 1933. K.M. findet das Buch „konfus", aber Döblins Definition der Kunst erscheint ihm „bedeutungsvoll".*]

253   [ANTWORT AN DEN S. FISCHER VERLAG IN SACHEN **DIE SAMM-
         LUNG**]

                                                                             KM 415

Typoskript
o.O.   o.D.   [Oktober 1933]   1 Bl Typo mit hs Korr

> [*Sehr scharfe Stellungnahme gegen den S. Fischer Verlag in Sachen* Die Sammlung. *Gottfried Bermann-Fischer, der den S. Fischer Verlag — Thomas Manns Verlag — leitete, hat-*

te das Erscheinen von K.Ms Zeitschrift mit größter Besorgnis aufgenommen, denn in ihrer Mitarbeiterliste standen die Namen von drei Autoren seines Hauses: Thomas Mann, Alfred Döblin und René Schickele. Dies konnte für den Verlag, der in Deutschland schon bedroht war, sehr gefährlich werden (Cf. Gottfried Bermann-Fischer, Bedroht — Bewahrt. Der Weg eines Verlegers, Fischer Bücherei, Frankfurt, 1971, S. 81 — 82). Deswegen veranlaßte er die drei Schriftsteller, ihm Telegramme zuzuschicken. die im Notfall veröffentlicht werden sollten (Cf. Thomas Mann, Tagebücher 1933 — 1934, S. 177). Wie Bermann-Fischer es fürchtete, nahm die „Reichsstelle zur Förderung des Deutschen Schrifttums" im Börsenblatt für den Deutschen Buchhandel (10.10.1933) zum Erscheinen von Die Sammlung Stellung und griff deren Mitarbeiter an. Das veranlaßte Bermann-Fischer, die Telegramme am 14.10.1933 im Börsenblatt für den Deutschen Buchhandel veröffentlichen zu lassen. Dieser Schritt löste in Emigrantenkreisen eine sehr heftige Polemik aus (Cf. Briefe, die den Weg beleuchten, in: Neue Deutsche Blätter, Prag, 1 (1933 — 1934) 3, 15.11.1933, S. 129 — 139).

K.M. sah aber von einer Veröffentlichung seiner ersten Stellungnahme ab. Er publizierte nur einen Brief von Romain Rolland, den er mit einem kurzen Kommentar versah (Cf. Nr 237).]

255   DIMITROFF

(Glosse: handschriftlicher Vermerk von K.M.)   KM 444

Handschrift

Küsnacht	24.12.1933	1 Bl
o.O.	o.D.	1 Bl

Typoskript

o.O.   o.D.   1 Bl Typo mit hs Korr

[Über den Auftritt von Georgi Dimitroff (1882 — 1949) im Leipziger Reichstagsbrandprozeß. K.M. drückt auch eine gewisse Enttäuschung aus über das Fehlen einer echten innerdeutschen Opposition gegen Hitler. Er empfindet es als „Blamage", daß die einzige Stimme, die sich gegen Göring erhoben habe, die eines Ausländers sei.]

254   [KOMMENTAR ZU DEN ANGRIFFEN GEGEN DIE SAMMLUNG]

(Aufsatz)   KM 216

Handschrift

o.O.   o.D.   [Ende Oktober 1933]   3 Bl

Zur Datierung: *K.M. bezieht sich auf die im* Börsenblatt für den Deutschen Buchhandel *veröffentlichten Telegramme (Cf. Nr 253).*

[K.M. wehrt sich gegen den Vorwurf, er habe Thomas Mann, Alfred Döblin und René Schickele ohne ihr Einverständnis als Mitarbeiter seiner Zeitschrift genannt. Er wiederholt, daß eine literarische Zeitschrift wegen der „Krise der deutschen Gesinnung" notwendig das Politische „umfasse". Seiner Ansicht nach begehen die Schriftsteller, die gegen das III. Reich vorsichtig bleiben wollen, einen Irrtum.]

256   H[EINRICH] M[ANN]

(Skizze einer Rezension)   KM 216

Handschrift

o.O.   o.D.   [1933]   1 Bl Hs

[Kurzer Kommentar über Heinrich Manns Essays, Der Haß, Querido Verlag, Amsterdam, 1933. K.M. würdigt seinen Onkel als Verteidiger seines Landes und als Vertreter des echten Deutschtums.]

257   **DIE GENERATION OHNE MÄNNER**

(Rezension)   KM 456

Typoskript
o.O.   o.D.   [1933]   4 Bl Typo mit hs Korr
  [*Sehr strenge Rezension des Buches von Rudolf Thiel (Näheres nicht zu ermitteln),
  Die Generation ohne Männer, Paul Neff Verlag, Berlin, 1933. Der Verfasser sehe als
  Vertreter der „Generation ohne Männer" Bernard Shaw, Sigmund Freud, Karl Rathe-
  nau, Stefan George und Thomas Mann an.*]

258   [ÜBER ERNST TOLLERS AUTOBIOGRAPHIE **EINE JUGEND IN
       DEUTSCHLAND**]

(Skizzen einer Rezension)

Entwurf unter dem Titel: *TOLLER*   KM 415
o.O.   o.D.   [1933]   1 Bl Hs

Handschrift unter dem Titel: *Toller*   KM 307
o.O.   o.D.   2 Bl

Typoskript unter dem Titel: *Eine Jugend in Deutschland*   KM 472
o.O.   o.D.   1 Bl Typo mit hs Korr
  [*Ernst Tollers (1893 – 1939) Autobiographie*, Eine Jugend in Deutschland, *erschien
  1933 im Querido Verlag, Amsterdam.*]

259   **NOTIZEN**

(Skizze)   KM 234

Handschrift
o.O.   o.D.   [Ende 1933]   1 Bl
  [*Über das Kulturleben in Deutschland, Ende 1933.*]

                              1 9 3 4

A1   260   **FLUCHT IN DEN NORDEN**

Roman

Abdruck in Fortsetzungen in: *Pariser Tageblatt*, 2 (1934) 302, 10.10.1934 bis 2 (1934)
368, 14.12.1934.

Erstausgabe:

Querido Verlag, Amsterdam, 1934.
(Die Buchausgabe erschien Anfang Oktober 1934: *Cf.* Thomas Mann, *Tagebücher 1933
– 1934*, S. 522)

Neuausgaben:

— Mit einem Nachwort von Martin Gregor-Dellin: edition spangenberg im Ellermann
  Verlag, München, 1977; Büchergilde Gutenberg, Frankfurt am Main, 1981; Rowohlt
  Taschenbuch Verlag, Reinbek, 1981.

— Aufbau Verlag, Berlin und Weimar, 1981.

Übersetzung:
Journey into Freedom, translated by Rita Reil, Gollancz, London, 1936; Alfred Knopf, New York, 1936.

Manuskript:
Handschrift
467 Bl.
Amsterdam, Mitte Januar bis Mitte April 1934   KM 34

Entwürfe, Fragmente
o.O.   o.D. 46 Bl Hs   KM 34
o.O.   o.D. 9 Bl Hs   KM 583

[*Klaus Manns erster im Exil geschriebener Roman. Die Geschichte einer Emigrantin, die zuerst ihr privates Glück sucht und sich dann für den Kampf entscheidet.*]

Zur Entstehung: *K.M. teilte seiner Mutter am 11.1.1934 mit, er nehme die Arbeit an einem neuen Roman auf: Cf. Brief an Katia Mann, 11.1.1934, KMA. Unter den Entwürfen befinden sich aber ältere Fragmente, die einer anderen Konzeption des Romans entsprechen. Zur Datierung dieser Fragmente kann ein Brief von K.M. an Erich Ebermayer vom 15.3.1933 (Stiftung Preußischer Kulturbesitz, Nachlaß Ebermayer) herangezogen werden, in dem Klaus Mann diesem mitteilt, er sammle Material für einen Roman.*

Ursprünglich sollte das Werk die Geschichte einer Familie sein. Die Eltern — heruntergekommene Bürger — hätten vier Kinder gehabt. Im Mittelpunkt hätte die Entwicklung der beiden ältesten Kinder gestanden:

„*Anfang. Geburtstagsfeier. Nachher die beiden Ältesten allein. Er will aus der Kirche austreten. War fromm bis dahin.*

Am Schluß. Die Schwester, nach der Geburt eines toten Kindes, wird katholisch. Sie findet den Glauben wieder, den er verloren hat."

In den ersten Entwürfen sollte die älteste Tochter Schauspielerin — und nicht Studentin, wie Johanna — sein. Verschiedene Episoden spielten aber auch schon in Finnland. Für diese Episoden benutzte K.M. seinen Reisebericht aus dem Jahr 1932, Nördlicher Sommer (Cf. Nr 207), als Vorlage. In der ursprünglichen Form des Romans sollte die politische Problematik (Nationalismus und Gewalt, Individuum und Gemeinschaft) schon eine Rolle spielen.

B1   261   **LETZTES GESPRÄCH**

(Erzählung)

in: *Die Sammlung*, 1 (1933 — 1934) 6, Februar 1934, S. 297 — 305.

Manuskript

Vorstufe unter dem Titel: *Abschied*   KM 37
o.O.   o.D.   5, 3 Bl Hs

— Unter dem Titel: *Letztes Gespräch*

Handschrift   KM 37
Küsnacht   17.12.1933   17 Bl

Typoskript
o.O.   o.D.   13 Bl Typo mit hs Korr   KM 621

K.M. hatte die Geschichte am 25.12.1933 in Gegenwart seines Vaters vorgelesen (Cf. *Thomas Mann*, Tagebücher 1933 — 1934, S. 276).

[*K.Ms erste literarische Arbeit zum Thema Exil. Er zeigt zwei entgegengesetzte Verhaltensweisen, die diese Situation verursacht: die Frau hofft auf keine Zukunft mehr und wird sterben; ihr Mann entschließt sich zum politischen Kampf.*]

C2   UNVERÖFFENTLICHT

262   [FLUCH UND SEGEN]

(Fragmente einer Kantate)

Handschrift
o.O.   • o.D.   [Ende 1934]   13 Bl   KM 452
andere Fragmente aus demselben Komplex:

— unter dem Titel: *Der Erwartete*   KM 579
  o.O.   o.D.   1 Bl Hs

— unter dem Titel: *Klage der Mutter, die 7 Söhne*   KM 415
  o.O.   o.D.   1 Bl Hs

> Zur Datierung: *auf der Rückseite eines der Blätter, Durchschlag eines Briefanfangs mit dem Datum 29.11.1934.*
>
> [*Themen: Das Leben als Fluch und als Glück; Gott und der Mensch; von der Notwendigkeit eines Kampfes für den Fortschritt. Manche Anklänge an Novalis' Hymnen an die Nacht.*]

D2   SPÄTER VERÖFFENTLICHT

263   EIN BRIEF

(Text für die „Pfeffermühle")   KM 506

> Nordwijk 14./15.7.1934
> Handschrift   4 Bl
> Typoskript   2 Bl (5 Exempl)

veröffentlicht in: *Immer um die Litfaßsäule rum* — Gedichte aus sechs Jahrzehnten Kabarett, Henschelverlag, Berlin, 1965, S. 244 — 245.

264   BALLADE VON DER KLEINEN SEEJUNGFRAU

(Text für die „Pfeffermühle")   KM 505

> Zandvoort 20.7.1934
> Handschrift   3 Bl
> Typoskript   2 Bl (5 Exempl)

veröffentlicht in: *Immer um die Litfaßsäule rum*, op. cit., S. 241; *So weit die scharfe Zunge reicht.* Die Anthologie des deutschsprachigen Kabaretts, herausgegeben von Klaus Budzinski, Scherz Verlag, München, Bern, Wien, 1964, S. 356 — 359.

UNVERÖFFENTLICHT

265   FRÄULEIN VOM REISEBÜREAU

(Text für die „Pfeffermühle")   KM 508

> Nordwijk 17.7.1934
> Handschrift   2 Bl
> Typoskript   2 Bl (3 Exempl)

266 GYMNASIAST

(Text für die „Pfeffermühle")   KM 510

    Davos, 14.10.1934
    Handschrift   3 Bl
    Typoskript   2 Bl (2 Exempl)

267 LIED VON DEN VERLORENEN GESICHTERN

(Gedicht)   KM 492

Handschrift
o.O.   29.5.1934   2 Bl
    [Über das Thema Vergänglichkeit.]

F1 **268 ZÜRICH UND BERN**

(Feuilleton)

in: *Die Sammlung*, 1 (1933 — 1934) 5, Januar 1934, S. 272 — 274.

ferner in: *HuM*, S. 30 — 35.

Manuskript   KM 330

Handschrift
o.O.   o.D.   5 Bl

Typoskript

o.O.   o.D.   6 Bl Typo mit hs Korr
    [Kulturbericht. Die Schweiz als Gastland für emigrierte Künstler.]

269 KARL KRAUS

(Glosse)

in: *Die Sammlung*, 1 (1933 — 1934) 5, Januar 1934, S. 278 — 279.

Manuskript:

— *Vorstufe* unter dem Titel: *Die Stimme aus dem Grabe*   KM 295
    o.O.   o.D.   2 Bl Hs

— Unter dem Titel: *Karl Kraus*   KM 197

Handschrift
Küsnacht   6.12.1933   1 Bl

Typoskript
o.O.   o.D.   2 Bl Typo mit hs Korr
    [K.M. ist über die Haltung von Karl Kraus nach 1933 enttäuscht.]

270 STEFAN GEORGE

(Nachruf)

in: *Die Sammlung*, 1 (1933 — 1934) 5, Januar 1934, S. 279.

Manuskript   KM 158

Handschrift
Küsnacht   4./5.12.1933   1 Bl

Typoskript
o.O.   o.D.   1 Bl Typo mit hs Korr
[*Stefan George war am 4.12.1933 in der Schweiz gestorben. K.M. begrüßt Georges letzten Wunsch, nicht in Deutschland bestattet zu werden.*]

271   ZAHNÄRZTE UND KÜNSTLER

(Bericht)

in: *Das Neue Tage-Buch*, 2 (1934) 4, 27.1.1934, S. 90 – 91.

Manuskript unter dem Titel: *Gleichgeschaltet – nur scheinbar*   KM 462
Amsterdam   22.1.1934   5 Bl Hs
[*Polemik gegen den Schauspieler Gustaf Gründgens und den Regisseur Erich Engel. Im Gegensatz zu einem Zahnarzt habe ein Künstler mehr als bloße ,,Geschäftsinteressen'' zu verteidigen und dürfe deshalb zu keinem Kompromiß mit dem III. Reich bereit sein.*]

272   JAKOB WASSERMANN

(Nachruf)

in: *Die Sammlung*, 1 (1933 – 1934) 6, Februar 1934, S. 281 – 282.

Manuskript unter dem Titel: *Wassermann*   KM 559
Amsterdam   10.1.1934   3 Bl Hs
[*Jakob Wassermann war am 1.1.1934 verstorben.*]

273   AMSTERDAM

(Feuilleton)

in: *Die Sammlung*, 1 (1933 – 1934) 6, Februar 1934, S. 326 – 328.

Manuskript

Handschrift   KM 427
Amsterdam   8.1.1934   6 Bl
[*Über die Stimmung und das Kulturleben in Amsterdam.*]

274   BÜCHER DES KAMPFES UND DER AUFKLÄRUNG
(Rezension)

in: *Die Sammlung*, 1 (1933 – 1934) 6, Februar 1934, S. 335 – 336.

Manuskript

– Teile über *Geburt des Dritten Reiches*   KM 465
   Handschrift
   o.O.   o.D.   4 Bl Hs

   Typoskript
   o.O.   o.D.   1 Bl Typo mit hs Korr

— unter dem Titel: *Bücher des Kampfes und der Aufklärung*   KM 93
   o.O.   o.D.   2 Bl Hs

> [*Sehr positive Rezension von vier Büchern: Konrad Heiden (1901 — 1966), Geburt des Dritten Reiches. Die Geschichte des Nationalsozialismus bis Herbst 1933, Europa Verlag, Zürich, 1934; Lothar Frey, Deutschland wohin? Bilanz der nationalsozialistischen Revolution, Europa Verlag, Zürich, 1934; Heinz Liepmann (1905 — 1966), Das Vaterland, Roman, P.N. Van Kampen & Zoon, Amsterdam, 1933; Walter Rode (1876 — 1934), Deutschland ist Caliban, Europa Verlag, Zürich, 1934.*]

275   BÜCHER DES KAMPFES UND DER AUFKLÄRUNG

(Rezension)

in: *Die Sammlung*, 1 (1933 — 1934), 7, März 1934, S. 390 — 391.

> [*Kurze Rezensionen von: Gerhart Seger (1896 — 1967), Oranienburg, Verlagsanstalt Graphia, Karlsbad, 1934; Walter Schönstedt (geb. 1909), Auf der Flucht erschossen, Roman, Editions du Carrefour, Paris, 1934; Werner Türck (geb. 1901), Kleiner Mann in Uniform, Roman, Michael Kacha Verlag, Prag, 1934.*]

276   UND ÖSTERREICH?

(Rezension)

in: *Die Sammlung* 1 (1933 — 1934) 7, März 1934, S. 391.

Manuskript   KM 243
o.O.   o.D.   2 Bl Hs

> [*Notiz über die Broschüre des österreichischen Sozialdemokraten Ludwig Bauer, Und Österreich? Ein Staat sucht ein Volk, Verlag des Europäischen Merkur, Paris, 1933.*]

277   DEUTSCHER BUCHHANDEL

(Bericht)

in: *Freiheit*, 1.2.1934 (Zeitungsausschnitt ohne nähere Angaben).

Manuskript unter dem Titel: *Buchhändler*   KM 90

Handschrift
Küsnacht   30.12.1933   3 Bl

> [*Glosse über eine Umfrage über die meistgekauften Bücher, die die (gleichgeschaltete) Literarische Welt bei Buchhändlern veranstaltet hatte. K.M. stellt ohne Erstaunen fest, daß die meisten genannten Titel Bücher nationalsozialistischer Autoren sind. Er wertet es aber als positiv, daß Titel von Karl Barth, Thomas Mann und Hans Carossa auch genannt worden sind.*]

278   WARUM VERSAGTEN DIE MARXISTEN?

(Rezension)

in: *Die Sammlung*, 1 (1933 — 1934) 8, April 1934, S. 447.

> [*Über das Buch von Rudolf Olden (1885 — 1940), Warum versagten die Marxisten?, Verlag des Europäischen Merkur, Paris, 1934. Sehr positive Kommentare. Oldens Schrift sollte nach Ansicht von K.M. die Marxisten zur Überprüfung mancher starren Positionen veranlassen.*]

279   DEUTSCHE FREIHEITS-BIBLIOTHEK

(Mitteilung)

in: *Die Sammlung*, 1 (1933 – 1934) 8, April 1934, S. 452.

> [*Notiz über die in Paris vom S.D.S. gegründete Bibliothek. Sie wurde am Jahrestag der Bücherverbrennung, 10.5.1934, eröffnet.*]

280   STILKRITISCHES

(Glosse)

in: *Das Neue Tage-Buch* 2 (1934) 16, 21.4.1934.

ferner in: *HuM*, S. 101 – 104.

Manuskript   KM 594

Handschrift
o.O.   o.D.   3 Bl
> [*Über eine der Folgen der „Machtergreifung": die Verhunzung der deutschen Sprache.*]

281   [EIN JAHR GEGEN-ANGRIFF]

(Zuschrift an den *Gegen-Angriff*)

in: *Der Gegen-Angriff*, 2 (1934) 17, 28.4.1934.

> [*Würdigung des Beitrags der kommunistischen Wochenzeitung zum Kampf gegen Hitler.*]

282   DAS ZIEL

(Aufsatz)

in: *Europäische Hefte*, Prag, 1 (1934) 9, Mai 1934.

ferner in: *HuM*, S. 137 – 143.

Manuskript

Handschrift   KM 602
Amsterdam   26.5.1934   12 Bl
> [*Über das Heft 1919 von* Das Ziel, *Jahrbuch für geistige Politik, herausgegeben von Kurt Hiller (1885 – 1972). In diesem Heft von Hillers Jahrbuch waren Fragmente aus der Schrift von Oscar Wilde,* The Soul of Man under Socialism, *1891, abgedruckt. Die Grundlage von K.Ms Kommentar: um den „geistigen Individualismus" retten zu können, müsse man sich zum Sozialismus bekennen.*]

283   THOMAS DE QUINCEY

(Aufsatz)

in: *Die Sammlung* 1 (1933 – 1934) 9, Mai 1934, S. 488 – 498.

ferner in: *Literarische Revue*, München, 4 (1949), S. 305 – 313; *P*, S. 305 – 313.

Manuskript   KM 261

Notizen   21 Bl Hs

Handschrift
Zandvoort   Juli 1933   20 Bl

Typoskript
o.O.   o.D.   16 Bl Typo mit hs Korr (2 Exempl)
> [*Biographischer Essay über den englischen Schriftsteller Thomas de Quincey (1785 – 1859), Verfasser der* Confessions of an English Opium Eater, *1821 – 1822. Teilweise Selbstbespiegelung; K.M. verstand diesen Essay auch als Schilderung der eigenen Drogensucht: Cf. Brief an Katia Mann, 6.5.1934, KMA.*]

284   **BERTOLD (sic!) BRECHT UND HANNS EISLER: LIEDER, GEDICHTE, CHÖRE**

(Rezension)

in: *Die Sammlung*, 1 (1933 – 1934) 9, Mai 1934, S. 506 – 507.

Manuskript   KM 415

Handschrift
o.O.   o.D.   2 Bl
> [*Brechts Beispiel zeige, daß der politische Kampf dem Talent des Dichters nicht abträglich sei.*]

285   **HERMANN KESTEN – DER GERECHTE**

(Rezension)

in: *Die Sammlung*, 1 (1933 – 1934) 10, Juni 1934, S. 550 – 552.

Manuskript   KM 191

Handschrift
o.O.   o.D.   5 Bl

Typoskript
o.O.   o.D.   4 Bl Typo mit hs Korr
> [*Über den Roman von Hermann Kesten*, Der Gerechte, *Verlag Allert de Lange, Amsterdam, 1934. Kestens Entwicklung beweise, daß die „schriftstellerische Leidenschaft" zugleich stilistisch und moralisch sei, und daß der Schriftsteller sein Bestes gebe, wenn er das Böse bekämpft.*]

286   **JEAN COCTEAU – LA MACHINE INFERNALE**

(Theaterkritik)

in: *Die Sammlung*, 1 (1933 – 1934) 10, Juni 1934, S. 557 – 559.

ferner in: *P*, S. 58 – 60.

Manuskript   KM 104

Handschrift
Paris, Amsterdam   o.D.   6 Bl

Typoskript
o.O.   o.D.   4 Bl Typo mit hs Korr
> [*Begeisterter Bericht über die Aufführung von Cocteaus Stück*, La machine infernale, *im Pariser Theater „Comédie des Champs Elysées".*]

287   JOSEPH BREITBACH, DER RICHTIGE

(Aufsatz)

in: *Das Neue Tage-Buch*, 2 (1934) 26, 30.6.1934, S. 615 – 616.

Manuskript unter dem Titel: *Das falsche Deutschland*   KM 577

Handschrift
Scheveningen   13.6.1934   8 Bl

Typoskript
o.O.   o.D.   5 Bl Typo mit hs Korr

> [*Sehr polemischer Kommentar zu einem Aufsatz von Joseph Breitbach (1903 – 1980),
> der im Juni 1934 in der* Revue Hebdomadaire, Paris, *veröffentlicht worden war. In sei-
> nem Aufsatz,* Les Français connaissent-ils vraiment la littérature allemande d'aujourd'
> hui?, *schreibt Breitbach insbesondere, daß Hans Grimms* Volk ohne Raum *ein bedeuten-
> des Zeugnis der deutschen Literatur des XX. Jahrhunderts sei. Er behauptet auch, daß
> Hermann Stehr ein sehr typischer Vertreter des deutschen Geistes sei.*
>
> *Breitbach antwortete Klaus Mann in einem Aufsatz, den* Das Neue Tage-Buch *ebenfalls
> publizierte (Cf.* Antwort an Klaus Mann, 2 (1934) 29, 21.7.1934, S. 691 – 692).
>
> *Diese Polemik hatte das Ende der Freundschaft zwischen Breitbach und K.M. zur Folge
> (Cf. Brief von Breitbach an K.M., 20.6.1934; Briefe von K.M. an Breitbach, 23. und
> 28.6.1934, KMA).*]

288   [ÜBER PLANWIRTSCHAFT UND SOZIALISMUS]

(Antwort auf eine Umfrage)

in: *Unsere Zeit*, Paris, Basel, Prag, 7 (1934) 7, Juli 1934, S. 38.

Manuskript

Typoskript: Brief vom 16.4.1934   *KMA*
Amsterdam (Briefkopf: *Die Sammlung*) 1 Bl Typo mit hs Korr

> [*Die von Willi Münzenberg (1889 – 1940) geleitete Zeitschrift hatte am Anfang des 2.
> Jahres des 2. sowjetischen Fünfjahrplanes bekannte Schriftsteller und Wissenschaftler
> um Stellungnahmen zur Planwirtschaft und zum Sozialismus gebeten. Es antworteten
> außer K.M. folgende Schriftsteller: Romain Rolland, H.G. Wells, André Gide, Rudolf
> Leonhardt, Friedrich Wolf, Ernst Bloch.*
>
> *In seiner Antwort betont K.M., daß der Glaube an den Sozialismus Glaube an die Zukunft
> überhaupt sei.*]

289   LION FEUCHTWANGER FÜNFZIG JAHRE

(Geburtstagsgruß)

in: *Die Sammlung*, 1 (1933 – 1934) 11, Juli 1934, S. 565.

> [*Um seine Würde zu erhalten, müsse ein Schriftsteller gegen das Böse kämpfen.*]

290   DIE GEHEIMNISSE JULIEN GREENS

(Rezension)

in: *Die Sammlung*, 1 (1933 – 1934) 11, Juli 1934, S. 612 – 613.

ferner in: *P*, S. 86 – 89.

Manuskript

Handschrift   KM 454
Amsterdam   11.4.1934   2 Bl

> [*Über Julien Greens Roman* Le visionnaire, Plon, Paris, 1934. *Sehr positiv.*]

291 NIEMAND DARF LÄNGER SCHWEIGEN

(Zuschrift an den *Gegen-Angriff*)

in: *Der Gegen-Angriff*, 2 (1934) 28, 12.7.1934.

[*Trotz der schweren Krise des Faschismus in Deutschland habe die letzte Stunde des Regimes noch nicht geschlagen.*]

292 DIE GLAUBENSNOT DER DEUTSCHEN KATHOLIKEN

(Rezension)

in: *Die Sammlung*, 1 (1933 – 1934) 12, August 1934, S. 670 – 671.

ferner, unter dem Titel: *Worauf wartet die Kirche*, in: *HuM*, S. 105 – 106.

Manuskript

Handschrift   KM 582

Scheveningen   5.5.1934   3 Bl

[*Über das Buch von Michael Schaeffler, Die Glaubensnot der deutschen Katholiken, Roland Verlag, Zürich, 1934. K.M. findet die Haltung des Verfassers, eines katholischen Priesters, gegenüber dem III. Reich zu zaghaft.*]

293 BÜCHER

(Rezension)

in: *Die Sammlung*, 1 (1933 – 1934) 12, August 1934, S. 674 – 675.

Manuskript

Handschrift (Fragment)   KM 92
o.O.   o.D.   2 Bl

Typoskript
o.O.   o.D.   4 Bl Typo mit hs Korr   KM 436

[*Kurze Notizen über Bücher, die von der Lebendigkeit des „freien deutschen Buches" zeugen:* Walter Mehring (1896 – 1981), Und euch zum Trotz, Chansons, Balladen und Legenden, *Europäischer Merkur, Paris, 1934;* Gustav Regler, Im Kreuzfeuer, Roman, *Éditions du Carrefour, Paris, 1934;* Franz Carl Weiskopf (1900 – 1955), Die Stärkeren, *Sonderheft der* Neuen Deutschen Blätter, *Prag, 1934;* Heinz Liepmann, Das Leben der Millionäre, *Edition la Zone, Paris, 1934;* Bruno Frei (geb 1897), Hanussen, Ein Bericht, *Sebastian Brant Verlag, Strasbourg, 1934;* Walter Kolbenhoff (eigentl. Walter Hoffmann, geb 1908), Untermenschen, Roman, *Trobis Verlag, Kopenhagen, 1934;* Heinrich Fischer (1896 – 1974), Karl Kraus und die Jugend, *Lanyi, Wien, 1934;* Ignazio Silone (1900 – 1978), Die Reise nach Paris, Novellen, *Oprecht und Helbing, Zürich, 1934.*]

294 ERICH MÜHSAM

(Nachruf)

in: *Die Sammlung*, 1 (1933 – 1934) 12, August 1934, S. 676.

[*Erich Mühsam (1878 – 1934) war am 10.7.1934 im Konzentrationslager ermordet worden.*
Aufruf an alle Freunde, ihre Solidarität mit den vom III. Reich verfolgten Intellektuellen zu zeigen.]

295   DIE SCHWESTERN BRONTË

(Aufsatz)

in: *Forum*, Maandschrift voor Letteren en Kunst, Rotterdam, 3 (1934) 8, August 1934, S. 673 – 685.

ferner in: *Wb*, S. 100 – 112.

Manuskript:

Notizen und Entwürfe unter dem Titel: „*Ein klassischer Unterhaltungsroman*" KM 311
   o.O.   o.D.   9 Bl Hs

— Unter dem Titel: *Die Schwestern Brontë*   KM 89

   Handschrift
   Paris   14./16.3.1933   20 Bl

   Typoskript
   o.O.   o.D.   13 Bl Typo mit hs Korr
      [*Biographischer Essay.*]

296   LITTERATURE ETRANGERE. TROIS LETTRES SUR LA LITTERATURE ALLEMANDE

(Aufsatz)

In: *La Revue Hebdomadaire*, Paris 43 (1934) 31, 4.8.1934, S. 103 – 105.
      [*Teilweise identisch mit Nr 287.*]

297   [BERICHT ÜBER EINDRÜCKE IN MOSKAU]

in: *Literaturnaja Gaseta*, Moskau, 1934, Nr 105, Ende August 1934.

298   NOTIZEN IN MOSKAU

(Aufsatz)

in: *Die Sammlung*, 2 (1934 – 1935) 2, Oktober 1934, S. 72 – 83.

ferner in: *HuM*, S. 107 – 122; *JuR*, S. 14 – 27.

Manuskript   KM 499

Handschrift
Laren   9.–11.9.1934   35 Bl

Typoskript
o.O.   o.D.   19 Bl Typo mit hs Korr

Druckfahnen   11 Bl mit hs Korr

   [*Bericht über den ersten Allunionskongreß der Sowjetschriftsteller, an dem K.M. im August 1934 als einer der 11 deutschsprachigen Gäste teilgenommen hatte (Cf. Klaus Jarmatz u a, Exil in der UdSSR, Reclam, Leipzig, 1979, S. 44).*
   K.M. erkennt die Bedeutung der UdSSR für die Zukunft der Welt an, aber er zeigt eine gewisse Zurückhaltung gegen die sozialistische Gesellschaft. Er fragt sich, ob sie wirklich die Entwicklung des einzelnen Menschen begünstige. Andererseits übt er Kritik an manchen Auffassungen der Vertreter des „sozialistischen Realismus". Er fürchtet, der Sozialismus könne die irrationalen Bedürfnisse des Menschen unberücksichtigt lassen.]

299 ANTWORT AN DEN VÖLKISCHEN BEOBACHTER

(Polemik)

in: *Der Gegen-Angriff*, 2 (1934) 40, 5.10.1934.

> [*Der Völkische Beobachter hatte am 26.9.1934 sehr polemisch auf die Veröffentlichung des „Saaraufrufes" deutscher Intellektueller* (Cf. Volksstimme, *Organ der sozialdemokratischen Partei für das Saargebiet, 21.9.1934) reagiert, zu dessen Unterzeichnern K.M. gehörte. K.M. antwortete mit einem erneuten Aufruf, am 12.1.1935 für den Status Quo im Saargebiet zu stimmen.*]

300 ERICH KÄSTNER

(Glosse)

in: *Das Neue Tage-Buch*, 2 (1924) 41, 13.10.1934, S. 931 — 932.

Manuskript   KM 188

Handschrift
o.O.   o.D.   2 Bl

> [*Zu einer Verlagsanzeige der Deutschen Verlags-Anstalt über Kästners (1899 — 1974) Roman,* Drei Männer im Schnee, *1935. Sehr scharf gegen Erich Kästner, den K.M. fast als Mitläufer betrachtet.*]

301 BRUNO FRANKS CERVANTES-ROMAN

(Rezension)

in: *Die Sammlung* 2 (1934 — 1935) 3, November 1934, S. 152 — 155.

Manuskript   KM 99

Handschrift unter dem Titel: *Cervantes*
o.O.   o.D.   6 Bl

> [*Über dem Roman von Bruno Frank,* Cervantes, *Querido Verlag, Amsterdam, 1934. Sehr positiv.*]

302 ALFRED KERR — DIE DIKTATUR DES HAUSKNECHTS

(Rezension)

in: *Die Sammlung*, 2 (1934 — 1935) 3, November 1934, S. 167.

> [*Notiz über das Buch von Alfred Kerr (1867 — 1948),* Die Diktatur des Hausknechts, *Les Associés Editeurs, Bruxelles, 1934.*]

303 JUBILÄUM IN KATTOWICE

(Mitteilung)

in: *Die Sammlung*, 2 (1934 — 1935) 3, November 1934, S. 167.

Manuskript   KM 187

Handschrift
o.O.   o.D.   1 Bl

> [*Würdigung der „Buch und Kunst Revue" der Wirtschaftskorrespondenz für Polen, aus Anlaß ihres zehnjährigen Bestehens. K.M. war Mitarbeiter dieser Zeitung (Cf. Nr 126).*]

304   EGON ERWIN KISCH – EINTRITT VERBOTEN
(Rezension)

in: *Die Sammlung*, 2 (1934 – 1935) 3, November 1934, S. 167 – 168.

[*Sehr positive Rezension des Buches von Egon Erwin Kisch (1885 – 1948)*, Eintritt verboten, *Editions du Carrefour, Paris, 1934.*]

305   **NOTIZ**

in: *Die Sammlung*, 2 (1934 – 1935) 3, November 1934, S. 168.

[*Über eine kritische Äußerung von Joseph Breitbach zu Heinrich Manns Aufsatz* Sammlung der Kräfte, *in:* Die Sammlung, 2 *(1934 – 1935) 1, September 1934, S. 1 – 9.*]

306   **ICH SOLL KEIN DEUTSCHER MEHR SEIN**
(Glosse)

in: *Schweizer Mittwoch*, Sankt Gallen, 7.11.1934.

ferner, unter dem Titel: „*Vaterlandslose Gesellen" an Hitler*, in: *Der Gegen-Angriff*, 2 (1934) 46, 14.11.1934; *HuM*, S. 122.

[*K.M. war Anfang November 1934 auf Grund des § 2 des* Gesetzes über den Widerruf von Einbürgerungen und die Aberkennung der deutschen Staatsangehörigkeit *vom 14.7. 1933 „ausgebürgert" worden: Cf. Bekanntmachung vom 1.11.1934, erschienen im* Preußischen Staatsanzeiger, *3.11.1934. Die Gründe seiner Ausbürgerung wurden in einer am 5.11.1934 in den* Münchner Neuesten Nachrichten *erschienenen Mitteilung angegeben:*
„Klaus Mann. *Sohn des Schriftstellers Thomas Mann, ist Schriftleiter der Monatszeitschrift „Sammlung" und Mitarbeiter der „Neuen Freien Presse" in Prag; beide sind Hetzblätter. Auch im „Neuen Tagebuch" (Paris, Amsterdam) ist im Januar 1934 ein Hetzartikel gegen Deutschland aus seiner Feder erschienen. Unterzeichner des Saaraufrufes."*
Der erwähnte „Saaraufruf" ist eine Aufforderung an die Einwohner des Saargebiets, am 13. Januar 1935 für die Beibehaltung des Status Quo zu stimmen. Er war am 21.4. 1934 in der Saarbrücker sozialdemokratischen Zeitung Volksstimme *erschienen. K.M. hatte ihn mit 27 anderen Intellektuellen unterschrieben.*

K.M. wurde mit diesen 27 Intellektuellen „ausgebürgert".

Er wertet seine „Ausbürgerung" als „Ehre" und drückt die Hoffnung aus, er werde wieder Bürger eines besseren Deutschland werden.]

307   **KRIEG UND SAAR**
(Aufsatz)

in: *Die Neue Weltbühne*, 30 (1934) 45, 8.11.1934, S. 1425 – 1428.

Manuskript

Handschrift: Vorstufe ohne Titel   KM 277
o.O.   o.D.   2 Bl
[*Aufruf zur Stimmabgabe gegen Hitler bei der Volksbefragung im Saargebiet am 13.1. 1935. Ein Votum gegen Hitler sei ein Sieg des Friedenswilligen.*]
(Cf. Nr 321)

(Rezension)

in: *Die Sammlung*, 2 (1934 – 1935) 4, Dezember 1934, S. 201 – 210.

Manuskript

— *Handschriftliche Vorstufen* unter verschiedenen Titeln:

Ernst Bloch ,,Erbschaft dieser Zeit"   KM 82
o.O.   o.D.   5 Bl

Max Brod ,,Heinrich Heine"   KM 88
o.O.   o.D.   4 Bl

Eine Notiz über *Flucht in den Norden* und Verweise auf Alfred Neumann, Ernst
Bloch, Emil Ludwig   KM 415
o.O.   o.D.   1 Bl

— *Typoskript*
o.O.   o.D.   12 Bl Typo mit hs Korr   KM 94

[*Rezension von Alfred Neumann (1895 – 1952), Neuer Cäsar, Roman, Verlag Allert de
Lange, Amsterdam, 1934; Emil Ludwig (1881 – 1948), Führer Europas, Querido Verlag,
Amsterdam, 1934; René Schickele, Liebe und Ärgernis des D.H. Lawrence, Verlag Allert
de Lange, Amsterdam, 1934; Ernst Bloch, Erbschaft dieser Zeit, Oprecht und Helbing,
Zürich, 1934; Max Brod, Heinrich Heine. Verlag Allert de Lange, Amsterdam, 1934.*

*Sehr positive Stellungnahmen zu den Büchern von A. Neumann, E. Ludwig und E. Bloch.
K.M. begrüßt Blochs Kritik an den ,,Vulgärmarxisten" aufs wärmste.*

*Die Rezension von Schickeles Buch ist ziemlich kritisch: K.M. bedauert vor allem seine
Zurückhaltung in politischen Fragen.*]

309   **JULES ROMAINS**

(Glosse)

in: *Die Sammlung*, 2 (1934 – 1935) 4, Dezember 1934, S. 224.

[*Kritik an Jules Romains wegen seiner Teilnahme an einer offiziellen Kundgebung in der
Universität Berlin im Beisein von Baldur von Schirach.*

K.Ms Stellungnahme entstand auf der Grundlage des Berichtes von Karl Korn: Deutschtum und Latinität – Jules Romains vor der deutschen Jugend, *in:* Berliner Tageblatt,
13.11.1934.]

310   **DIE VISION HEINRICH HEINES**

(Aufsatz)

in: *Europäische Hefte*, 1 (1934) 33/34, 6.12.1934, S. 613 – 619.

ferner in: *HuM*, S. 123 – 130.

Manuskript   KM 468

Handschrift unter dem Titel: *Heine Vision, Heine und die Kommunisten*
Laren   1.10.1934   9 Bl

Typoskript unter dem Titel: *Die Vision Heinrich Heines*
o.O.   5.10.1934   4 Bl (unvollständig)

[*Über die Aktualität von Heines Stellungnahmen zum Kommunismus in* Lutetia. *Da der
Faschismus die europäischen Werte bedroht, müsse sich der Intellektuelle zur Revolution
bekennen. Sie allein könne die europäische Kultur retten.*]

311 DIE MISSION DES DICHTERS 1934

(Antwort auf eine Umfrage)

in: *Pariser Tageblatt*, 2 (1934) 365, 12.12.1934.

Manuskript   KM 222

Handschrift unter dem Titel: *Mission des Dichters (Pariser Tageblatt)*
o.O.   23.11.1934   2 Bl

> [*Man könne die Unterscheidung zwischen Dichter und Schriftsteller nicht mehr aufrecht-*
> *erhalten. Es gebe nur zwei Arten von Literatur: seichte Unterhaltungsliteratur und auto-*
> *biographische Werke.*
> *Es antworteten auch: Alfred Döblin, Bertolt Brecht, Arnold Zweig, Heinrich Mann, Wal-*
> *ter Mehring, Robert Neumann, Lion Feuchtwanger.*]

F2 SPÄTER VERÖFFENTLICHT

312   1919

(Aufsatz)   KM 226

Skizzen, Entwürfe, Notizen
o.O.   o.D.   16 Bl Hs

Handschrift
Nordwijk   Juni 1934   45 Bl

veröffentlicht unter dem Titel: *1919. Der literarische Expressionismus*, in: *P*, S. 192 –
209.

> [*In der Zeit der Blüte des Expressionismus habe man auf eine echte Synthese von Ver-*
> *nunft und irrationalen Elementen hoffen können. Damals sei die Linke fähig gewesen,*
> *die Jugend zu begeistern. Man dürfe aber nicht verschweigen, daß die ,,berauschte Naivi-*
> *tät'' der Expressionisten auch ihre gefährlichen Seiten gehabt habe.*]

UNVERÖFFENTLICHT

313   SITUATION DER DEUTSCHEN LITERATUR DRINNEN UND DRAUSSEN

(Vortrag)

Handschrift ohne Titel   KM 616
Amsterdam   12.–14.1.1934   37 Bl

Typoskript
o.O.   o.D.   26 Bl Typo mit hs Korr (2 Exempl)

N.B.: Martin Gregor-Dellin veröffentlicht in *P*, S. 216 – 220 einen Auszug aus dem
Typoskript unter dem Titel *Nach Georges Tod* und gibt irrtümlich als Entstehungsdatum 1935 – 1937 an (*Cf. P*, S. 378).

> *K.M. hat diesen Vortrag vielleicht in Rotterdam gehalten: Cf. Brief an Katia Mann,*
> *24.1.1934, KMA.*
> [*Schwerpunkte des Vortrags: Angriff gegen die Anhänger des III. Reiches unter den deut-*
> *schen Schriftstellern (Ewers, Johst, Spengler, Hauptmann, Benn, Flake); lobende Worte*
> *über die Haltung von Hans Carossa und Ricarda Huch; die besten Traditionen des deut-*
> *schen Geistes werden von den ,,deutschen Europäern'' vertreten: George, Heinrich Mann,*
> *Schickele, Stefan Zweig, Döblin; K.M. wirbt auch für die Exilliteratur (Emil Ludwig,*
> *Feuchtwanger, Arnold Zweig, Bruno Frank, Toller, Brecht usw . . .).*]

314 OTTO KLEMPERER

(Feuilleton)   KM 479

Handschrift
Amsterdam   21.3.1934   1 Bl

Typoskript mit Vermerk am Rand: Für Heft VIII „Sammlung" Glosse!
o.O.   o.D.   1 Bl Typo mit hs Korr
  [*Portrait des Dirigenten (1885 − 1973).*]

315 GEGEN DIE RÜCKBILDUNG

(Aufsatz)   KM 592

Handschrift
Amsterdam   17.−18.5.1934   9 Bl
  [*K.M. beruft sich hier auf den von Leopold Schwarzschild geprägten Begriff „Rückbildung der Gattung Mensch": Cf. Rückbildung der Gattung Mensch, in: Das Neue Tage-Buch, 14.7.1933.*
  Da der Faschismus eine Senkung des Niveaus auf allen Gebieten zur Folge hat, müssen die Sozialisten um die Hebung des menschlichen Niveaus kämpfen. Es wäre ein Irrtum, die „Verfeinerung" zu verwerfen.]

316 ERASMUS VON ROTTERDAM

(Rezension)   KM 128

Handschrift
Küsnacht−Zürich   1.8.1934   7 Bl + 1 Bl Notizen
  [*Ziemlich kritische Kommentare über Stefan Zweigs Buch, Triumph und Tragik des Erasmus von Rotterdam, Herbert Reichner Verlag, Wien, 1934.*
  Es sei nicht zulässig, in einer Zeit höchster Gefahr einen „blutarmen Zögerer" als Vorbild anzupreisen.]

317 [BESCHREIBUNG VON MOSKAU]

(Glosse)   KM 544

Typoskript
Moskau   19.8.1934   2 Bl Typo mit hs Korr (3 Exempl)
  [*Eine Stadt im Aufbruch.*]

318 [ÜBER DEN KONGRESS DER SCHRIFTSTELLER IN MOSKAU]

(Bericht)   Politisches Archiv des Auswärtigen Amtes

Ausgestrahlt vom „Großsender Komintern" am 22.8.1934.
Aufnahme des Übertragungszentrums des Auswärtigen Amtes, Berlin, 2 Bl Typo.
  [*Im Gegensatz zu manchen kapitalistischen Ländern habe die UdSSR die Literatur zu einem Bestandteil des öffentlichen Lebens gemacht.*]

319   DER SCHRIFTSTELLER, HIER UND IM WESTEN

(Bericht)   KM 542

Typoskript
o.O. [Moskau]   o.D. [August 1934]   5 Bl Typo mit hs Korr
      [Cf. *Nr 318.*]

320   [AUF DEM KONGRESS DER SCHRIFTSTELLER IN MOSKAU]

(Geplante Ansprache)   KM 62

Handschrift
o.O. [Moskau]   o.D. [August 1934]   13 Bl
      [*Bekenntnis zum Sozialismus. K.M. nennt Gide sein Vorbild, denn er zeige, wie man den
      Gegensatz zwischen Individualismus und Kollektivismus überwinden könne.*]

321   DAS UNVERMEIDLICHE AN DER SAAR

(Aufsatz)   KM 312

Handschrift
Laren   23.9.1934   9 Bl
      [Cf. *Nr 307.*]

322   WENN SIE DEN MUND AUFTUN

(Glosse)   KM 321

Handschrift
Küsnacht   5.11.1934   2 Bl
      [*Kommentar zu den am 3.11.1934 bekannt gewordenen 28 „Ausbürgerungen" – darun-
      ter seine –. Alle „Ausgebürgerten" blieben Bürger des „eigentlichen Deutschland".*
      Cf. *Nr 306.*]

323   KONGRESS

(Vortrag)   KM 194

Handschrift
o.O.   o.D. [Ende 1934]   3 Bl
      [*Dem Inhalt nach Zusammenfassung seiner Eindrücke vom Moskauer Schriftstellerkon-
      greß für seine geplante Teilnahme an einem Abend des SDS in Paris am 14.12.1934:* Cf.
      Chronik des SDS; *die anderen Redner waren André Malraux und Ilja Ehrenburg. K.M.
      konnte aber wegen Paßschwierigkeiten nicht nach Paris kommen (Cf.* Die Sammlung, 2
      (1934 – 1935) 5, Januar 1935, S. 279 – 280).]

324   FREIHEIT

(Aufsatz)   KM 153

Handschrift
o.O.   o.D.   [um Dezember 1934]   6 Bl Hs
      Zur Datierung: *K.M. rezensierte Ernst Blochs Buch,* Erbschaft dieser Zeit, *im Dezember
      1934 (Cf. Nr 308).*

*[Betrachtung über einige Stellungnahmen im Rahmen des Kongresses der Sowjetschrift-
steller.*

*Zustimmende Worte über die Stellungnahme von Jean Richard Bloch (Cf. Nr 327). Kri-
tik an den Ausführungen von Karl Radek (Cf. Die moderne Weltliteratur und die Aufgaben der proletarischen Kunst, in:* Internationale Literatur, 4 (1934) 5, S. 3 — 25). *Positive Kommentare zur Rede von Nicolaj Bucharin (Über Dichtung, Poetik und die Aufgaben des dichterischen Schaffens in der UdSSR, in:* Sozialistische Realismuskonzep-
tionen. Dokumente zum 1. Allunionskongreß der Sowjetschriftsteller, herausgegeben
von H.J. Schmitt und G. Schramm, Suhrkamp Verlag, Frankfurt am Main, 1974, Edition
Suhrkamp, Nr 701, S. 286 — 345) *und zu Ernst Blochs Buch,* Erbschaft dieser Zeit *(Cf.
Nr 308).]*

325   [ÜBER DIE SCHRIFTSTELLER IN DER WEIMARER REPUBLIK UND IM
       III. REICH]

(Vortrag)   KM 569

Typoskript (Fragment)
o.O.   o.D.   [1934]   8 Bl Typo mit hs Korr

    Zur Datierung: *die namentlich erwähnten Bücher, Max Brods* Heinrich Heine *und Bruno
Franks* Cervantes *(Cf. Nr 308 und 301) erschienen 1934.*

    *[Über die Haltung der deutschen Schriftsteller zu den politischen Problemen ihrer Zeit.
K.M. macht auch auf den Unterschied zwischen der unpolitischen Haltung der deutschen
Intellektuellen und der ihrer französischen Kollegen aufmerksam. Auch Rechtfertigung
der Emigration: für einen Schriftsteller von Charakter habe es nur die Wahl zwischen
Schweigen und Auswandern gegeben. Er gibt jedoch zu, es seien in Deutschland „noble"
Konservative geblieben (Ricarda Huch, Hans Carossa), deren „Abseitsbleiben" zu loben
sei.]*

326   **TOD EINES KAMERADEN**

(Fragment)   KM 304

Handschrift
o.O.   o.D.   [um 1934]   1 Bl

    *[Aus Anlaß des Todes eines nicht namentlich genannten Freundes, der nach einem Zu-
sammenstoß mit SA-Leuten starb.]*

G   327   [ÜBERSETZUNG VON TEILEN AUS J.R. BLOCHS ANSPRACHE AUF
            DEM ERSTEN ALLUNIONSKONGRESS DER SOWJETSCHRIFTSTELLER]

Handschrift   KM 63
o.O.   o.D.   [Herbst 1934]   2 Bl

    erschienen *in:* Die Sammlung, 2 (1934 — 1935) 2, Oktober 1934, S. 83 — 87.

    *[Der französische Intellektuelle Jean Richard Bloch (1884 — 1947) hatte sich während
des Moskauer Kongresses für die Entfaltung der Persönlichkeit und gegen den Individualismus ausgesprochen.]*

A1   328   SYMPHONIE PATHETIQUE

Ein Tschaikowsky-Roman

Erstausgabe:

Querido Verlag, Amsterdam, 1935.
(Erschienen am 16.10.1935: *Cf.* Abrechnung des Querido Verlags 30.6.1936, KMA)

Neuausgaben:

— Lothar Blanvalet Verlag, Berlin, 1952.

— mit einem Nachwort von Martin Gregor-Dellin: Nymphenburger Verlagshandlung, München, 1970; Rowohlt Taschenbuch Verlag, Reinbek, 1981.

Übersetzungen:

— *Pateticka Symphonie*, Nakladatelstvi Jos. R. Vilimek v. Praze, 1936.

— *Pathetic Symphony*, English Version by Hermon Ould, Gollancz, London, 1938.

— *Symphonie Pathétique*, Traduccion de Pablo Simon, Compania Editoria del Plata, Buenos Aires, 1941.

— *Sinfonia Patetica*, Traduccion Hebe Clementi, Siglo Veinte, Buenos Aires, 1949.

— *Tsjaikofski: Symphonie Pathétique*, vert. Jan Wormhoudt, Andries Blitz, Amsterdam, 1949.

— *Symphonie Pathétique: De levensroman van Tsjaikovski*, vert. Jan Wormhoudt, Andries Blitz, Amsterdam, 1955.

— *Patetîćna Simfonija*, Preveli s nemačkog Marijana Zander i Josip Zidar, Beograd, 1957.

— *Symphonie Pathétique: Roman o Čajkovskem*, prevedel Vladimir Levstik, Državna Založba Slovenije, Ljubljana, 1962.

Manuskript

Teile der Handschrift	KM 49
315 Bl	
(Entsprechen den Kapiteln VI — X)	
Notizen und Entwürfe	KM 49
177 Bl Hs	
Entwürfe unter dem Titel: „*Richard Wagner"*	KM 317
2 Bl Hs	

Zur Entstehung: *K.M. hatte zuerst vorgehabt, eine Biographie von Rimbaud zu schreiben. Aber Stefan Zweig, den er um Rat gebeten hatte, riet ihm davon ab: Cf. K.M. an Stefan Zweig, 18.6.1934, Stefan Zweig an K.M., 20.6.1934, in: BA1, S. 188 — 189. Er unterschrieb den Vertrag über seinen Roman mit dem Querido Verlag am 17.1.1935. Mitte März 1935 begann er mit der Abfassung des Werkes: Cf. Brief an Katia Mann, 13.3.1935, KMA; Ende Juni war das Manuskript beendet: Cf. Brief an Katia Mann, 21.7.1935, KMA.*

K.M. hätte den Roman auch in Frankreich publizieren wollen, aber seine Versuche blieben erfolglos (Cf. Briefe an André Gide, 6.8.1935 und 28.10.1936, Brief von André Gide, 19.9.1936 in: André Gide — Klaus Mann: Briefwechsel, *Einleitung und Anmerkungen von Michel Grunewald, in:* Revue d'Allemagne, *Strasbourg, 14 (1982) 4, Octobre—Décembre 1982).*

[K.Ms Roman ist zwar keineswegs ein Schlüsselroman, aber er weist unverkennbare autobiographische Züge auf: dem Menschen (Einsamkeit, Homosexualität . . .) und dem Künstler Tschaikowsky fühlte er sich sehr stark verbunden (Cf. Briefe an Monika Mann, 30.7.1935, in: BA1, 14.3.1936, KMA; Brief an Stefan Zweig, 9.8.1935, in: BA1, S. 227, Brief an Erich Katzenstein, 13.11.1935, in: BA1, S. 235).]

D1 329   **BRIEF**

(Gedicht)

in: *Die Sammlung*, 2 (1934 − 1935) 6, Februar 1935, S. 315 − 316.
   [*Gleichzeitig humoristisch und schwermütig.*]

D2 **UNVERÖFFENTLICHT**

330   **TELEPHON-DUETT**

(Text für die „Pfeffermühle")   KM 511

   Amsterdam 14./15.2.1935
   Handschrift   2 + 5 Bl

331   **DIE AHNE**

(Text für die „Pfeffermühle")   KM 519

   Amsterdam 22.7.1935
   Entwurf   1 Bl Hs
   Handschrift   3 Bl
   Typoskript   2, 2 Bl + 2 Bl (2 Exempl)

332   **ERNSTES LIED**

(Text für die „Pfeffermühle")

   Entwurf
   Amsterdam   20.8.1935   3 Bl Hs   KM 587

   Typoskript
   Amsterdam   21.8.1935   1, 1 Bl Typo mit hs Korr,   KM 516
                                1, Bl Typo (2 Exempl)

333   **DON QUIJOT**

(Text für die „Pfeffermühle")   KM 513

                 3.11.1935

   Entwurf   2 Bl Hs

   Typoskript   2, 2, 2 Bl Typo

334   **KITSCHPOSTKARTE: VERLOBUNG AN NEUJAHR**

(Text für die „Pfeffermühle")   KM 507

   Bern 23.11.1935

   Vorarbeiten   2 Bl Hs

   Handschrift   1, 2 Bl

   Typoskript   2 Bl Typo mit hs Korr

F1 335 **DIE LINKE UND DAS „LASTER"**

in: *Europäische Hefte*, 1 (1934 – 1935) 36/37, Anfang 1935, S. 675 – 678.

ferner, unter dem Titel: *Homosexualität und Fascismus*, in: *HuM*, S. 130 – 137.

Manuskript
Martin Gregor-Dellin erwähnt (*HuM*, S. 358) einen „Entwurf" vom 16.12.1934, der sich nicht im KMA befindet.

> [*Stellungnahme gegen ein sowjetisches Gesetz, das die Homosexualität unter Strafe stellt. Ein „neuer Humanismus" habe alles Menschliche einzubeziehen, „das die Gesellschaft nicht verbrecherisch stört".*]

336 **LA VRAIE REVOLUTION DE ROOSEVELT**
(Rezension)

in: *Die Sammlung*, 2 (1934 – 1935) 5, Januar 1935, S. 275 – 277.

Manuskript   KM 278

Handschrift unter dem Titel: *Robert de St Jean Roosevelt*
o.O.   o.D.   4 Bl

> [*Über das Buch von Robert de Saint-Jean (Herausgeber der in Paris erscheinenden* Revue Hebdomadaire*), La vraie révolution de Roosevelt, Bernard Grasset, Paris, 1934. An manchen Stellen seines Buches ist der Verfasser gegenüber Roosevelts Politik zurückhaltend. K.M. schätzt das Werk als glänzende Reportage ein und findet in ihm Belebung und Erfrischung. Die Rezension bietet ihm auch einen Anlaß, sein Vertrauen in die USA auszusprechen.*]

337 **C.F. VAUCHER, POLLY, KINDER IN NEUBAUTEN**
(Rezension)

in: *Die Sammlung*, 2 (1934 – 1935) 5, Januar 1935, S. 279.

> [*Über die Erzählung des Schweizer Schriftstellers C.F. Vaucher, Polly, Kinder in Neubauten, Verlag Oprecht und Helbing, Zürich, 1934. K.M. schätzt das Werk positiv ein.*]

338 **DER SCHUTZVERBAND DEUTSCHER SCHRIFTSTELLER**
(Mitteilung)

in: *Die Sammlung*, 2 (1934 – 1935) 5, Januar 1935, S. 279 – 280.

> [*Notiz über die Veranstaltung des SDS in Paris nach dem Kongreß der Sowjetschriftsteller (Cf. Nr 323).*]

339 **SCHLAGT DEM HENKER DAS BEIL AUS DER HAND!**
(Mitteilung)

in: *Die Sammlung*, 2 (1934 – 1935) 5, Januar 1935, S. 280.

> [*Über Proteste ausländischer Intellektueller gegen „Justizmorde" in Deutschland.*]

340 VERTRAUTES AMSTERDAM

(Feuilleton)

in: *Pariser Tageblatt*, 3 (1935) 404, 20.1.1935.

Manuskript   KM 60

Handschrift unter dem Titel: *Amsterdam*
o.O.   6.1.1935   10 Bl
   [*Über die Stadtviertel der holländischen Hauptstadt, in denen K.M. sich gern aufhält.*]

341 DAS WEISS-BUCH

(Mitteilung)

in: *Die Sammlung*, 2 (1934 — 1935) 6, Februar 1935, S. 336.
   [*Über das Erscheinen des Weiß-Buch über die Erschießungen des 30. Juni, Editions du Carrefour, Paris, 1935.*]

342 LITTLE FRIEND

(Filmkritik)

in: *Das Neue Tage-Buch*, 3 (1935) 7, 16.2.1935, S. 167.
   [*Positiver Bericht über den Film* Little Friend *von Berthold Viertel (1885 — 1953).*]

343 HERMANN GRAB, DER STADTPARK

(Rezension)

in: *Die Sammlung*, 2 (1934 — 1935) 7, März 1935, S. 387 — 389.

Manuskript   KM 167

Handschrift
o.O.   o.D.   4 Bl
   [*Sehr positive Bemerkungen über den Roman von Hermann Grab (1903 — 1949),* Der Stadtpark, *Zeitbild Verlag, Wien, 1935.*]

344 ANNEMARIE SCHWARZENBACH: WINTER IN VORDERASIEN

(Rezension)

in: *Die Sammlung*, 2 (1934 — 1935) 7, März 1935, S. 390 — 391.

Manuskript   KM 327

Handschrift unter dem Titel: *Winter in Vorderasien*
o.O.   o.D.   1 Bl
   [*Sehr positive Kommentare über das Reisebuch von Annemarie Schwarzenbach,* Winter in Vorderasien, *Verlag Rascher und Cie, Zürich, 1934.*]

345 ZEITSCHRIFTEN IN DEUTSCHLAND

(Bericht)

in: *Die Sammlung*, 2 (1934 — 1935) 7, März 1935, S. 391 — 392.

Manuskript   KM 601

Handschrift
o.O.   o.D.   2 Bl
   [*Über den Rückgang der Auflagen der in Deutschland erscheinenden Zeitschriften. Sehr
   polemisch gegen die Redakteure.*]

346   CE SOIR ON IMPROVISE

(Theaterkritik)

in: *Die Neue Weltbühne*, 31 (1935) 10, 7.3.1935, S. 313.

Manuskript   KM 576

Handschrift
Paris   12.2.1935   4 Bl
   [*Über eine Aufführung des Stückes von Pirandello,* Questa sera si recita a soggetto, *1930,
   in Paris. K.M. ist nicht begeistert.*]

347   IST IHR BUCH INTERESSANT: KLAUS MANN — FLUCHT IN DEN NORDEN

(Selbstanzeige)

in: *Der Morgen*, Wien, 11.3.1935.
   [*Kurzkommentar von* Flucht in den Norden. *Auch Bemerkungen über die Beziehungen
   zwischen individuellem Schicksal und der Forderung nach Einsatz im politischen Kampf.*]

348   COUDENHOVE-KALERGI: EUROPA ERWACHT!

(Rezension)

in: *Die Sammlung*, 2 (1934 — 1935) 8, April 1935, S. 442 — 444.

Manuskript   KM 132

Handschrift unter dem Titel: *Europa erwacht!*
Küsnacht   21.12.1934   5 Bl
   [*Sehr kritische Rezension des Buches von R.N. Coudenhove-Kalergi,* Europa erwacht!,
   *Paneuropa Verlag, Wien, Zürich, 1934. K.M. findet es gefährlich, daß Coudenhove-Kalergi
   den Sozialismus ablehnt; er gehöre zu denjenigen, die vor allem Front gegen den Bolsche-
   wismus machen wollen.*]

349   ALEXANDER MOISSI

(Nachruf)

in: *Die Sammlung*, 2 (1934 — 1935) 8, April 1935, S. 447 — 448.

ferner in: *HuM*, S. 35 — 38.
   [*K.M. nennt den verstorbenen Schauspieler (1880 — 1935) ,,ein(en) der souveränsten
   Künstler der deutschen Bühne'' und macht auf den Unterschied des Talents zwischen ihm
   und Leuten wie Gründgens aufmerksam. Er sei der Vertreter eines ,,anderen, reicheren,
   liebenswerteren und deshalb echteren Deutschtums'' gewesen.*]

350   AN DIE STAATSSCHAUSPIELERIN EMMY SONNEMANN-GÖRING

(Offener Brief)

in: *Pariser Tageblatt*, 3 (1935) 495, 21.4.1935.

ferner in: *Deutsch für Deutsche* (Tarnschrift des SDS), (mit fingiertem Verlagsort), Leipzig, Verlag für Kunst und Wissenschaft, Juni 1935; *Berliner Zeitung*, 4.8.1946; *BA1*, S. 212 − 215.

> [*An die Schauspielerin Emmy Sonnemann, aus Anlaß ihrer Heirat mit Hermann Göring am 10.4.1935. Sehr scharfe Anklage.*
> *Teilweise Vorstufe des Prologs von* Mephisto.]

351   EGON ERWIN KISCH

(Geburtstagsgruß)

in: *Die Sammlung*, 2 (1934 − 1935) 9, Mai 1935, S. 487 − 488.

> [*Aus Anlaß von Kischs 50. Geburtstag.*]

352   EIN INTERNATIONALER SCHRIFTSTELLERKONGRESS

(Mitteilung)

in: *Die Sammlung*, 2 (1934 − 1935) 9, Mai 1935, S. 504.

> [*Ankündigung des ersten Internationalen Kongresses der Schriftsteller zur Verteidigung der Kultur, Paris, Juni 1935.*]

353   NOTIZ

in: *Die Sammlung*, 2 (1934 − 1935) 9, Mai 1935, S. 504.

> [*Über neue Publikationen der Verlagsanstalt Graphia, Karlsbad, die Werke emigrierter deutscher Autoren veröffentlichte.*]

354   MAGNUS HIRSCHFELD

(Nachruf)

in: *Die Sammlung*, 2 (1934 − 1935) 10, Juni 1935, S. 584.

> [*Der Gründer des Instituts für Sexualwissenschaft in Berlin war in Nizza als Exilierter verstorben.*
> *Hirschfeld habe seine Arbeit stets in den Dienst eines menschenfreundlichen, fortschrittlichen Ideals gestellt.*]

355   DIE SCHWEIZER SCHRIFTSTELLER

(Mitteilung)

in: *Die Sammlung*, 2 (1934 − 1935) 10, Juni 1935, S. 584.

> [*Über den Beschluß der Schweizer Schriftsteller, strikte Zurückhaltung gegenüber reichsdeutschen Rundfunksendern zu wahren.*]

356 [ZUSAMMENFASSUNG VON K.Ms ANSPRACHE AUF DEM ERSTEN INTERNATIONALEN SCHRIFTSTELLERKONGRESS ZUR VERTEIDIGUNG DER KULTUR]

in: *Mitteilungen der Deutschen Freiheitsbibliothek*, Paris, 27.6.1935.

> [*K.M. hatte am 25. Juni, Nachmittag (Cf. Programm des Kongresses, abgedruckt in: Werner Herden, Geist und Macht Heinrich Manns Weg an die Seite der Arbeiterklasse, Aufbau Verlag, Berlin, Weimar, 1972, S. 93) zum Thema „sozialistischer Humanismus" gesprochen (Cf. Nr 375).*]

357 [STELLUNGNAHME EIN JAHR NACH DEM 30. JUNI 1934]

(Französische Übersetzung) in: *Anniversaire du 30 Juin*, Editions Continentales, Bruxelles, 1935, S. 15 − 16.

> [*K.M. warnt vor einer Wiederholung der Ereignisse des 30.6.1934 auf europäischer Ebene. Scharfe Kritik an der Verständigungspolitik der europäischen Regierungen mit dem III. Reich.*]

358 **DER PEN-CLUB IN BARCELONA**

(Bericht)

in: *Die Sammlung*, 2 (1934 − 1935) 11, Juli 1935, S. 662 − 664.

> [*Über den XIII. Internationalen Kongreß des PEN-Clubs in Barcelona (20. − 25.5. 1935). Auf diesem Kongreß vertrat K.M. als offizieller Delegierter die exilierten deutschen Schriftsteller: Cf. Der deutsche PEN-Club im Exil op. cit. S. 126 − 139.*]
> (Cf. Nr 367 und 379)

359 **DANK FÜR DIE KAFKA-AUSGABE**

(Mitteilung)

in: *Die Sammlung*, 2 (1934 − 1935) 11, Juli 1935, S. 664.

ferner in: *Franz Kafka*, Wissenschaftliche Buchgesellschaft, Darmstadt 1973, S. 162.

> [*Notiz über das Erscheinen der Gesammelten Schriften von Franz Kafka, Schocken Verlag, Berlin, 1935. Kafkas Werk sei „eines der reinsten und merkwürdigsten Dichterwerke der Epoche".*]

360 **IN MEMORIAM RENE CREVEL**

(Nachruf)

in: *National-Zeitung*, Basel, 8.7.1935.

ferner, unter dem Titel: *Über René Crevel*, in: *Deutsche Rundschau*, Baden-Baden, 82 (1956) 11, November 1956, S. 1198 -- 1200; unter dem Titel: *In memoriam René Crevel*, in: *P*, S. 36 − 41; *JuR*, S. 27 − 31.

Manuskript   KM 111

Entwurf
o.O.   o.D.   2 Bl Hs

Handschrift
Sils Baselgia   25.6.1935   ·   9 Bl

> [*K.Ms Freund hatte am 19.6.1935 Selbstmord begangen. Er nennt den Verstorbenen „einen Bruder". Ferner hebt er hervor, daß er als Dichter rein geblieben sei und sich doch vom Kampf nicht ferngehalten habe.*]

361 AN UNSERER EINIGKEIT KÖNNTE DER FASCISMUS STERBEN

(Leserbrief)

in: *Der Gegen-Angriff*, 3 (1935) 28, 12.7.1935.

[*Zuschrift an den* Gegen-Angriff, *um die Bemühungen um die Bildung einer deutschen „Volksfront" zu unterstützen.*]

362 RENE CREVEL

(Nachruf)

in: *Die Sammlung*, 2 (1934 — 1935) 12, August 1935, S. 723 — 724.

Manuskript   KM 112

Typoskript
o.O.   o.D.   2 Bl Typo mit hs Korr

Druckfahne   2 Bl
[Cf. Nr 360.]

363 DIE SCHRIFTSTELLER IN PARIS

(Bericht)

in: *Die Sammlung*, 2 (1934 — 1935) 12, August 1935, S. 724 — 725.

Manuskript   KM 281

Typoskript
o.O.   o.D.   3 Bl Typo mit hs Korr

Druckfahne   3 Bl
[*Bericht über den Ersten Internationalen Schriftstellerkongreß zur Verteidigung der Kultur, Paris 21.—25.6.1935. Der Kongreß habe vor allem der Diskussion der moralisch-intellektuellen Grundlagen der „Einheitsfront" gedient. Cf. Nr 356 und 375.*]

364 KURT HILLER

(Geburtstagsgruß)

in: *Die Sammlung*, 2 (1934 — 1935) 12, August 1935, S. 734.

[*Kurt Hiller wurde am 17.8.1935 50 Jahre alt. Während des Exils stand er in regelmäßigem Briefwechsel mit K.M. (Cf. Briefwechsel im KMA). K.M. stand ihm auch geistig nahe.*]
(Cf. Nr 494)

365 VERSE DER EMIGRATION

(Rezension)

in: *Die Sammlung*, 2 (1934 — 1935) 12, August 1935, S. 734 — 735.

[*Über zwei Anthologien:* Verse der Emigration *und* Flüsterwitze, *Verlagsanstalt Graphia, Karlsbad, 1935. Sehr positiv.*]

366   COCTEAU ERINNERUNGEN

(Rezension)

in: *Pariser Tageblatt*, 1935, Nr 635, um den 10.9.1935 (Zeitungsausschnitt mit hand-schriftlichem Vermerk von K.M.; diese Nr des *Pariser Tageblatts* fehlt in der Biblio-thèque Nationale, Paris).

ferner in: *P*, S. 61 – 65.

Manuskript   KM 627

Handschrift
Küsnacht   1.9.1935   11 Bl + 2 Bl Notizen
    [*Rezension von* Cocteaus Portraits Souvenirs, *Bernard Grasset, Paris, 1935. Sehr positiv über Cocteau als Dichter und Europäer.*]

367   KLAUS MANN EN HET PEN CONGRES TE BARCELONA

(Aufsatz)

in: *Haagsche Post*, 14.9.1935.

Niederländische Übersetzung eines *Manuskripts* von K.M.:
HERR JOHAN KONING UND DER PEN-CLUB, EINE ERWIDERUNG   KM 195

Handschrift
Amsterdam   15.8.1935   9 Bl

Typoskript
o.O.   o.D.   6 Bl Typo mit hs Korr (2 Exempl)

Antwort auf den Aufsatz des holländischen Schriftstellers Johann Koning, *De PEN op en gevaarlijk spoor*, in: *Haagsch Maandsblad*, 12 (1935) 8, August 1935, S. 173 – 7 Bl Typo mit hs Korr
    [*Auf dem XIII. Internationalen Kongreß des PEN-Clubs war K.M. beauftragt worden, eine Resolution aufzusetzen, die die Freilassung der in Deutschland inhaftierten Schriftsteller forderte. Nur die holländischen Deligierten stimmten gegen die Resolution: Cf.* PEN News, London, June 1935, S. 3 – 6.
    In seinem Aufsatz erklärte Koning, er habe mit seinem negativen Votum gegen die Umwandlung des PEN-Clubs in ein politisches Forum protestieren wollen. K.M. lehnt eine solche Haltung ab und behauptet, wer zu den Verhältnissen im III. Reich schweige, mache sich zum Verbündeten der Nationalsozialisten.*] (Cf. Nr 358 und 379)

368   IN ZWEIERLEI SPRACHEN

(Rezension)

in: *Prager Tageblatt*, 22.9.1935.

ferner in: *P*, S. 227 – 230; *JuR*, S. 31 – 33.

Manuskript   KM 630

Handschrift unter dem Titel: *Henri IV*
o.O.   o.D.   5 Bl

Typoskript unter dem Titel: *In zweierlei Sprachen*
o.O.   o.D.   4 Bl Typo mit hs Korr
    [*Über Heinrich Manns Roman* Die Jugend des Königs Henri Quatre, *Querido Verlag, Amsterdam, 1935. K.M. würdigt seinen Onkel als großen europäischen Schriftsteller.*]

369   FRANK WEDEKIND

(Aufsatz)

in: *Die Neue Weltbühne*, 31 (1935) 42, Oktober 1935.

ferner in: *P*, S. 221 − 227; *JuR*, S. 33 − 39.

Manuskript   KM 319

Handschrift
Bratislawa   25.9.1935   10 Bl + 7 Bl Notizen
         [*Bekenntnis zu Frank Wedekind und Protest gegen Versuche mancher deutscher Literar-*
         historiker, ihn für das III. Reich in Anspruch zu nehmen.]

370   OKTOBER IN BUDAPEST

(Feuilleton)

in: *Pariser Tageblatt*, 3 (1935) 677, 20.10.1935.

ferner in: *HuM*, S. 38 − 43.
         [*Über die Schönheit der ungarischen Hauptstadt, in der er das Aristokratische besonders*
         schätzt.]

371   SABINE LEPSIUS, „STEFAN GEORGE", GESCHICHTE EINER FREUND-
         SCHAFT

(Rezension)

in: *Pariser Tageblatt*, 3 (1935) 691, 2.11.1935.

Manuskript   KM 632

Handschrift
Budapest   4.10.1935   10 Bl + 1 Bl Notizen

Typoskript
Budapest   Oktober 1935   7 Bl Typo mit hs Korr
         [*Rezension des Buches von Sabine Lepsius (1864 − 1935)*, Stefan George, Geschichte
         einer Freundschaft, *Verlag die Runde, Berlin, 1935. Sehr positiv.*]

372   CHAPLIN UND GARBO

(Feuilleton)

in: *National-Zeitung*, Basel, 3.12.1935.

ferner in: *Prager Tageblatt*, 8.12.1935.

Manuskript   KM 626

Handschrift
Küsnacht   30.11.1935   10 Bl
         [*K.M. als Bewunderer der beiden Schauspieler.*]

373   DER BAUCHREDNER

(Feuilleton)

in: *Der Kleine Bund*, Literarische Beilage des *Bund*, Bern, 16 (1935) 50, 15.12.1935,
S. 398 – 400.

Manuskript   KM 624

Skizze
o.O.   o.D.   1 Bl Hs

Handschrift
Küsnacht   30.10.1935   12 Bl
[*Über eine Straßenszene in Prag.*]

F 2   SPÄTER VERÖFFENTLICHT

374   DIE NIEDERLAGE UND WIR – BRIEF AN EINE ENTTÄUSCHTE KM 227

Handschrift
Amsterdam   18.1.1935   7 Bl

Typoskript
o.O.   o.D.   6 Bl Typo mit hs Korr

veröffentlicht in: *Einzelheiten, Saarbrücker Alternativpresse*, 8 (1978) 3/4, S. 12 – 24
(Facsimile der Handschrift und des Typoskripts).
[*Nach Hitlers Sieg im Saargebiet. Dieser Sieg sei zwar eine schwere Enttäuschung, aber
man dürfe den Mut nicht verlieren, denn er sei für das nationalsozialistische Regime nur
eine „Kampherspritze".*]

375   DER KAMPF UM DEN JUNGEN MENSCHEN

(Ansprache)

Text in deutscher Sprache   KM 474

Handschrift unter dem Titel: *Ein junger Schriftsteller in dieser Zeit*
Küsnacht   17.6.1935   17 Bl Hs

Typoskript
Zürich   Juni 1935   10 Bl:

— *Ein Exemplar ohne Korrekturen*
   veröffentlicht in: *Kürbiskern*, München, 1975, Heft 2, Juni 1975 S. 39 – 44;
   Deutsche Volkszeitung, Düsseldorf, 3.7.1975; *Wh*, S. 113 – 122.

— *Ein korrigiertes Exemplar*: unveröffentlicht.

Französische Übersetzung   KM 215

Typoskript unter dem Titel: *La lutte pour la jeunesse*
Zürich   Juni 1935   11 Bl Typo mit hs Korr von K.M. und von anderer Hand
[*K.Ms Ansprache auf dem Ersten Internationalen Schriftstellerkongreß zur Verteidigung
der Kultur, Juni 1935, Paris. (Zusammenfassung: Cf. Nr 356)*
*Vor allem eine Aufforderung an die Sozialisten, einzusehen, daß viele Jugendliche wegen
der Fehler der Linken zu den Faschisten abgewandert sind. Die Sozialisten hätten ihre
irrationalen Bedürfnisse völlig unberücksichtigt gelassen und sich nur für den ökonomi-
schen Aspekt des Sozialismus interessiert. Einfluß von Ernst Blochs Erbschaft dieser Zeit
(Cf. Nr 308) unverkennbar.*]

376   **APPELL AN DIE FREUNDE**

(Aufruf)

— *Vorstufen* unter den Titeln: *Der verlorene Schatten, Emigration (The New States-man)*   KM 634
o.O.   o.D.   5 + 2 Bl

— Unter dem Titel: *Appell an die Phantasie*   KM 571
(erster, gestrichener Titel: *Emigration*)

Handschrift
Brünn   9.9.1935   13 Bl

— Unter dem Titel: *Appell an die Freunde*   KM 69
(gestrichen: *Phantasie*)
Brünn/Prag   10.–12.9.1935   7 Bl Typo mit hs Korr

veröffentlicht in: *HuM*, S. 143 – 149.

Englische Übersetzung   KM 69

Typoskript unter dem Titel: *Appeal to Our Friends*
o.O.   o.D.   7 Bl

      [*Zwei Themen: den ausländischen Freunden müsse man fühlbar machen, welche Belastungen das Exil bringt. Sie seien auch zu einer aktiven Kameradschaft mit den Emigrierten aufzufordern.*]

377   **WORAN GLAUBT DIE EUROPÄISCHE JUGEND?**

(Vortrag)   KM 329

Notizen   11 Bl Hs

Handschrift
Küsnacht   14.11.1935   40 Bl

Typoskript
Küsnacht   20.11.1935   25 Bl Typo mit hs Korr

veröffentlicht in: *Recherches Germaniques*, Strasbourg, Nr 13, 1983 (Einleitung und Kommentar von Michel Grunewald).

      K.M. hielt seinen Vortrag am 6.12.1935 in Brno (Cf. Plakat, KM 329), am 9.12.1935 in Prag, wo er seinen Hörern von Max Brod vorgestellt wurde (Cf. Programmzettel, Mappe KM 4). Er trat auch am 19.2.1936 in Luxemburg und am 20.2.1936 in Esch-sur-Alzette auf (Cf. Luxemburger Zeitung, 21.2.1936 und Luxemburger Wort, 25.2.1936). Er hielt den Vortrag zum letzten Mal in Den Haag am 31.3.1936 (Cf. Brief an Katia Mann, 17.3. 1936 in: BA1, S. 253).

      [*K.Ms wichtigstes Bekenntnis zum europäischen Humanismus aus der Zeit der Emigration. Der europäische Geist beruhe auf der Synthese des christlichen und des römischen Geistes. Er setze auch Toleranz voraus sowie die Anerkennung der religiösen Bedürfnisse des Menschen. K.M. fordert die Sozialisten auf, die Traditionen von 1789 und 1848 zu achten. Nietzsche, Goethe, Stefan George, André Gide seien die vornehmsten Vertreter europäischer Geistigkeit.*]

UNVERÖFFENTLICHT

378   **EIN VERRUFENES VIERTEL**

(Feuilleton)   KM 315

Handschrift
Amsterdam   10.–16.1.1935   12 Bl
      [*Über das Hafenviertel in Amsterdam.*]

379   PEN-CLUB

(Ansprache)

Text in deutscher Sprache   KM 504

Typoskript
Nice   14.5.1935   8 Bl Typo mit hs Korr

Französische Übersetzung

Handschrift   KM 591
o.O.   o.D.   14 Bl

Typoskript
Nice   Mai 1935   9 Bl Typo mit hs Korr   KM 263

> *Die französische Übersetzung ist von Katia Mann:* Cf. *Thomas Mann*, Tagebücher 1935 − 1936, S. 101 − 102.
>
> [*K.Ms Ansprache auf dem XIII. Internationalen Kongreß des PEN-Clubs (Cf. Nr 358 und 367) in Barcelona am 22.5.1935 (Cf. PEN News, London, June 1935, S. 3 − 6). Er fordert die versammelten Schriftsteller zur Solidarität mit ihren deutschen Kollegen auf.*]

380   ANDRE GIDE UND DIE EUROPÄISCHE JUGEND

(Aufsatz)   KM 581

Handschrift
Prag   21.9.1935   6 Bl

Typoskript
o.O.   o.D.   4 Bl Typo mit hs Korr

> [*K.M. würdigt Gide erneut als sein Vorbild. Es sei ihm gelungen, alle Strömungen des europäischen Geistes in sich aufzunehmen.*]

381   BODO UHSE: SÖLDNER UND SOLDAT

(Rezension)   KM 310

Handschrift
Budapest   2.10.1935   3 Bl

Typoskript
o.O.   o.D.   4 Bl Typo mit hs Korr

> [*Rezension des Romans von Bodo Uhse (1904 − 1963)*, Söldner und Soldat, *Editions du Carrefour, Paris, 1935. K.M. beurteilt die als Roman erschienene autobiographische Chronik des ehemaligen Nationalsozialisten und späteren Kommunisten sehr positiv.*]

382   FERDINAND UND ISABELLA

(Rezension)   KM 629

Handschrift
Küsnacht   16.12.1935   7 Bl

> [*Über den Roman von Hermann Kesten*, Ferdinand und Isabella, *Verlag Allert de Lange, Amsterdam, 1936.*]

383 [ÜBER SYMPHONIE PATHETIQUE]

(Selbstanzeige)   KM 50

Handschrift unter dem Titel: Symphonie Pathétique
o.O.   o.D.   [1935]   1 Bl

Typoskript unter dem Titel: *„Symphonie Pathétique". Ein Tschaikowsky-Roman*
o.O.   o.D.   2 Bl Typo mit hs Korr
> [*Bekenntnis zu Tschaikowsky und zum XIX. Jahrhundert, einer kulturellen Epoche, nach der er Heimweh habe.*]

384 PRAGER TAGEBLATT

(Gruß)   KM 635

Handschrift (Entwurf)
o.O.   o.D.   1 Bl

Typoskript
o.O.   o.D.   [1935]   2 Bl Typo mit hs Korr
> Zur Datierung: *Die deutschsprachige Prager Zeitung* Prager Tageblatt *war 1875 gegründet worden.*
> [*K.Ms Glückwunsch zum 60jährigen Bestehen der Zeitung ist auch ein Bekenntnis zur Tschechoslowakei.*]

385 WHITMAN ODER DIE HOFFNUNG DER DEMOKRATIE

(Notizen zu einem Aufsatz und Entwürfe)   KM 324

Handschrift
o.O.   o.D.   [1935]   3 Bl
> Zur Datierung: *Die Themen sind fast dieselben wie die von* Woran glaub die europäische Jugend? (Cf. Nr. 377)
> [*Whitman (1819–1892) könne helfen, die Demokratie vom Rationalismus zu erlösen; er zeige auch, wie wichtig die Freiheit ist; er sei auch ein Gegner der „verfluchte(n) Idee des Nationalismus".*]

386 [DANKWORTE NACH EINEM VORTRAG IN PRAG]

Typoskript   KM 440
o.O.   o.D.   [Ende 1935]   2 Bl Typo mit hs Korr
> Zur Datierung: *Thomas Masaryk (1850 – 1937, zurückgetreten im Dezember 1935) ist noch Präsident der Tschechoslowakei.*
> [*Bekenntnis zur Tschechoslowakei.*]

1 9 3 6

A1   387   **MEPHISTO**

Roman einer Karriere

Abdruck in Fortsetzungen in: *Pariser Tageszeitung*, 1 (1936) 10, 21.6.1936 bis 1 (1936) 103, 22.9.1936. Abdruck angekündigt: 1 (1936) 6, 17.6.1936; 1 (1936) 9, 20.6.1936; 1 (1936) 11, 22.6.1936.

Erstausgabe:
Querido Verlag, Amsterdam, 1936.
(Die Buchausgabe erschien im November 1936: *Cf.* Thomas Mann, *Tagebücher 1935 – 1936*, S. 396)

Neuausgaben:
— Aufbau Verlag, Berlin, Weimar, 1956, 1957, 1971
  (N.B.: aus dem Kritiker Dr Ihrig der Erstausgabe ist — wohl aus Rücksicht auf Herbert Ihering — Dr Radig geworden)
— Nymphenburger Verlagshandlung, München, 1965: VERBOTEN; Neue Schweizer Bibliothek, 1973.
— Mit einem Vorwort von Berthold Spangenberg: Rowohlt Taschenbuch Verlag, Reinbek, 1981; edition spangenberg im Ellermann Verlag, München, 1981; Büchergilde Gutenberg, Frankfurt am Main, 1981.

Übersetzungen:
— *Mefisto* (übersetzt von Jan Münzer), Sfinx Bohumil Janda, Praha, 1937.
— *Mefisto* (übersetzt von Jadwiga Dmochowska), Państw. Inst. wydawniczy, Warzawa, 1957.
— *Mephisto — Egy karrier regénye* (übersetzt von Lanyi Sarolta) Zrínyi Kiadó, Budapest, 1957.
— *Mefisto* (übersetzt von Radomir Janković), in serbo-kroatischer Sprache, 1958.
— *Mefistofelis — Romans par kadu kerjeru.* (übersetzt von Arija Elksne), Riga, 1961.
— *Mefisto* (übersetzt von Anna Siebenscheinová), Státní Nakladatelstvi krásné literatury a umění, Praha, 1962.
— *Mefisto,* Moskwa, 1971.
— *Mephisto,* traduit de l'allemand par Louise Servicen, Préface de Michel Tournier, Denoël, Paris, 1975.
— *Mephisto,* übersetzt von Nikola Georgiev; redigiert von Nedjalka Popova, Verlag Narodna Kultura, Sofia, 1976.
— *Mefisto. Portret van een Diuvels Kunsteraar,* vertaald door J. Welvaadt-Hoenselaars met en nawoord van Gerrit Bussink, A.w. Bruna & zoon, Utrecht, Antwerpen, 1977.
— *Mephisto,* translated from the German by Robin Smyth, Random House, New York, 1977.

Das Schauspiel von Ariane Mnouchkine:

Französisch:
— *Mephisto. Le roman d'une carriere d'apres Klaus Mann,* adaptation Ariane Mnouchkine, Editions Solin et Théâtre du Soleil, 1979.

Deutsch:
— *Mephisto* von Ariane Mnouchkine
  geschrieben für das Théâtre du Soleil nach Klaus Mann „Mephisto, Roman einer Karriere", edition spangenberg im Ellermann Verlag, München, 1980 (Redaktion und deutsche Übersetzung von Lorenz Knauer).

Manuskript
Handschrift und Typoskript   KM 43
Begonnen: Sils Baselgia (Engadin), Anfang Januar 1936
Manuskript vorläufig abgeschlossen Sanary-sur-Mer (Var), 19. Mai 1936.
            612 Bl

Unterschiede zwischen dem Manuskript und der veröffentlichten Fassung:

> Das Vorspiel (Man. 33 Bl) ist umgearbeitet worden. Manche Stellen sind für den Druck
> gekürzt worden. Kürzungen und Streichungen sind an 11 Stellen vorgenommen worden
> (Man, Kap IV, S. 45 − 46; Kap V, S. 1; Kap VI, S. 6 − 7; Kap VII, S. 14 − 19; Kap VIII,
> S. 4, 5, 6; S. 12, S. 22 − 24; Kap IX, S. 1 − 4, S. 29; Kap X, S. 42 − 43, S. 83 − 84.

> [*K.Ms „Roman einer Karriere" stellt den Typus des „Mitläufers" dar und ist auch eine
> Art Chronik des Lebens in einem Kreis von Schauspielern von den zwaniger Jahren bis
> 1936.*]

B2   UNVERÖFFENTLICHT

388   WEIHNACHTEN

(Skizze einer Erzählung)   KM 55

Handschrift unter dem Titel: *Weihnachten*
o.O.   o.D.   [Ende 1936]   2 Bl

Handschrift unter dem Titel: *Weihnachtsgeschichte*
o.O.   o.D.   2 Bl

> Zur Datierung: *Die Geschichte spielt nach den Bombardements des Sommers 1936 auf
> Mallorca.*

> [*Geschichte einer exilierten deutschen Familie. Die Familie Mann hätte als Vorbild ge-
> dient.*]

C2   UNVERÖFFENTLICHT

389   DER ANTICHRIST

(Entwurf eines Dramas)   KM 570

Handschrift
o.O.   o.D.   1 Bl

Typoskript
o.O.   o.D.   [1936]   2 Bl Typo mit hs Korr von K.M. und von anderer
Hand.

> Zur Datierung: *Der Roman von Georges Bernanos*, Journal d'un curé de campagne,
> *1936, ist eben erschienen.*

> [*K.Ms Drama sollte in einem Kloster, im nationalsozialistischen Deutschland spielen.
> Hauptgestalt: ein junger, antinationalsozialistischer Mönch (Martin), der mit einem Kom-
> munisten befreundet ist. Sein Abt ist viel vorsichtiger als er mit den neuen Machthabern.
> Ein Verfolgter findet Zuflucht im Kloster und wird verhaftet. Der Abt will jeden Skandal
> vermeiden. Am Ende stirbt Martin. Hauptthema: soll ein Christ aktiv gegen den national-
> sozialistischen Staat werden?*]

D2   UNVERÖFFENTLICHT

390   ICH WEISS NICHT, WAS SOLL ES BEDEUTEN

(Text für die „Pfeffermühle")   KM 517

    New York, 27.11.1936
    Handschrift   2 Bl

Typoskript   1, 1 Bl Typo mit hs Korr

Englische Übersetzung unter dem Titel: *LORELEY* (English adaptation by John Latouche)   1 Bl Typo

F1   391   **ANDRE GIDES NEUES BUCH** („LES NOUVELLES NOURRITURES")

(Rezension)

in: *National-Zeitung*, Basel, 5.1.1936.

ferner in: *Bunte Woche* (Zeitungsausschnitt im KMA mit hs Datumsangabe von K.M.: 19.–20.12.1935: dieses Datum kann nicht das Erscheinungsdatum sein, denn die Handschrift ist vom 19.–20.12.1935).

Manuskript   KM 459

Handschrift unter dem Titel: *Nouvelles Nourritures*
Küsnacht   19.–20.12.1935   6 Bl + 2 Bl Notizen

Typoskript unter dem Titel: *André Gides neues Buch*
o.O.   o.D.   5 Bl Typo mit hs Korr

> [*K.M. hatte Gides* Les nouvelles nourritures, Gallimard, 1935, *mit Begeisterung aufgenommen: Cf. Brief von K.M. an André Gide, 18.12.1935, in:* André Gide – Klaus Mann, Briefwechsel, *op. cit.*
> *Gides Buch sei sehr wichtig, weil es zeige, daß der neue Mensch immer wiedergeboren werden müsse. Für K.M. besteht zwischen diesem Buch, das das individuelle Glück preist, und Gides Engagement für den Sozialismus eine enge Beziehung. Das Werk zeige, daß der engagierte Gide sich mit dem Gide der* Nourritures Terrestres „*verbunden" habe.* Les nouvelles nourritures *seien einer der seltenen „Anlässe zur Freude" in einer gefährlichen Zeit.*]

392   **EIN WIRKLICHER VORLÄUFER**

(Aufsatz)

in: *Pariser Tageblatt*, 4 (1936) 789, 9.2.1936.

ferner in: *HuM*, S. 149 – 155.

Manuskript   KM 636

Handschrift
Prag,   19.9.1935   11 Bl

> [*Betrachtungen anläßlich einer Neuauflage des Buches von Julius Langbehn (1851 – 1907),* Rembrandt als Erzieher, *Verlag C.L. Hirschfeld, Leipzig, 1935 (Erstausgabe: 1890). K.M. sieht in Langbehn keinen direkten Vorläufer der Nationalsozialisten. Der Erfolg seines Buches am Ende des XIX. Jahrhunderts in Deutschland sei aber „ein frühes Krankheitssymptom" gewesen.*]

393   **DER MALER HELMUT KOLLE**

(Rezension)

in: *Pariser Tageblatt*, 4 (1936) 803, 23.2.1936.

ferner in: *Wb*, S. 123 – 126.

Manuskript   KM 193

Handschrift unter dem Titel: *Helmut Kolle*
o.O.   26.1.1936   4 Bl

[*Über das Gedächtnisbuch des Kunstkritikers Wilhelm Uhde (1874 — 1947), Der Maler Helmut Kolle, Atlantis Verlag, Zürich, 1935.*
Ein Anlaß für K.M., eine wichtige Frage zu erörtern: ist es in einer gefährlichen Zeit zulässig, sich mit Problemen zu befassen, die keinen direkten Bezug zur Krise haben? Seine Antwort: Ein Buch über einen problematischen Menschen könne nie „unzeitgemäß" sein, und wenn es „geistiges Gewicht" habe, werde es auch einen „inneren Bezug" zwischen ihm und den Problemen des Tages geben.]

394   **BRUNO WALTER IN AMSTERDAM**

(Feuilleton)

in: *Pariser Tageblatt*, 4 (1936) 831, 22.3.1936.

ferner in: *HuM*, S. 43 — 48.

Manuskript   KM 658

Typoskript unter dem Titel: *Bruno Walter*
o.O.   o.D.   2 Bl Typo mit hs Korr
        [*Portrait des mit der Familie Mann befreundeten Dirigenten (1876 — 1962). Bruno Walter hatte 1936 Konzerte in Amsterdam gegeben und einen Vortrag aus Anlaß des 25. Todestages von Gustav Mahler gehalten.*]

395   **„EIN MENSCH FÄLLT AUS DEUTSCHLAND"**

(Rezension)

in: *Pariser Tageblatt*, 4 (1936) 845, 5.4.1936.

Manuskript   KM 496

Handschrift
o.O.   26.1.1936   4 Bl + 1 Bl (andere Fassung)

Typoskript
o.O.   o.D.   4 Bl Typo mit hs Korr
        [*Über das Buch von Konrad Merz (geb. 1908),* Ein Mensch fällt aus Deutschland, *Querido Verlag, Amsterdam, 1936. Freundlich.*]

396   **BRUNO FRANK, ZU SEINEM 50. GEBURTSTAG AM 13.6.1936**

in: *Pariser Tageszeitung*, 1 (1936) 1, 12.6.1936.

ferner in: *BA1*, S. 261 — 267.

Manuskript   KM 152

Handschrift unter dem Titel: *Bruno Frank*
o.O.   o.D.   8 Bl
        [*Bruno Frank, geb. am 13.6.1887, war erst 49 Jahre alt, als K.Ms Geburtstagsgruß veröffentlicht wurde! Cf. seine Antwort, unter dem Titel:* Bruno Frank erst 49, *in:* Pariser Tageszeitung, 1 (1936) 10, 21.6.1936.]

397 KEIN SCHLÜSSELROMAN — EINE NOTWENDIGE ERKLÄRUNG

in: *Pariser Tageszeitung*, 1 (1936) 12, 23.6.1936.
(gekürzte Fassung des Manuskripts)

Manuskript   KM 612

Typoskript
o.O.   o.D.   2 Bl Typo mit hs Korr

veröffentlicht in: *HuM*, S. 48 − 50; *JuR*, S. 39 − 41.

> [*K.M. verfaßte diese Erklärung auf Veranlassung von Fritz Landshoff, den die Anzeigen in der* Pariser Tageszeitung *(Cf. Nr 387) vor Erscheinen von* Mephisto *fürchten ließen, Gustaf Gründgens werde dem Querido Verlag einen Prozeß machen (Cf. Briefe von Landshoff an K.M., 20.6.1936 und 24.6.1936, KMA). Es kam aber nicht zu dem von Landshoff gefürchteten Prozeß.*]

398 MAURIACS „VIE DE JÉSUS"

(Rezension)

in: *Pariser Tageszeitung*, 1 (1936) 45, 26.7.1936.

Manuskript   KM 589

Handschrift
o.O.   o.D.   4 Bl + 2 Bl Notizen

> [*Rezension des Buches von François Mauriac,* Vie de Jésus, *Paris, 1936. Vorwiegend positiv, aber K.M. teilt Mauriacs zurückhaltende Einstellung zur Sexualität nicht.*]

399 SALZBURGER SOMMER

(Feuilleton)

in: *Das Neue Tage-Buch*, 4 (1936) 34, 22.8.1936, S. 809 − 811.

Manuskript

Handschrift unter dem Titel: *Notizen, in Salzburg*   KM 238
o.O.   o.D.   5 Bl

Typoskript unter dem Titel: *Salzburger Sommer*   KM 290
o.O.   o.D.   6 Bl Typo mit hs Korr

> [*Bericht über einen Aufenthalt in Salzburg während der Festspiele.*
> *K.M. hielt sich im Juli 1936 in Salzburg auf: Cf. Briefe an Katia Mann, 22.7. und 29.7. 1936, KMA.*]

400 SELBSTANZEIGE: MEPHISTO

in: *Das Wort*, Moskau, 1 (1936) 3, September 1936, S. 94 − 96.

ferner in: *HuM*, S. 50 − 54.

Manuskript   KM 285

Typoskript unter dem Titel: *Selbstanzeige*
Küsnacht, Zürich   Ende Juni 1936   4 Bl Typo mit hs Korr

> [*Kurzkommentare zu* Flucht in den Norden, Symphonie Pathétique *und* Mephisto. *K.M. betont insbesondere, daß er* Mephisto *keineswegs als bloß polemisches Buch konzipiert habe.*]

401   ÜBERFAHRT. AN BORD DER STATENDAM (HOLLAND–AMERIKA-
       LINIE)

(Feuilleton)

in: *Pariser Tageszeitung*, 1 (1936) 136, 25.10.1936.

ferner, unter dem Titel: *An Bord der Statendam*, in: *Deutsches Allgemeines Sonntagsblatt*, 12.2.1967.

> [*Bericht über die Schiffsreise nach New York. K.M. hatte sich am 18.9.1936 mit seiner
> Schwester in Rotterdam eingeschifft (Cf. Brief an Willi Bredel, 17.9.1936, KMA) und
> kam am 27.9.1936 in New York an (Cf. Brief an Sara Bralans Brandes, 31.8.1936,
> KMA).*]

402   NEW YORK AM ABEND

(Feuilleton)

in: *Pariser Tageszeitung*, 1 (1936) 150, 8.11.1936.

Manuskript   KM 415

Handschrift unter dem Titel: *New York, abends*
o.O.   o.D.   1 Bl
> [*K.M. mochte New York ganz besonders.*]

403   JOSEPH IN ÄGYPTEN

(Rezension)

in: *Der Arbeiter*, New York, 12.11.1936.

ferner in: *Das Neue Tage-Buch*, 4 (1936) 51, 19.12.1936, S. 1216 – 1217; *P*, S. 329 –
332.

Manuskript   KM 183

Handschrift
o.O.   o.D.   5 Bl + 1 Bl Notizen

Typoskript
o.O.   o.D.   4 Bl Typo mit hs Korr
> [*Über den dritten Band von* Joseph und seine Brüder: Joseph in Ägypten, *Bermann
> Fischer Verlag, Wien, 1936, das erste Buch von Thomas Mann, das nach seinem Bekennt-
> nis zur Emigration erschien.*
>
> *K.M. äußert sich sehr herzlich über seinen Vater als Vertreter des eigentlichen Deutsch-
> land. Die Rezension erschien im* Neuen Tage-Buch *kurz nach Thomas Manns ,,Ausbürge-
> rung" (Sie war am 3.12.1936 vom* Völkischen Beobachter *mitgeteilt worden: Cf. Tho-
> mas Mann*, Tagebücher 1935 – 1936, *S. 647 – 648).*]

404   BROADWAY, ABENDS

(Feuilleton)

in: *Luzerner Tageblatt*, 25 (1936) 268, 14.11.1936.
> [*Über das Nachtleben in New York.*]

405   HEIL HITLER! A PLAY OF THE NATIONAL SOCIALIST REVOLUTION

(Theaterkritik)

in: *Common Sense*, New York, December 1936, S. 27 − 28.

Deutsch unter dem Titel: *Heil Hitler!*, in: *Die Neue Weltbühne*, 33 (1937) 4, 21.1. 1937, S. 121 − 122.

ferner, unter dem Titel: *Antifascismus, eine Mode?* in: *HuM*, S. 164 − 167.

Manuskript   KM 466

− *Fassung 1*

   Handschrift
   o.O.   o.D.   1 Bl

   Typoskript
   o.O.   o.D.   2 Bl Typo mit hs Korr

− *Fassung 2*

   Handschrift
   o.O.   o.D.   3 Bl

   Typoskript
   New York   o.D.   5 Bl Typo mit hs Korr
      [*Rezension des Stückes* Heil Hitler, A Play of the Nationalsocialist Revolution, *Pilgrim House, New York, 1936, von Louis Walinsky.*
      Positiv, weil das Werk Deutschland als „abschreckendes Beispiel" zeige.]

406   ES KOMMT DER TAG! Klaus Mann auf dem Brooklyner Volkszeitungsfest

(Ansprache)

in: *Deutsche Volkszeitung*, New York, 5.12.1936.
[Auszüge aus K.Ms Manuskript.]

Manuskript   KM 552

Typoskript unter dem Titel: *Thankgiving Day*
New York   26.11.1936   7 Bl Typo mit hs Korr
      [*Themen: Der exilierte Deutsche und sein problematisches Verhältnis zu Deutschland. Bekenntnis zu Amerika als Hoffnung für die Demokratie. Über die Krise in Europa (Spanien) und die Zuerkennung des Friedensnobelpreises an Carl von Ossietzky.*]

407   GERMAN LETTERS IN EXILE

(Bericht)

in: *The Saturday Review of Literature*, New York, 26.12.1936.
      [*Die einzig wahre deutsche Literatur sei die Exilliteratur.*]

408   DISCIPLINE FOR GERMAN WRITERS

(Aufsatz)

in: *The Nation*, New York, Vol 143 (1936) 26, 26.12.1936, S. 764.

Manuskript   KM 165

— *Deutsch*

Typoskript unter dem Titel: *Dr Göbbels, Hanns Johst und die deutsche Literatur.*
o.O.   o.D.   6 Bl Typo mit hs Korr + 1 Bl Notizen

— *Englische Übersetzung*

Typoskript unter dem Titel: *Dr Goebbels, Hanns Johst and German Literature*

Handschriftlicher Entwurf von K.Ms Hand   2 Bl Hs

Typoskript
o.O.   November 1936   7 Bl Typo mit hs Korr von K.M. und von anderer Hand.

[*Über den Mißerfolg der nationalsozialistischen Kulturpolitik im Ausland und in Deutschland. Die nationalsozialistischen Autoren seien außerhalb der Reichsgrenzen unbekannt und in Deutschland selbst interessiere sich das Publikum kaum für die Bücher, die ihm angeboten werden.*]

F2   SPÄTER VERÖFFENTLICHT

409   KÖNNEN DEUTSCHLAND UND FRANKREICH FREUNDE SEIN?

(Vortrag)

— *Deutsch*

Entwürfe unter dem Titel: *Deutschland und Frankreich*

Handschrift
New York   9.10.1936   3 Bl   KM 443

Typoskript
o.O.   o.D.   4 Bl Typo mit hs Korr   KM 442

Typoskript unter dem Titel: *Können Deutschland und Frankreich Freunde sein?*
        KM 480

New York   Oktober 1936   20 Bl Typo mit hs Korr

veröffentlicht in: *HuM*, S. 155 − 163.

— *Übersetzung* unter dem Titel: *France and Germany, Can they be Friends?*

Handschrift (von anderer Hand)
o.O.   o.D.   27 Bl   KM 415

Typoskript   KM 151
o.O.   o.D.   21, 24 Bl Typo mit hs Korr von K.M. und anderer Hand.

[*Bekenntnis zur französischen Kultur und zu Frankreich. Ohne eine echte Freundschaft zwischen Frankreich und Deutschland sei es unmöglich, die Zukunft Europas auf sicheren Grundlagen aufzubauen. Diese Freundschaft könne aber erst zustandekommen, wenn die Nationalsozialisten gestürzt sind.*]

UNVERÖFFENTLICHT

410   ANTWORT AN EDUARD KORRODI

(Offener Brief)   KM 65

Handschrift
o.O.   o.D.   [Anfang 1936]   5 Bl

[*Geplante Erwiderung auf den Aufsatz von Eduard Korrodi (1885 − 1955),* Deutsche Literatur im Emigrantenspiegel, *in:* Neue Zürcher Zeitung, *26.1.1936. Der Aufsatz war im Rahmen der Polemik erschienen, die Thomas Mann zu einem klaren Bekenntnis zur deutschen Emigration veranlaßte* (Cf. *Thomas Mann*, Ein Brief von Thomas Mann, *in:* Neue Zürcher Zeitung, *3.2.1936*).

Im Rahmen dieser Polemik enthielt sich K.M. jeder öffentlichen Stellungnahme, obwohl er dazu gebeten worden war: Cf. Brief von Heinrich Mann an K.M., 26.1.1936, KMA. Er blieb aber in Kontakt mit seinem Vater und gehörte zu denjenigen, die ihn zu einer öffentlichen Stellungnahme ermutigten: Cf. Brief an Thomas Mann, 22.1.1936, an Katia Mann, 26.1.1936, KMA; Telegramm an Thomas Mann, 26.1.1936, in: BA1, S. 243.]

411 FRIEDENSBEWEGUNG

(Aufruf)

| *Handschrift* | | | KM 154 |
| Amsterdam | 1.3.1936 | 2 Bl | |

| *Typoskript* unter dem Titel: *Pour la Paix* | | | KM 502 |
| Amsterdam | 1.3.1936 | 2 Bl Typo mit hs Korr | |

[Aufforderung zum Boykott der Olympischen Spiele in Deutschland. Es sei ein Dienst am Frieden, nicht zur Hebung von Hitlers Ansehen beizutragen.]

412 [NOTIZ ÜBER SEINE LAUFBAHN, FÜR DAS AMERIKANISCHE PUBLIKUM]

| *Typoskript in deutscher Sprache* | | | KM 560 |
| New York | Oktober 1936 | 4 Bl Typo mit hs Korr (2 Exempl) | |

413 MY FATHER AND HIS WORK

| (Vortrag) | | | | KM 142 |

Handschrift, Deutsch
o.O.   o.D.   [Ende 1936]   4 Bl

Typoskript, Englisch
o.O.   o.D.   [Ende 1936]   8 Bl Typo mit hs Korr

Zur Datierung: *kurz nach Erscheinen von* Joseph in Ägypten *(Cf. Nr 403). Entwürfe eines Vortrags, den K.M. im Herbst 1936 hielt: Cf. Programmzettel von Sara Bralans, KM3.*

[Über Thomas Manns Entwicklung vom Chronisten der Dekadenz zum politisch engagierten Schriftsteller. Auch Anspielungen auf die Vater-Sohn-Problematik.]

414 HABEN DIE DEUTSCHEN INTELLEKTUELLEN VERSAGT?

| (Vortrag) | | | | KM 464 |

Notizen   2 Bl Hs

Typoskript
o.O.   o.D.   [Ende 1936]   22 Bl Typo mit hs Korr

Zur Datierung: *einige Wochen nach der Hinrichtung von Edgar André am 4.11.1936.*

[Über die Schuld der deutschen Intellektuellen an der Machtergreifung durch Hitler. Die Errichtung des III. Reiches bedeute eine ,,große, bittere Niederlage" des deutschen Geistes. Besonders kraß sei das Versagen der meisten Universitätsprofessoren. Auch Kritik an Gottfried Benn, Gerhart Hauptmann, Richard Strauss, Wilhelm Furtwängler. Die einzigen, die nicht versagt hätten, seien Stefan George, Hans Carossa, Ricarda Huch und die emigrierten Schriftsteller.]

415   [ANSPRACHE VOR DEUTSCHEN EMIGRANTEN]

Typoskript   KM 61
o.O.   o.D.   [Ende 1936]   11 Bl Typo mit Hs Korr
(Blatt 1 und 2: Englisch; ab Blatt 3: Deutsch)

    Zur Datierung: *deckt sich teilweise mit Nr 406.*

    [*Hitler könne den Krieg verursachen, und es sei schon zu viel versäumt worden, um ihn daran zu hindern. K.M. rechnet nicht mit einem Sturz der faschistischen Staaten durch den Aufstand der Völker. Um Hitler und Mussolini zu stürzen, sei ein gemeinsames Handeln der demokratischen Staaten notwendig.*]

416   „DEUTSCHER TAG"

(Ansprache)   KM 595

Handschrift
o.O.   o.D.   [Ende 1936]   3 Bl

    K.Ms Ansprache im Rahmen des „Deutschen Tages" des „Deutsch-Amerikanischen Kulturverbandes" in New York, am 13.12.1936.

    Zur Datierung: Cf. *Bericht des Deutschen Generalkonsulats in New York an das Auswärtige Amt, New York, 14.12.1936 (Akten des Auswärtigen Amtes).*

    [*Hauptthema: die Nationalsozialisten seien die Vertreter des falschen Deutschland.*]

417   NEW YORKER NOTIZEN

(Bericht)   KM 500

Typoskript
o.O.   o.D.   [Ende 1936]   5 Bl Typo mit hs Korr + 2 Bl eines 2. Exempl

    [*Bericht über den „Deutschen Tag" des „Deutsch-Amerikanischen Kulturverbandes" am 13.12.1936. Auch Anmerkungen zum Roman von Sinclair Lewis (1885 – 1951),* It can't happen here.] (Cf. *Nr 416*)

418   SELBSTANZEIGE

(Notiz über eigenes Schaffen)   KM 284

Handschrift
o.O.   o.D.   [Ende 1936]   2 Bl

    Zur Datierung: *K.M. schreibt, er habe seit 1933 3 Romane verfaßt.* Mephisto *war sein dritter Roman im Exil.*

    [*K.M. stellt sich als Erben der Expressionisten vor. Er habe erst allmählich die soziale Problematik erkannt und sei durch den „deutschen Umsturz" gründlich belehrt und verändert worden.*]

419   JULIEN GREENS NEUER ROMAN

(Rezension)   KM 273

Typoskript
o.O.   o.D.   [1936]   3 Bl Typo mit hs Korr
    [*Über Greens 1936 erschienenen Roman,* Minuit. *Sehr herzlich.*]

420   NEUE BÜCHER („INTERNATIONALE LITERATUR")

(Skizzen für eine Sammelrezension)   KM 575

Handschrift

o.O.   o.D.   [1936]   24 Bl

    Zur Datierung: *Die 5 rezensierten Bücher sind 1936 erschienen.*

    [*Über Ernst Weiß (1892 − 1940), Der arme Verschwender, Querido Verlag, Amsterdam, 1936; Bernard von Brentano (1901 − 1964), Theodor Chindler, Oprecht und Helbing Verlag, Zürich, 1936; Konrad Merz, Ein Mensch fällt aus Deutschland, Querido Verlag, 1936; Otto Zarek (1898 − 1958), Moses Mendelssohn, Querido Verlag, Amsterdam, 1936; Hans Flesch-Brunningen (geb 1895), Akibiades, Verlag Allert de Lange, Amsterdam, 1936.*]

421   DIE VORAUSSETZUNG

(Polemik)   KM 598

(gestrichener Titel: *Besuch aus Deutschland*)

Handschrift

o.O.   o.D.   [1936]   1, 2 Bl

    [*Es dürfe keinen Kompromiß mit dem III. Reich geben. Kritik an Gottfried Bermann-Fischer, Gustaf Gründgens und anderen.*]

422   ZUR PSYCHOLOGIE DES KITSCHES

(Glosse)   KM 478

Handschrift

o.O.   o.D.   [1936]   6 Bl

Typoskript unter dem Titel: *Kitsch*

o.O.   o.D.   [1936]   3 Bl Typo mit hs Korr (Fragt)

    Zur Datierung: *Gustaf Gründgens ist „Staatsrat". Er war im Mai 1936 zum Staatsrat ernannt worden:* Cf. Joseph Wulf, Theater und Film im Dritten Reich, Rowohlt Taschenbuch Verlag, Reinbek, 1966, S. 101.

    [*Der schlimmste Kitsch komme in den deutschen Unterhaltungsfilmen vor.*]

423   EUROPA 1936

(Notizen zu einem Vortrag)   KM 134

Typoskript, Englisch

o.O.   o.D.   [Ende 1936]   3 Bl Typo mit hs Korr von K.Ms Hand

    [*Über die Krise, die Volksfront, Spanien.*]

B1   424   VERGITTERTES FENSTER

Novelle um den Tod des Königs Ludwig II. von Bayern.

Querido Verlag, Amsterdam, 1937.
(erschienen am 15.1.1937: *Cf.* Verlagsabrechnung des Querido Verlags, 30.6.1938, KMA)

Neuausgaben

— unter dem Titel: *Das vergitterte Fenster*, in: *Story*, Tübingen, 7 (1952) 1, Januar 1952, S. 19 — 60.

— S. Fischer Verlag, Frankfurt am Main, 1960; Nymphenburger Verlagshandlung, München, 1972.

— ferner in: *Ab Btp*, S. 214 — 270.

Übersetzungen:

— *Finestra con le sbarre*, traduzione di Ferruccio Amoroso, Il Saggiatore, Milano, 1962.

— *La morte del cigno*, traduzione di Ferruccio Amoroso, Franco Maria Ricci editore, Parma, 1963.

— *Het getreliede venster*, vertaald Johan de Molenaar, Wereld-Biblioteek-Vereiniging, Amsterdam, Antwerpen, 1963.

Manuskript

— Unter dem Titel: *Der Schwarze Schwan — Novelle um den König Ludwig II. von Bayern*   KM 45

  Skizzen und Materialien
  Küsnacht, Zürich, März 1937   47 Bl Hs

— Unter dem Titel: *Vergittertes Fenster — Novelle um den Tod Königs Ludwig II. von Bayern*   KM 33

  Handschrift
  Geschrieben in Sils Baselgia vom 21. Juni bis zum 10. Juli 1937
  97 Bl + 4 Bl Notizen

  Typoskript
  o.O.   o.D.   56 Bl
      [*Zwischen dem Manuskript und der veröffentlichten Fassung: Nur geringfügige Unterschiede.*
      Eine Veröffentlichung der Novelle in Maß und Wert war auch vorgesehen: Cf. Brief von Hermann Kesten, 14.8.1937, KMA.
      K.M. hatte auch eine Verfilmung von Vergittertes Fenster ins Auge gefaßt: Cf. Thomas Mann, Tagebücher 1937 — 1939, S. 213 — 214.
      K.M. empfand starke Sympathie für Ludwig II. Der König erscheint in seiner Novelle als einsamer Mensch und leidet unter seiner Homosexualität.]

B2   UNVERÖFFENTLICHT

425   DER NATURBURSCH

(Entwurf einer Erzählung)   KM 590

Handschrift
o.O.   o.D.   [Anfang 1937]   2 Bl
      Zur Datierung: *Cf. ein Arbeitsplan von Anfang 1937, KM 3, wo Ludwig II. (Nr 424) und Schickeles Die Flaschenpost (Cf. Nr 448) genannt werden.*

Die Erzählung sollte in Das Wort *erscheinen: Cf. Brief von K.M. an Willi Bredel, 17.9. 1936, Brief von Bredel an K.M., 5.1.1937, KMA.*

[Ein jüdischer Schauspieler versucht, in Wien eine neue Bühnenkarriere als blonder Naturbursch anzufangen. Er wird aber entlarvt und bekommt keine Rollen mehr.]

C2 UNVERÖFFENTLICHT

426 [SPINOZA]

(Fragment eines Schauspiels)   KM 549

2. Akt, Schluß der 2. Szene

Typoskript
o.O.   o.D.   [1937]

3 Fassungen: 9 Bl Typo mit hs Korr
                   10 Bl Typo mit hs Korr
                   11 Bl Typo mit hs Korr

[Das Fragment spielt, als Spinoza nach dem Erscheinen seiner Ethik scharfen Angriffen ausgesetzt ist. Die Christen, die Juden und das Volk sind gegen ihn. Trotz aller Angriffe verzagt er aber nicht.]

E2 UNVERÖFFENTLICHT

427 [EUROPÄISCHE KULTUR]

(Skizzen und Vorarbeiten zu einem Buch)
o.O.   o.D.   [Herbst 1937]

Zur Datierung sämtlicher Skizzen, Entwürfe und der Übersetzung:

Am 14.10.1937 erwähnt K.M. in einem Brief an seine Mutter (BA2, S. 9) ein Probekapitel für ein Buch, das in New York erscheinen soll. Am 28.10.1937 teilt er ihr mit, er habe am vorigen Tag den „Vorvertrag" über das Werk unterschrieben (Brief an Katia Mann, KMA). Ende November war das Kapitel über die deutsche Kultur im Exil verfaßt (Cf. Brief an Katia Mann, 25.11.1937, KMA; ferner: Brief an Lajos Hatvany, 29.10.1937, in: BA2, S. 10, Brief an Stefan Zweig, 26.11.1937, in: BA2, S. 15.

Skizzen, Entwürfe

— Unter dem Titel: *Europa-Buch*
   o.O.   o.D.   1 Bl Hs   KM 131

— Unter dem Titel: *Deutschland*
   o.O.   o.D.   4 Bl Hs und Typo   KM 119

— Unter dem Titel: *Kultur-Bädecker*   KM 199
   o.O.   o.D.   3 Bl Typo mit hs Korr
   o.O.   o.D.   2 Bl Hs

   [Die handschriftliche Skizze ist auf Papier des Schiffes „Champlain". K.M. war 1937 nach New York mit der „Champlain" gefahren; Cf. Terminkalender für das Jahr 1937 (KM 3), Eintragung am 15.9.: „Abreise Champlain".]

— Unter dem Titel: *Guide-Book through European Culture*
   o.O.   o.D.   4 Bl Typo   KM 85

   [Entwurf in englischer Sprache, von Klaus Manns Hand. Auch auf Papier der „Champlain".]

— *Gliederung des Buches*, unter dem Titel: *Europäische Kultur*
   o.O.   o.D.   1 Bl Typo und Hs

   [Das Buch sollte etwa 400 Seiten zählen und das Kulturleben in folgenden Ländern behandeln: Frankreich, Deutschland, Schweiz, Skandinavien, Holland, Tschechoslowakei, Ungarn, Italien, Spanien, Polen, Balkan. Die beiden wichtigsten Kapitel sollten sich mit Frankreich (90 Seiten) und Deutschland (115 Seiten) befassen.]

Verfaßte Teile

— Unter dem Titel: *Stefan Zweig, Portrait eines Pazifisten*
  Probe-Abschnitt   KM 332
  o.O.   o.D.   [Oktober 1937]   7 Bl Typo mit hs Korr

— *englische Übersetzung* des Kapitels unter dem Titel:
  Stefan Zweig — Portrait of a Pacifist — ,,Sample Chapter''
  o.O.   o.D.   5 Bl Typo   KM 332
  [*Es ist das am 14.10.1937 von K.M. erwähnte Probekapitel. Eine reine Beschreibung von Zweigs Laufbahn; keine eigenen Stellungnahmen.*]

— Unter dem Titel: *Deutschland*   KM 32
  o.O.   o.D.   97 Bl Typo mit hs Korr
  auch vorhanden, ein zweites Exemplar:
  o.O.   o.D.   91 Bl Typo mit hs Korr (unvollständig)

— *englische Übersetzung* (mit zahlreichen, nicht korrigierten Tippfehlern) unter dem Titel: *Germany*   KM 159
  o.O.   o.D.   116 Bl Typo
  [*Vom Kapitel über Deutschland hat Klaus Mann nur die beiden ersten Teile (Rückblick, die Kultur im Exil) verfaßt. Vor allem der erste Teil ist wichtig wegen K.Ms scharfer Kritik an Deutschland. Im Gegensatz zu Frankreich habe die Literatur in Deutschland nie das Vertrauen der Nation genossen. In ihrem Land seien die deutschen Dichter — als Beispiele nennt K.M. Schiller, Goethe, Nietzsche . . . — immer isoliert gewesen. Das deutsche Volk wolle es nicht zulassen, daß Schriftsteller sich mit etwas anderem als mit ,,Gefühlen'' befassen. Diejenigen unter ihnen, die sich um den gesellschaftlichen Fortschritt gekümmert haben, — wie Heinrich Heine — seien als Vaterlandsverräter betrachtet worden. Am Ende des XIX. Jahrhunderts und zu Beginn des XX. Jahrhunderts habe sich die Lage der Intellektuellen in Deutschland ein wenig gebessert, aber dies sei nicht von Dauer gewesen.*]*

F1   428   **GERMAN JOURNALISM IN THE PAST DECADE**

(Aufsatz)

in: *Books Abroad*, New York, 11 (1937), S. 8 — 10.

Manuskript

— *Deutsch*, unter dem Titel: *Deutscher Journalismus*   KM 184

  Handschrift
  New York   1.10.1936   5 Bl + 1 Bl Notizen

— *Englische Übersetzung* unter dem Titel: *German Journalistic Activity in the Past Decade*   KM 425
  New York   October 1936   7 Bl Typo mit hs Korr von K.M.
  [*K.M. zieht eine positive Bilanz der Tätigkeit der deutschen Presse in der Weimarer Republik.*]

429   **DER ROMAN AUF DER BÜHNE**

(Theaterkritik)

in: *Das Neue Tage-Buch*, 5 (1937) 2, 9.1.1937, S. 46.
  [*Über die Aufführung einer Bühnenbearbeitung des Romans von Sinclair Lewis*, It can't happen here, *1935.*
  Thema: die Freiheit sei in den Vereinigten Staaten nicht gefährdet. Es gebe aber faschistische Tendenzen im Land und man müsse sie bekämpfen.
  K.M. beurteilte den Roman sehr positiv. Das Stück schien ihm aber mißlungen.]
  (Cf. auch Nr 417)

430   [ERKLÄRUNG ÜBER DEN WIDERSTAND IM III. REICH]

in: *The Literary Digest*, New York, Vol 123 (1937) 2, 9.1.1937, S. 31.
   [*Über den wachsenden Widerstand in Deutschland.*]

431   WAS WILL DIE PFEFFERMÜHLE?

(Aufsatz)

in: *Neue Volkszeitung*, New York, 9.1.1937.
   [*K.M. stellt das Kabarett seiner Schwester vor. Im Herbst 1936 versuchte Erika Mann mit der „Pfeffermühle" in New York Fuß zu fassen: Cf. Brief von K.M. an Katia Mann, 7.11. 1936, KMA, Brief von K.M. an Katia Mann, 7.12.1936, in: BA1, S. 275. Sie konnte sich aber nicht durchsetzen: Cf. W, S. 320 – 321.*]

432   EUROPÄISCHE MALER IN AMERIKA

(Feuilleton)

in: *National-Zeitung*, Basel, 12.1.1937.

Manuskript   KM 217

Handschrift (Entwurf) unter dem Titel: *Zwei europäische Maler in New York*
o.O.   o.D.   1 Bl

Handschrift
o.O.   o.D.   3 Bl
   [*Über Georg Grosz, Chirico und Picasso. Positiv.*]

433   EIN DON QUICHOTTE DES THEATERS

(Feuilleton)

in: *National-Zeitung*, Basel, 22.1.1937.

ferner in: *Pariser Tageszeitung*, 2 (1937), 227, 24.1.1937; unter dem Titel: *Divaldo zdarma v New Yorku* in: *Halo Noviny*, Praha, (Zeitungsausschnitt ohne Datumsangabe, KMA)
   [*Über das „Davenport-Theater" in New York.*]

434   THOMAS MANN: EXILE. MY FATHER'S POLITICAL DEVELOPMENT

(Aufsatz)

in: *Common Sense*, Vol 6 (1937) 2, February 1937, S. 8 – 10.

Manuskript

Typoskript, Deutsch   KM 655
unter dem Titel: *Thomas Manns politische Entwicklung*
New York   Dezember 1936   10 Bl Typo mit hs Korr (2 Exempl)

Typoskript, Englisch   KM 122
unter dem Titel: *The Political Development of Thomas Mann*, English Version by Rita Reil.
o.O.   o.D.   12 Bl Typo mit hs Korr
   [*Thomas Manns Entwicklung vom konservativen, unpolitischen Deutschen zum streitbaren Demokraten. Positiv, aber Kritik an den* Betrachtungen eines Unpolitischen.]

435   DER STREIT UM ANDRE GIDE

(Aufsatz)

in: *Die Neue Weltbühne*, 33 (1937) 7, 11.2.1937, S. 201 – 207.

ferner in: *P*, S. 109 – 120; *JuR*, S. 41 – 50.

Manuskript

— *Vorstufe* unter dem Titel: *Der neue André Gide*   KM 458

  Typoskript
  o.O.   o.D.   [Ende 1936]   6 Bl Typo mit hs Korr + 1 Bl
  *[Für eine – nicht zustandegekommene – Veröffentlichung in der -amerikanischen-
  kommunistischen Wochenzeitung* New Masses: Cf. *Brief von K.M. an André Gide,
  16.12.1936, in:* André Gide – Klaus Mann, Briefwechsel, *op. cit.]*

— *Entwurf* unter dem Titel: *Retour de l'URSS*   KM 267

  Handschrift
  o.O.   o.D.   [Ende 1936]   14 Bl

— Unter dem Titel: *Der Streit um André Gide*   KM 461

  Handschrift
  Amsterdam   25./26.1.1937   22 Bl

  Typoskript 1
  o.O.   o.D.   18 Bl Typo mit hs Korr (2 Exempl; nur das 2. ist korrigiert)

  Typoskript 2
  o.O.   o.D.   13 Bl
  (abgesehen von einigen stilistischen Abweichungen: die veröffentlichte Fassung)
  [Rezension von André Gides Nouvelles Pages de Journal, *Gallimard, Paris, 1936 und*
  Retour de l'URSS, *Gallimard, Paris, 1936.*

  K.M. versteht, daß man Kritik an Retour de l'URSS *üben kann, zumal die rechtsgerichte-
  te Presse das Buch ausnützt. Er kann aber die Angriffe der Kommunisten und ihrer
  Freunde, insbesondere Lion Feuchtwanger (Cf. Der Ästhet in der Sowjetunion in:* Das
  Wort, 2 (1937) 2, Februar 1937, S. 86 – 88) *nicht akzeptieren. Ihre Intoleranz sei sehr
  beunruhigend, weil sie den Verdacht aufkommen lasse, Taktik sei das wichtigste für sie.
  Für K.M. soll die ,,intellektuelle Rechtschaffenheit'' unbedingt Vorrang vor der Partei-
  disziplin haben.]*

436   ROSWITHA BITTERLICH

(Feuilleton)

in: *Pariser Tageszeitung*, 2 (1937) 248, 14.2.1937.

ferner, unter dem Titel: *The Viennese Prodigy*, translated from the ,,Pariser Tageszei-
tung", in: *The Living Age*, New York, Vol 357 (1937), Mai 1937, S. 234 – 236.
  *[Sehr positiver Bericht über eine Ausstellung von Werken der österreichischen Malerin
  Roswitha Bitterlich.]*

437   RAINER MARIA RILKE

(Aufsatz)

in: *Das Neue Tage-Buch*, 5 (1937) 9, 27.2.1937, S. 208 – 209.

ferner in: *P*, S. 241 – 248.

Manuskript

Vorarbeiten unter dem Titel: *C.A. Mennicke: Der Mensch im All*   KM 220
o.O.   o.D.   4 Bl Hs

Handschrift unter dem Titel: *Rilke*

Notizen   4 Bl   KM 536

Handschrift   KM 607
Amsterdam   29.1.1937   10 Bl

Typoskript unter dem Titel: *Rainer Maria Rilke*   KM 536
o.O.   o.D.   9 Bl Typo mit hs Korr
> [*Rezension von zwei Büchern über Rilke: J.F. Angelloz, Rainer Maria Rilke, L'évolution du poète, Paris, 1936; C.A. Mennicke*, Der Mensch im All – Eine Einführung in das Verständnis Rainer Maria Rilkes, *Verlag Allert de Lange, Amsterdam 1936.*
> *Positiv. Auch Bemerkungen über Rilke als europäischen Dichter.*]

438   DER SIMPLICISSIMUS

(Aufsatz)

in: *Das Neue Tage-Buch*, 5 (1937) 9, 27.2.1937, S. 214 – 215.

ferner in: *HuM*, S. 167 – 170.

Manuskript   KM 287

Handschrift
o.O.   o.D.   2 Bl

Typoskript
o.O.   o.D.   5 Bl Typo mit hs Korr
> [*Sehr polemische Bemerkungen gegen die weiter in Deutschland erscheinende satirische Zeitschrift.*]

439   „ALKIBIADES" VON VINCENZ BRUN

(Rezension)

in: *Internationale Literatur*, 7 (1937) 3, März 1937, S. 137 – 138.
> [*Über den Roman von Hans Flesch-Brunningen,* Alkibiades, *Verlag Allert de Lange, Amsterdam, 1936. Positiv. Seit 1932, als er Athen verfaßt hatte, interessierte sich K.M. für Alkibiades.*]

440   ALDOUS HUXLEYS NEUER ROMAN

(Rezension)

in: *Das Wort*, 2 (1937) 3, März 1937, S. 81 – 86.

Manuskript   KM 138
Unter dem Titel: *Eyeless in Gaza*

Entwurf   5 Bl Hs

Handschrift
o.O.   o.D.   7 Bl
Unter dem Titel: *Aldous Huxleys neuer Roman*

Typoskript
New York   Dezember 1936   11 Bl Typo mit hs Korr

[*Über den Roman von Aldous Huxley (1894 – 1963), Eyeless in Gaza, 1936. Vor allem eine Kritik des unbedingten Pazifismus. Wegen der Methoden des Gegners sei es völlig unrealistisch, weiterhin Gewaltlosigkeit zu predigen. Man könne sogar eine solche Haltung als „contrerevolutionär" ansehen.*]

441   GALGENHUMOR

(Glosse)

in: *Das Neue Tage-Buch*, 5 (1937) 10, 6.3.1937, S. 236 – 237.

ferner in: *HuM*, S. 171 – 175.

Manuskript   KM 580

Handschrift (Entwurf)
o.O.   o.D.   1 Bl
(erster Titel: *Verzweifelter Humor*)
  [*Über die Faschingszeitung 1937 der Münchner Neuesten Nachrichten. Diese Veröffentlichung zeige wegen der Bissigkeit mancher Beiträge, wie groß die Verzweiflung der Deutschen sei.*]

442   SIMPLICISSIMUS

in: *Das Neue Tage-Buch*, 5 (1937) 11, 13.3.1937, S. 263.
  [*Nachtrag zu Nr 438.*]

443   WIEDERBEGEGNUNG MIT KNUT HAMSUN

(Aufsatz)

in: *Das Neue Tage-Buch*, 5 (1937) 15, 10.4.1937, S. 354 – 356.

ferner in: *P*, S. 136 – 141.

Manuskript   KM 326

Typoskript
o.O.   o.D.   3 Bl Typo mit hs Korr
  [*Abrechnung mit Knut Hamsun wegen seines Hasses gegen den Fortschritt. Sehr scharfe Stellungnahme zu seinem Buch* Ringen sluttet, *1936, Deutsch unter dem Titel:* Der Ring schließt sich, *München, 1936.*]

444   SEHR LEHRREICHES BILDERBUCH

(Rezension)

in: *Pariser Tageszeitung*, 2 (1937) 306, 13.4.1937.

ferner in: *HuM*, S. 175 – 180.

Manuskript   KM 572

Handschrift
o.O.   o.D.   2 Bl
  [*Über das Buch von Elvira Bauer,* Ein Bilderbuch für Groß und Klein, Stürmer Verlag, *Nürnberg, 1937. Wie die Nationalsozialisten die Kinder gegen die Juden hetzen. Auch Kritik an den „unvoreingenommenen Ausländern".*]

445 ZÜRICHS SCHAUSPIELHAUS

(Feuilleton)

in: *Die Neue Weltbühne*, 33 (1937) 16, 15.4.1937, S. 491 – 495.

ferner in: *HuM*, S. 54 – 62.

Manuskript
(Martin Gregor-Dellin nennt (*Cf. HuM*, S. 354) ein Manuskript von März 1937, das sich aber nicht im KMA befindet).

[*Über Kultur in der Schweiz und über die Mitwirkung von emigrierten Künstlern. Positiv.*]

446 DEUTSCHE WIRKLICHKEIT

(Rezension)

in: *Die Neue Weltbühne*, 33 (1937) 17, 22.4.1937, S. 526 – 528.

ferner, unter dem Titel: *Brown Terror*, in: *The Living Age*, Vol 352 (1937), August 1937, S. 547 – 548; unter dem Titel: *Deutsche Wirklichkeit*, in: *HuM*, S. 180 – 183.

Manuskript   KM 477

Handschrift unter dem Titel: *Irmgard Keun*
Küsnacht   11.4.1937   2 Bl

Typoskript unter dem Titel: *Deutsche Wirklichkeit*
o.O.   o.D.   4 Bl Typo mit hs Korr

[*Über den Roman von Irmgard Keun (1910 – 1982), Nach Mitternacht, Querido Verlag, Amsterdam, 1937. Für K.M. ein wichtiges Buch, denn es sei eine der besten Schilderungen des Alltags im Dritten Reich.*]

447 ÖSTERREICHISCHE TRAGÖDIE

(Aufsatz)

in: *Das Neue Tage-Buch*, 5 (1937) 18, 2.5.1937, S. 427 – 428.

ferner in: *Luzerner Tageblatt*, 5.6.1937; *HuM*, S. 62 – 67.

[*Aus Anlaß der Verleihung des „Burgtheater-Rings" an Franz Theodor Csokor (1885 – 1969) für sein Stück* Dritter November 1918 (*Erstfassung, 1923; endgültige Fassung, 1936). Sehr positiv.*]

448 RENE SCHICKELES NEUER ROMAN „DER FALL RICHARD WOLKE"

(Rezension)

in: *Pariser Tageszeitung*, 2 (1937) 327, 5.5.1937.

ferner in: *P*, S. 248 – 252.

Manuskript   KM 540

Typoskript unter dem Titel: *René Schickeles neuer Roman (Die Flaschenpost)*

Prag   25.4.1937   5 Bl Typo mit hs Korr

[*Über Schickeles Roman*, Die Flaschenpost, *Verlag Allert de Lange, Amsterdam, 1937. Wieder Kritik an Schickele wegen seiner Distanz zu den Tagesproblemen.*]
(*Cf. Nr 308*)

449   OSCAR WILDE ENTDECKT AMERIKA

(Aufsatz)

in: *National-Zeitung*, Basel, 16.5.1937.

ferner in: *Wh*, S. 127 – 135.

Manuskript

Fassung 1   KM 609

Entwurf   o.O.   o.D.   6 Bl Hs

Typoskript
o.O.   o.D.   6 Bl Typo mit hs Korr

Fassung 2 (veröffentlicht)   KM 659
Küsnacht, Zürich   März 1937   9 Bl Typo mit hs Korr

> [*Erinnerung an Oscar Wildes Amerika-Reise und an sein Treffen mit Walt Whitman, 1881. Aus Anlaß des Erscheinens des Buches von Lloyd Lewis und Henry Justin Smith, Oskar Wilde Discovers America, Harcourt, Brace & Company, New York, 1937.*]

450   EINE STUNDE MIT BENESCH

(Bericht)

in: *Das Neue Tage-Buch*, 5 (1937) 21, 22.5.1937, S. 490 – 492.

ferner in: *HuM*, S. 183 – 188.

Manuskript   KM 237

Handschrift (Skizzen) unter dem Titel: *Prager Notizen*
o.O.   o.D.   4 Bl

> [*Sehr positive Bemerkungen über sein Treffen mit Beneš (1884 – 1948). Für K.M. ist die Tschechoslowakei eine vorbildliche Demokratie, weil dort ,,Geist und Macht'' miteinander identisch seien.*]
> *Beneš hatte K.M. am 5.5.1937 empfangen: Cf. Terminkalender für 1937, KM 3.*

451   DEUTSCHE IN AMERIKA

(Bericht)

in: *Die Volksillustrierte*, Prag, Juni 1937, Nr. 24, S. 387.

Manuskript   KM 441

Typoskript
Prag   3.5.1937   5 Bl Typo mit hs Korr

> [*Über den ,,Deutschen Tag'' des ,,Deutsch-Amerikanischen Kulturverbands'' am 13.12. 1936. Cf. Nr 416 und 417.*]

452   KRANKHEIT UND GESUNDHEIT

(Aufsatz)

in: *Die Neue Weltbühne*, 33 (1937) 23, 3.6.1937, S. 723 – 727.

ferner in: *HuM*, S. 189 – 195.

Manuskript   KM 483

Typoskript
o.O.   o.D.   6 Bl Typo mit hs Korr

> [*Über zwei Werke des tschechischen Schriftstellers Carel Čapek (1980 – 1938)*, Mlčeni s.
> T.G. Marasykem, *1935 (deutsche Übersetzung:* Masaryk erzählt sein Leben, *1937) und*
> Bílá nemoc, *Uraufführung, Prag, 29.1.1937 (deutsche Übersetzung:* Die weiße Krankheit,
> *1937).*
>
> *Sehr positiv. Auch Bekenntnis zur Tschechoslowakei.*]

453   **BRUNO FRANK – DER REISEPASS**

(Rezension)

in: *Das Neue Tage-Buch*, 5 (1937) 23, 5.6.1937, S. 547 – 548.

ferner in: *P*, S. 252 – 257.

Manuskript   KM 535

Handschrift (Entwurf) unter dem Titel: *Der Reisepaß*
o.O.   o.D.   4 Bl

> [*Für Klaus Mann ist Bruno Franks Roman*, Der Reisepaß, *Querido Verlag, Amsterdam,*
> *1937, ein „glanzvoller Zeitroman".*]

454   **KLAUS MANN ÜBER FAMILIE MANN „EIN LOB DER GEMISCHTEN
       RASSE"**

(Glosse)

in: *Pariser Tageszeitung*, 2 (1937) 369, 16.6.1937.

(Die *Pariser Tageszeitung* zitiert aus der *Jüdischen Revue*, Juni 1937.)

Manuskript   KM 533

Typoskript unter dem Titel: *Gemischte Rasse*
Prag   5.5.1937   4 Bl Typo mit hs Korr

> [*Über gemischte Rasse im allgemeinen und über den besonderen Fall der Familie Thomas*
> *Manns.*]

455   **LUDWIG II. – KÖNIG DER BAYERN**

(Aufsatz)

in: *Die Weltwoche*, Zürich, 5 (1937) 188, 18.6.1937.

Manuskript   KM 661

Typoskript
Budapest   Mai 1937   10 Bl Typo mit hs Korr

> [*Ludwig II. sei eine der „ergreifendsten Gestalten" des XIX. Jahrhunderts. Er sei zwar*
> *nicht bewundernswert, aber die Unterschiede zwischen ihm, Bismarck, Wilhelm II. und*
> *Richard Wagner machten ihn trotz seiner Fehler liebenswert.*]

456   **GEDICHTE**

(Rezension)

in: *Pariser Tageszeitung* 2 (1937) 376, 23.6.1937.

Manuskript   KM 415

Fragment unter dem Titel: *Das Herz, ein Schild*
o.O.   o.D.   2 Bl Hs

Unter dem Titel: *Gedichte*
o.O.   o.D.   1 Bl Hs + 1 Bl Typo mit hs Korr
> [*Rezension von Theodor Kramer (1897 – 1958), Mit der Ziehharmonika, Wien, 1937;
> Heinz Politzer (1910 – 1978),* Fenster vor dem Firmament, *Mährisch Ostrau, 1937; F.C.
> Weiskopf,* Das Herz ein Schild, *Malik Verlag, London, 1937. Auch in einer bewegten Zeit
> dürfe man die Bedeutung der lyrischen Dichtung nicht unterschätzen.*]

457   DAS WAGNIS DER MITTE

(Rezension)

in: *Das Neue Tage-Buch*, 5 (1937) 27, 3.7.1937, S. 644.
> [*Über das Buch von Felix Weltsch (1884 – 1964),* Das Wagnis der Mitte – Ein Beitrag
> zur Ethik und Politik der Zeit, *Verlag Julius Kittl Nachfolger, Mährisch Ostrau, 1937.
> Eine Schrift zur Verteidigung der Demokratie, die K.M. warm empfiehlt.*]

458   PRAG, HEUTE

(Rezension)

in: *Das Neue Tage-Buch*, 5 (1937) 29, 17.7.1937, S. 694 – 695.

Manuskript

Handschrift (Fragment)   KM 415
o.O.   o.D.   1 Bl
> [*Über das Buch von Frank Warschauer (1892 – 1940),* Prag heute, *Orbis Verlag, Prag,
> 1937. Auch Bekenntnis zur Tschechoslowakei.*]

459   REPORT ON GERMAN WRITERS

(Bericht)

in: *The Saturday Review of Literature*, 17.7.1937.
> [*Über Exilliteratur, Bruno Frank, René Schickele, Alfred Döblin, Joseph Roth und über
> die literarischen Zeitschriften des Exils.*]

460   A NOTE ON GERMAN LITERATURE IN EXILE

(Bericht)

(Zeitschriftenausschnitt mit handschriftlichem Vermerk von K.Ms Hand: „Melburn".
Vermutlich 1937)

teilweise identisch mit Nr 459.

461   ULRICH BECHER

(Rezension)

in: *Das Neue Tage-Buch*, 5 (1937) 30, 24.7.1937, S. 719.

Manuskript   KM 604

Handschrift unter dem Titel: *Becher*
o.O.   o.D.   2 Bl

Typoskript unter dem Titel: *Ulrich Becher*
o.O.   o.D.   2 Bl Typo mit hs Korr
[*Über Ulrich Becher (geb 1910), Die Eroberer — Geschichten aus Europa, Verlag Oprecht und Helbing, Zürich, 1937. Ein Novellenband, den K.M. „herzlich" empfiehlt.*]

462   **FRANZ KAFKA**
(Rezension)

in: *Die Neue Weltbühne*, 33 (1937), 12.8.1937, S. 1030—1033; ferner in: *P*, S. 286—291.

Manuskript   KM 473

Handschrift unter dem Titel: *Kafka*
Budapest, „Siesta"   18.6.1937   9 Bl + 3 Bl Notizen

Typoskript unter dem Titel: *Franz Kafka*
o.O.   o.D.   6 Bl Typo mit hs Korr
[*Über Band 5 und 6 der Gesamtausgabe von Kafkas Werken: Beschreibung eines Kampfes und Tagebücher und Briefe, Verlag Mercy und Sohn, Prag, 1937.*
Ein erneuter Ausdruck von K.Ms tiefer Zuneigung für Kafka.]

463   **FESTSPIELE IN SALZBURG**
(Rezension)

in: *Das Neue Tage-Buch*, 5 (1937) 34, 21.8.1937, S. 815.

Manuskript unter dem Titel: *Festspieltage in Salzburg*   KM 450

Handschrift
Sanary   5.8.1937   2 Bl

Typoskript
o.O.   o.D.   2 Bl Typo mit hs Korr
[*Über das Buch von Annette Kolb (1870 — 1967), Festspieltage in Salzburg, Verlag Allert de Lange, Amsterdam, 1937.*
Herzliche Worte über Annette Kolb als Prosaistin.]

464   **GOTTFRIED BENN. DIE GESCHICHTE EINER VERIRRUNG**
(Aufsatz)

in: *Das Wort*, 2 (1937) 9, September 1937, S. 35 — 42.

ferner in: *P*, S. 181 — 192; *JuR*, S. 50 — 59.

Manuskript   KM 430

Handschrift (verschiedene Entwürfe)
o.O.   o.D.   16 Bl + 3 Bl

Typoskript
o.O.   Juni 1937   11 Bl Typo mit hs Korr
[*Über Benns Entwicklung und seine Laufbahn in Deutschland seit 1933. Seit Ende März 1935 war Benn Stabsarzt in Hannover: Cf. Benn Chronik. Daten zu Leben und Werk, zusammengestellt von Hanspeter Broder, Carl Hanser Verlag, München, 1978, S. 116 ff.*
K.M. zieht eine Bilanz des Falles Gottfried Benn. Für ihn ist der Dichter kein Opportunist gewesen: er habe sein eigentliches Werk — das lyrische — rein zu halten verstanden. Er

babe den großen Febler gemacht, nie zu glauben, daß Kunst gesellschaftskritische Elemente baben könne. Das babe ibn dazu verleitet, ein falsches Pathos der Form zu vertreten; in seiner Rede aus Anlaß des 60. Geburtstages von Heinrich Mann (1931) babe man das schon erkennen können. Heinrich Mann zeige, im Gegensatz zu Benn, daß Wille zur Form und Wille zum gesellschaftlichen Fortschritt untrennbar seien.

K.M. Schlußfolgerung: Benns Verirrung in den ersten Jahren des III. Reiches sei nur ein individueller Fall und dürfe keine Argumente für eine Polemik gegen den Expressionismus liefern.]

465   IN DER FREMDE

(Feuilleton)

in: *Pariser Tageszeitung*, 2 (1937) 456, 12.9.1937.
  [*Über das Exil.*]

466   ZU MASARYKS GEDÄCHTNIS

(Nachruf)

in: *Das Neue Tage-Buch*, 5 (1937) 39, 25.9.1937.

ferner in: *Prager Presse*, 26.9.1937; englische Übersetzung unter dem Titel: *The Memory of Masaryk*, in: *The Nation*, vol 146 (1937) 145, 9.10.1937.
  [*Thomas Masaryk sei ein vorbildlicher Staatsmann gewesen, weil er Intellektueller und Mann der Tat gewesen sei.*]

467   DIE GEIGERIN

(Feuilleton)

in: *Der Wiener Tag*, 3.10.1937.

Manuskript   KM 415

Handschrift (Entwurf)
o.O.   o.D.   2 Bl
  [*Über eine Geigerin, die K.M. in einem Wiener Hotel getroffen hatte.*]

468   SCHUSS IM GARTEN

(Feuilleton)

in: *Der Wiener Tag*, 19.10.1937.
  [*Erinnerungen aus der Kindheit.*]

469   NOTIZEN VON EINER VORTRAGSREISE

(Bericht)

in: *Das Neue Tage-Buch*, 5 (1937) 48, 27.11.1937.

ferner in: *HuM*, S. 195 − 200.

(Fragmente des) *Manuskript*s   KM 71

Handschrift unter dem Titel: *Auf einer Amerika-Tournee*
o.O.   o.D.   1 Bl
  [*Bemerkungen über das amerikanische Publikum bei Vorträgen.*]

470   BRÜNING IN NEW YORK

(Aufsatz)

in: *Die Neue Weltbühne*, 33 (1937) 52, 23.12.1937, S. 1628 – 1632.

ferner in: *HuM*, S. 200 – 206.

Manuskript   KM 475

Typoskript unter dem Titel: *Ein deutscher Kanzler*
o.O.   o.D.   7 Bl Typo mit hs Korr
  [*Über das Auftreten von Heinrich Brüning (1885 – 1970) in New York. K.M. ist befrem-
  det über die Sympathie, die der ehemalige Kanzler in der amerikanischen Öffentlichkeit
  genießt. Er habe doch nichts Zukunftsträchtiges zu bieten. Er sei nur ein typischer Vertreter der „Ehrfurcht des deutschen Intellektuellen (. . .) vor der Ungeistigkeit, (. . .) vor
  der Macht".*]

471   HEMINGWAYS NEUER ROMAN – „TO HAVE AND HAVE NOT"
(Rezension)

in: *Pariser Tageszeitung*, 2 (1937) 560, 25.12.1937.

ferner, unter dem Titel: *Hemingways neuer Roman*, in: *Wb*, S. 136 – 141.

Manuskript   KM 272

Handschrift unter dem Titel: *H's neuer Roman*
o.O.   o.D.   2 Bl
  [*Der Roman* To Have and To Have Not *erschien 1937. K.M. bewunderte Hemingways
  Engagement für das republikanische Spanien, aber er bedauert das Überwiegen eines
  „zynischen, a-moralischen Elements" in seinem Roman.*]

F2 **UNVERÖFFENTLICHT**

472   HOFFNUNG AUF AMERIKA

(Vortrag)

– *Vorstufen*

  Entwurf unter dem Titel: *Amerikanische Prosa*   KM 258
  o.O.   o.D.   2 Bl Hs

  Handschrift unter dem Titel: *Literatur*   KM 204
  o.O.   o.D.   2 Bl

– unter dem Titel: *Hoffnung auf Amerika*   KM 173

  Gliederung   1 Bl Hs

  Entwurf
  o.O.   o.D.   8 Bl Hs

  Typoskript
  Küsnacht   Anfang April 1937   32 Bl Typo mit hs Korr (2 Exempl)
  + eine andere, weniger politische Fassung von S. 30 – 31.

— *Einleitende Worte für den Vortrag in Prag*   KM 415
    o.O.   o.D.   1 Bl Typo mit Hs Korr

    K.M. hielt den Vortrag in Brünn (16.4.1937), Preßburg (21.4.1937), Prag (5.5.1937),
    Wien (11.5.1937): Cf. Terminkalender 1937, KM 3.

    [Das Amerika des New Deals sei nicht zu einem idealen Staat geworden, aber man spüre
    dort die Kraft der Demokratie. Im Gegensatz zu den Europäern hätten die Amerikaner
    ein ungebrochenes Vertrauen in die Zukunft. K.M. stellt auch das „komplizierte Verhält-
    nis" fast aller Amerikaner zur Sowjetunion fest. Ferner betont er, daß die Krise der
    „Depressions"-Jahre die jungen Intellektuellen zur Wahrnehmung ihrer sozialen Ver-
    pflichtungen veranlaßt habe.]

473   DIE GEISTER SCHEIDEN SICH

(Aufsatz)

Fassung 1 unter dem Titel: *Die ernste Frage*   KM 149

Handschrift
o.O.   o.D.   5 Bl (unvollständig)

Typoskript
o.O.   o.D.   4 Bl (2 Exempl, unvollständig)

Fassung 2 unter dem Titel: *Die Geister scheiden sich*   KM 455

Typoskript
o.O.   Mai 1937   3 Bl Typo mit hs Korr

    [Aufruf zum Kampf gegen Franco nach dem Bombenangriff auf Guernica. In der ersten
    Fassung stellt K.M. — ohne sie zu beantworten — die Frage, ob die Schriftsteller nicht die
    Pflicht hätten, „Soldaten an der spanischen Front" zu werden.]

474   PARIS, IM JAHR 1910

(Feuilleton)   KM 415

Handschrift
„Siesta"   [Budapest]   7.6.1937   2 Bl
(auf Papier: Siesta Sanatorium, Budapest)

    N.B. *K.M. mußte sich im Juni 1937 wegen seiner Drogensucht in Budapest einer Entzie-*
    hungskur unterziehen: Cf. *Thomas Mann,* Tagebücher 1937 — 1939, S. 70 — 72.
    [Fragment eines Feuilletons.]

475   DIE SCHWESTERN

(Feuilleton)

Handschrift (Entwurf)   KM 415
o.O.   o.D.   2 Bl

Typoskript   KM 611
Budapest   8.6.1937   3 Bl Typo mit hs Korr
(auf Papier: Siesta Sanatorium, Budapest)
    [Glosse über Krankenschwestern.]

476 ECRASEZ L'INFAME

(Aufsatz)

Vorstufe (Typoskript) unter dem Titel: *Rudolf von Ripper*   KM 271
o.O.   o.D.   3 Bl Typo mit hs Korr

Typoskript unter dem Titel: *Ecrasez l'infâme*   KM 446
Zürich   Ende August 1937   6 Bl Typo mit hs Korr

[*Über Gemälde und Bilder des österreichischen Malers Rudolf von Ripper (1904 – 1960).*

Vor allem eine Betrachtung über das Problem des Gleichgewichts zwischen Engagement und Kunst. Der Künstler müsse gleichzeitig seinem Künstlertum die Treue halten und die „Forderung des Tages" berücksichtigen. Flucht in die „Landschaft der Träume" sei aber ebenso gefährlich wie Flucht in „den Tagesbetrieb (. . .), den Journalismus".]

477 DEUTSCHE LITERATUR, SOMMER 1937

(Fragment einer Rezension)   KM 415

Typoskript
o.O.   o.D.   1 Bl

[*Insbesondere über Bruno Frank*, Der Reisepaß, *und René Schickele*, Die Flaschenpost *(Cf. Nr 448 und 453).*]

478 A FAMILY AGAINST A DICTATORSHIP

(Vortrag)

Deutsch

Typoskript   KM 141
New York   11.10.1937   18 Bl Typo mit hs Korr

Englische Übersetzung

Typoskript   KM 141
o.O.   o.D.   17 + 4 Bl Typo mit hs Korr

Fragmente, Typoskript   KM 415
o.O.   o.D.   4 + 7 Bl Typo mit hs Korr

Der Vortrag, den K.M. am häufigsten in den USA hielt. Er hatte seine ersten Auftritte mit ihm im Herbst und im Winter 1937 – 1938: Cf. Briefe an Katia Mann, 28.10.1937, in: BA2, S. 9; 25.11.1937, KMA. In der Anlage eines Briefes seines Agenten, William B. Feakins, werden für Anfang 1938 Termine in Kalifornien genannt (9.1.1938, Fresno; 12.1.1938, San Francisco; 14.1.1938, San Diego).

1939 hielt er diesen Vortrag wieder: Cf. Programmzettel von William B. Feakins, KM 3.

[*Thema des Vortrages: Die Familie Mann im Kampf gegen das III. Reich.*]

479 GERMANY AND THE WORLD

(Vortrag)

— Unter dem Titel: *Deutschland und die Welt*   KM 121

   Handschrift (Entwurf)
   o.O.   o.D.   1 Bl

— Unter dem Titel: *Germany and the World*   KM 161

Deutsch

Typoskript
o.O.   o.D.   [Ende 1937]   11 Bl Typo mit hs Korr (2 Exempl)

Englische Übersetzung
o.O.   o.D.   14 Bl Typo mit hs Korr

Fragmente in englischer Sprache   4 Bl Typo   KM 415

Zur Datierung: *K.M. hielt diesen Vortrag ab Dezember 1937: Cf. Brief an Katia Mann, 7.12.1937, KMA.*

[Der Grundgedanke des Vortrags:
„Es gibt zweierlei Deutschland: ein europäisches, das zur Welt gehört und der Welt viel geschenkt hat – und ein nationalistisches, abgesperrtes, eigensüchtiges, aggressives, welches Europa haßt und welches seinerseits von Vielen gehaßt, von Manchen aber auch verachtet wird" (S.1) Vertreter des europäischen Deutschland seien Goethe, Schiller, Nietzsche. Das antieuropäische Deutschland sei vertreten durch Hermann den Cherusker, Luther, Friedrich II., Wilhelm II.; Hitler und seine Anhänger vereinigen in sich alle Eigenschaften eines aggressiven, antieuropäischen Deutschtums. Sie seien aber nicht die Erben von Luther oder Friedrich II., denn diese hatten noch positive Eigenschaften. Die Nationalsozialisten hingegen verachten alle Traditionen, auf denen die Kultur der weißen Menschheit aufgebaut ist. Die Weimarer Republik sei ein gescheiterter Versuch gewesen, dem europäischen Deutschtum die Macht zu geben.]

480   DE L'AMOUR

(Betrachtung)   KM 426

Typoskript
New York   Dezember 1937   1 Bl Typo mit hs Korr

[Über Leben und Liebe. Liebe bedeute gleichzeitig Glück und Unglück.]

481   WIEDERSEHEN MIT HOLLYWOOD

(Feuilleton)   KM 563

Typoskript
o.O.   o.D.   [Ende 1937]   6 Bl Typo mit hs Korr

Zur Datierung: *S. 1 schreibt K.M., es sei „beinahe zehn Jahre her, seit (er) zum erstenmal in Hollywood war". Er war Ende 1927 und Anfang 1928 in Hollywood:* Cf. Rundherum.

[Über Filme und Regisseure: Fritz Lang, Ernst Lubitsch usw. Auch über Freunde und Bekannte, die er in Hollywood traf: Bruno Frank und Ernst Toller. Hollywood sei eine „isolierte Oase", wo die „uniformierten Träume für fünf leidvolle Erdteile fabriziert werden".]

482   BÖRNE

(Skizze eines Aufsatzes)   KM 573

Handschrift
o.O.   o.D.   [1937]   2 Bl

Zur Datierung: *Cf. S. 1: „116 Jahre nach 1821".*

[Über Ludwig Börne (1786 – 1837) als Feind der Dummheit und der Antisemiten.]

483   **BERNARD VON BRENTANO**

(Rezension)   KM 574

Handschrift

o.O.   o.D.   [1937]

Zur Datierung: *auf einem Blatt, ein Briefanfang, datiert 14.3.1937.*

[*Über den Roman von Bernard von Brentano*, Theodor Chindler, *Verlag Oprecht und Helbing, Zürich, 1936. Positiv.*]

484   WO STEHT DIE DEUTSCHE LITERATUR?

(Aufsatz)   KM 565

Typoskript

o.O.   o.D.   [1937]   6 Bl Typo mit hs Korr

Zur Datierung: *Heinrich Manns* Die Vollendung des Königs Henri IV *ist noch nicht erschienen. Das Buch erschien 1938.*

[*Die Exilliteratur sei die eigentliche deutsche Literatur.*]

1 9 3 8

F1   485   **MY DEBT TO BOOKS**

(Aufsatz)

in: *Books Abroad*, 12 (1938) Winter 1938, S. 24 − 25.

Manuskript   KM 558

Typoskript unter dem Titel: *Was mich beeinflußt hat.*

Paris   Juli 1937   3 Bl Typo mit hs Korr

[*Ein Bekenntnis zu Herman Bang, Rainer Maria Rilke, Hugo von Hofmannsthal, Frank Wedekind, Paul Verlaine, Arthur Rimbaud, André Gide, Heinrich Mann, Thomas Mann, Walt Whitman usw.*]

486   **STIMMUNGEN IN DEN USA**

(Bericht)

in: *Die Volksillustrierte*, 8 (1938) 1, 5.1.1938.

[*Sehr positive Kommentare über die USA. Grundgedanke: Der Faschismus ist in Amerika unbeliebt.*]

487   **WALT DISNEYS „SCHNEEWITTCHEN"**

(Feuilleton)

in: *Pariser Tageszeitung*, 3 (1938) 582, 16.1.1938.

ferner, unter dem Titel: *Sarah Bernhardt und das Schneewittchen*, in *Deutsches Allgemeines Sonntagsblatt*, 29.1.1967.

[*Über den bekannten Trickfilm von Walt Disney, den K.M. bewunderte.*]

488 „INSIDE NAZI GERMANY"

(Filmkritik)

in: *Das Neue Tage-Buch*, 6 (1938) 10, 5.3.1938, S. 236 — 237.

> [*Über den Film* Inside Nazi Germany, *den er in New York gesehen hatte. Der Film sei geeignet, den Abscheu der Amerikaner vor dem Nationalsozialismus zu vertiefen. K.M. bedauert aber, daß er manchmal den Eindruck entstehen läßt, als hätten die Deutschen den sozialen Wohlstand gegen die Freiheit eingetauscht.*]

489 DIE TÖDLICHE ZEITUNG

(Nachruf)

in: *Das Neue Tage-Buch*, 6 (1938) 12, 19.3.1938, S. 285 — 286.

> [*Über den tschechischen Dichter, Shakespeare-Übersetzer und früheren Direktor des Nationaltheaters in Prag, Ottokar Fischer (1883 — 1938).*
> *Auch ein Bekenntnis zur Tschechoslowakei, einer ,,Republik, die von geistigen Menschen gegründet wurde".*]

490 KLEINE VERZAUBERUNG

(Feuilleton)

in: *Pariser Tageszeitung*, 3 (1938) 639, 20.—21.3.1938.

491 PASSION EINES MENSCHEN

(Rezension)

in: *Das Neue Tage-Buch*, 6 (1938) 15, 9.4.1938, S. 357 — 358.

Manuskript   KM 503

Typoskript
o.O.   o.D.   5 Bl Typo mit hs Korr

> [*Über die Kantate von Hans Sahl (geb 1902)* Jemand, ein Chorwerk mit den Holzschnitten ,,Passion eines Menschen" von Frans Masereel, *Verlag Oprecht und Helbing, Zürich, 1938.*
> *Sehr positiv, aber K.M. warnt vor einer Gleichsetzung der Begriffe Faschismus und Kapitalismus.*]

492 DAS „CORNICHON"

(Bericht)

in: *Das Neue Tage-Buch*, 6 (1938) 17, 23.4.1938, S. 406 — 407.

Manuskript   KM 439

Typoskript
o.O.   o.D.   4 Bl Typo mit hs Korr

> [*Über ein Zürcher Kabarett. Sehr herzlich.*]

493 ECCE HOMO

(Rezension)

in: *Das Neue Tage-Buch*, 6 (1938) 18, 30.4.1938, S. 430 – 431.

Manuskript   KM 473

Handschrift

o.O.   o.D.   4 Bl Typo mit hs Korr

[*Über das Buch von Max Brod*, Franz Kafka, *Verlag Mercy und Sohn, Prag, 1938. Sehr positive Rezension. K.M. bringt wieder sehr starke Sympathie für Kafka zum Ausdruck.*]

494 KURT HILLERS PROSA

(Rezension)

in: *Pariser Tageszeitung*, 3 (1938) 679, 7.5.1938.

ferner in: *P*, S. 296 – 301.

Manuskript   KM 530

Typoskript

o.O.   o.D.   6 Bl Typo mit hs Korr

[*Rezension von Kurt Hiller*, Profile. Prosa aus einem Jahrzehnt, *Editions Nouvelles Internationales, Paris, 1938.*

K.M. empfand für Hiller eine besondere Zuneigung. Was ihm an seiner geistigen Haltung gefiel, war, daß er „in der Praxis mit den Marxisten sei; aber (. . .) kein orthodoxer Marxist" und „kein Materialist" sei. Er findet es bewundernswert, daß sich bei ihm Stefan George und Marx, Nietzsche und Voltaire begegnen.]

495 LITERATURE IN EXILE

(Bericht)

in: *The Washington Post*, 22.5.1938.

ferner, ein Auszug aus dem deutschsprachigen Manuskript unter dem Titel: *Ödön von Horvaths erster Roman*, in: *P*, S. 292 – 293.

Manuskript   KM 209

Deutsch unter dem Titel: *Deutsche Literatur im Exil*

Typoskript

o.O.   o.D.   [Februar 1938]   7 Bl Typo mit hs Korr (Nr 495 = S. 1 – 3)
(Es gibt ein 2. Exemplar von S. 2 – 7: KM 599)

Englische Übersetzung unter dem Titel: *German Literature in Exile*

Typoskript, übersetzt von Selma Stern

o.O.   o.D.   8 Bl Typo (Nr 495 = S. 1 – 4)

Zur Datierung des deutschsprachigen Typoskripts: Cf. *sein Begleitbrief von K.M. an M. Nover, Herausgeber der* Washington Post, *21.2.1938, Mappe KM 209.*

[*In seinem Aufsatz behandelt K.M. Ödön von Horvath (1901 – 1938) und Hermann Kesten. Horvath habe in seinem Roman* Jugend ohne Gott, *Amsterdam, 1938, ein Gleichgewicht zwischen „Lyrik des Vortrags" und „politisch-polemischer Tendenz" erreicht. In seinen Werken trete Hermann Kesten als echter Moralist auf.*]

496 LITERATURE IN EXILE

(Bericht)

in: *The Washington Post*, 29.5.1938.

Manuskript:
2. Teil des unter Nr 495 angegebenen Manuskripts (Deutsch = S. 3 — 7; Englisch =
S. 4 — 8)

> [*In seinem 2. Aufsatz würdigt K.M. Stefan Zweig als Essayisten* (Cf. Begegnungen mit
> Büchern, Menschen und Landschaften, *Herbert Reichner Verlag, Wien, Leipzig, Zürich,
> 1937*), *Bruno Frank als Meister der Novelle und Konrad Heiden als politischen Publi-
> zisten* (Europäisches Schicksal, *Querido Verlag, Amsterdam, 1937*).]

497 ÖDÖN VON HORVATH

(Nachruf)

in: *Das Neue Tage-Buch*, 6 (1938) 24, Juni 1938.

ferner in: *P*, S. 293 — 296; *JuR*, S. 77 — 79.

Manuskript   KM 584

Handschrift
Küsnacht   4.6.1938   5 Bl

Typoskript
o.O.   o.D.   4 Bl Typo mit hs Korr

> [*Ödön von Horvath war am 1.6.1938 in Paris tödlich verunglückt.*
> *Der verstorbene Schriftsteller sei „aus einer religiösen Veranlagung" Moralist gewesen.*]

498 [SERIE] AUTOBIBLIOGRAPHIE

in: *Internationale Literatur*, 8 (1938) 6, Juni 1938, S. 155

> [*K.M. über eigenes Schaffen seit 1936.*]

499 DER MARSCH DES FASCISMUS

(Rezension)

in: *Die Neue Weltbühne*, 34 (1938) 23, 9.6.1938, S. 718 — 722.

Manuskript   KM 494

Typoskript
Zürich   21.5.1938   6 Bl Typo mit hs Korr

> [*Über das Buch von Giuseppe Antonio Borgese (1882 — 1952)*, Der Marsch des Fascis-
> mus, *Verlag Allert de Lange, Amsterdam, 1938 (Originalausgabe in Englisch:* Goliath,
> The March of Fascism, *1937). Sehr positiv.*]

500 DER HELD

Rede, gehalten an einer Gedenkfeier für Carl von Ossietzky, im Zürcher Schauspielhaus,
Sonntag, den 22. Mai 1938.

in: *Heute und Morgen*, Zürich, 1 (1938) 1, Juni-Juli 1938, S. 23 — 25.

ferner in: *Schweizer Volks-Kalender*, herausgegeben von der Sozialdemokratischen
Partei der Schweiz, Zürich, 1939, S. 35 — 36; unter dem Titel: *Gedenkrede für Carl von Ossietzky*, in: *HuM*, S. 228 — 232.

> [*Carl von Ossietzky (1889 — 1938) war am 4.5.1938 in Berlin gestorben. Der Friedens-nobelpreisträger sei ein großer Schriftsteller gewesen und verdiene als Kämpfer Bewunde-rung. Bei ihm habe der schöne Stil stets der moralischen Leidenschaft gedient. Er habe durch seine Haltung bewiesen, daß zum wirklichen Pazifismus Mut gehöre.*]

501   VON BISMARCK BIS PICASSO

(Rezension)

in: *Die Neue Weltbühne*, 34 (1938) 25, 23.6.1938, S. 784 — 788.

ferner, unter dem Titel: *Wilhelm Uhde „Von Bismarck bis Picasso"*, in: *Wh*, S. 142 — 148.

Manuskript   KM 431

Typoskript
o.O.   o.D.   6 Bl Typo mit hs Korr

> [*Rezension des Buches von Wilhelm Uhde*, Von Bismarck bis Picasso — Erinnerungen und Bekenntnisse, *Verlag Oprecht und Helbing, Zürich, 1938.*
>
> *In* Die Sammlung *hatte K.M. Auszüge aus Uhdes Manuskript veröffentlicht:* Erinnerun-gen und Bekenntnisse, *aus dem unveröffentlichten Buche* Im Kampf der Werte, *in:* Die Sammlung, *1 (1933 — 1934) 9, Mai 1934, S. 460–469.*
>
> *Sehr herzliche Rezension. Die Bedeutung von Uhdes Buch liege darin, daß „das sittliche und schließlich sogar das soziale und politische Erlebnis aus dem ästhetischen erwach-sen".*]

502   WIEDERBEGEGNUNG MIT DEN DEUTSCHEN ROMANTIKERN

(Aufsatz)

in: *Maß und Wert*, 1 (1938) 6, Juli-August 1938, S. 933 — 942.
(gekürzte Fassung des Manuskripts)

Manuskript

— *Aufzeichnungen und Skizzen* unter dem Titel: *Le Nocturne*   KM 229
          15, 13 Bl Hs

     unter dem Titel: *Romantisme allemand*
          3 Bl Hs   KM 274

— Unter dem Titel: *Wiederbegegnung mit den deutschen Romantikern*

Handschrift   KM 415
o.O.   o.D.   39 Bl (Bl 1 fehlt)

Typoskript   KM 600
New York   23.9.1937   25 Bl mit hs Korr

Druckfahnen   5 Bl mit hs Korr

Typoskript veröffentlicht in: *P*, S. 258 — 286.

> [*Über die Sondernummer der Zeitschrift* Les Cahiers du Sud, *Marseille, 1937*, Le roman-tisme allemand.
>
> *Für K.M. ein Anlaß, seine Stellung zu den deutschen Romantikern zu überprüfen. Er verschweigt nicht, was er der Romantik verdankt, aber er bedauert die konservative Hal-tung vieler romantischer Schriftsteller in politischen Fragen. Er erkennt auch, daß „vieles, was heute in Deutschland niedrig-niederträchtiges Ereignis wird (. . .) sich bei den Romantikern (. . .) geistig vorbereitet" finde.*]

503   SPANISCHES TAGEBUCH. I. BARCELONA IST RUHIG

(Bericht)

in: *Pariser Tageszeitung*, 3 (1938) 727, 2.7.1938.

Manuskript
Unter dem Titel: *Die Ankunft*

Fragmente   KM 239
o.O.   o.D.   1 Bl Typo + Hs

> *K.M. war mit seiner Schwester Erika im Auftrag der* Pariser Tageszeitung *nach Spanien gereist: Cf. Meldungen in:* Pariser Tageszeitung, 3 (1938) 718, 23.6.1938; 3 (1938) 719, 24.6.1938; 3 (1938) 721, 26. – 27.6.1938.
>
> *Die* Pariser Tageszeitung *veröffentlichte auch folgende Berichte von Erika Mann:*
> Spanisches Tagebuch – Brennpunkt Valencia *I und II, 3 (1938) 738 und 742, 17.–18. 7.1938 und 21.7.1938.*
> Aus dem spanischen Tagebuch – „Kinder", *3 (1938) 752, 2.8.1938.*
>
> *Klaus Manns eigener Beitrag zum* Spanischen Tagebuch *für die* Pariser Tageszeitung *sollte ursprünglich – nach der handschriftlichen Gliederung von seiner Hand, KM 239 – 7 Teile zählen:*
> I.   Barcelona ist ruhig.
> II.   Colonel Hans
> III. Die jungen Leute *(Renn und seine Schüler. Der Politkommissar und sein Buch. Die Zeitschrift (Vorlieben und Aversionen). Alberti. Die Buchausstellung. Die Plakate. Kampf gegen Analphabetentum usw.*
> IV.   Die geretteten Schätze. *Interview mit Rubio. Die Methoden usw. Das Kloster und der Castellan.*
> V.   Menschengesichter. *Das Gesicht der Faschisten. Der literarische Hauptmann und die verbrannten Manuskripte. General Deutsch.*
> VI.   Valencia
> VII. Madrid.
> *In der Tat wurden von K.M. und unter seinem Namen nur folgende Teile verfaßt und veröffentlicht:*
> I. (Cf. Nr 503), II (Cf. Nr 505), IV (Cf. Nr 510), V (Cf. Nr 507, *aber nur teilweise!), VII (Cf. Nr 508). Teil VI wurde von Erika Mann übernommen (Cf. oben).*
> [*K.Ms erster Bericht aus Spanien:* Reportage über die Fahrt nach Barcelona; *auch über die Bemühungen der Spanier, der Stadt ein friedliches Aussehen zu wahren.*]

504   GESPRÄCH MIT DEL VAYO

(Bericht)

in: *Pariser Tageszeitung*, 3 (1938) 728, 3.–4.7.1938.

> [*Alvarez del Vayo war damals Außenminister der spanischen Regierung. Für K.M. vertrat er den „Typ des aktivistischen, sittlich entschlossenen, nicht mehr skeptischen Intellektuellen, wie wir ihn auch in der Tschechoslowakei an der Macht sehen". Er sei Beneš und Masaryk ebenbürtig.*]

505   AUS DEM SPANISCHEN TAGEBUCH – COLONEL JORJE HANS

(Bericht)

in: *Pariser Tageszeitung*, 3 (1938) 745, 24.–25.7.1938.

Manuskript   KM 239

Handschrift (Skizze) unter dem Titel: *An der Front (Hans)*
o.O.   o.D.   1 Bl

[*Überlegungen zum Thema Pazifismus und Krieg. „Colonel Jorge Hans" war der Kriegs-name von Hans Kahle (1899 – 1947), Kaufmann und Journalist, 1936 Teilnehmer am Spanischen Bürgerkrieg als Kommandeur der XI. Brigade.*]

506 JUNGE DICHTER IN SPANIEN

(Bericht)

in: *National-Zeitung*, Basel, 26.7.1938.

[*Über junge Dichter, die K.M. im republikanischen Spanien kennengelernt hat. Für ihn ein Anlaß, auf das rege kulturelle Leben in Spanien aufmerksam zu machen.*]

507 ZWEI DEUTSCHE – AUS DEM SPANISCHEN TAGEBUCH

(Bericht)

in: *Pariser Tageszeitung*, 3 (1938) 747, 27.7.1938.

Manuskript (Skizze)   KM 239

Handschrift unter dem Titel: *Die deutschen Gefangenen*
o.O.   o.D.   1 Bl

[*Die beiden gefangenen Luftwaffen-Soldaten, die K.M. gesehen hatte, waren für ihn vor allem unreife junge Menschen. Er sagt zwar, daß sie jede Schuld ableugnen, aber er ist nicht sehr streng in seinem Urteil über sie.*]

508 AUS DEM SPANISCHEN TAGEBUCH – DAS WUNDER VON MADRID

(Bericht)

in: *Pariser Tageszeitung*, 3 (1938) 753, 3.8.1938.

[*Reportage über die schwer zerstörte Hauptstadt. K.M. betont aber, daß man im repu-blikanischen Lager zuversichtlich ist.*]

509 COLONEL HANS. EINE SPANISCHE REPORTAGE (I)

(Bericht)

in: *Sozialdemokrat*, Prag, 9.8.1938.

[Cf. Nr 505]

510 AUS DEM SPANISCHEN TAGEBUCH – DIE SPANISCHEN SCHÄTZE

(Bericht)

in: *Pariser Tageszeitung*, 3 (1938) 759, 10.8.1938.

Manuskript   KM 239

Handschrift unter dem Titel: *Die geretteten Schätze*
o.O.   o.D.   4 Bl

[*K.M. verteidigt die spanische Regierung gegen die Vorwürfe derjenigen, die behaupten, die spanischen Kunstschätze seien nach Moskau geschafft worden. Es werde im Gegen-teil sehr viel getan, um das Erbe der spanischen Kultur zu retten.*]

511 COLONEL HANS. EINE SPANISCHE REPORTAGE (II)
(Bericht)

in: *Sozialdemokrat*, Prag, 14.8.1938.
  [Cf. *Nr 505, 511.*]

512 FAZIT EINER SPANIENREISE
(Bericht von Erika und Klaus Mann)

in: *Pariser Tageszeitung*, 3 (1938) 766, 18.8.1938.

Manuskript   KM 239

Handschrift ohne Titel
o.O.   o.D.   6 Bl
  [*Das spanische Volk sei zu einem sehr starken Widerstand bereit, aber dem Feind strö-
  men Waffen und Maschinen reichlicher zu als der Regierung. Es gebe nur einen Weg, den
  Faschismus zu besiegen: die Einigkeit aller seiner Feinde herzustellen.*]

513 ZURÜCK VON SPANIEN
(Aufsatz von Erika und Klaus Mann)

in: *Das Wort*, 3 (1938) 10, Oktober 1938, S. 39 — 43.

Manuskript
Nur Übersetzungen:

Französisch unter dem Titel: *Retour d'Espagne*   KM 266
o.O.   o.D.   9 Bl Typo

Englisch unter dem Titel: *Back from Spain*   KM 291
o.O.   o.D.   9 Bl Typo
  [*Zusammenfassung der in der* Pariser Tageszeitung *erschienenen Beiträge (Cf. Nr 503,
  504, 505, 507, 508, 510).*
  *Was sie in Spanien gesehen haben, habe ihnen ,,zum erstenmal seit dem Tage (ihrer) Emi-
  gration gezeigt'', daß ein Sieg gegen den Faschismus möglich sei.*]

514 BESUCH BEI GEFANGENEN DEUTSCHEN FLIEGERN
(Bericht)

in: *Deutsches Volksecho*, New York, 15.10.1938.
  [Cf. *Nr 507.*]

515 LITERATURE IN EXILE
(Bericht)

in: *The Washington Post*, 23.10.1938.

ferner: ein Auszug aus dem deutschsprachigen Manuskript, ergänzt durch Auszüge aus
Escape to Life, in: P, S. 293 — 296.

Deutsch unter dem Titel: *Deutsche Literatur im Exil*
o.O.   o.D.   4 Bl Typo mit hs Korr (Nr 515 = S. 1 – 2)

Englische Übersetzung unter dem Titel: *German Literature in Exile*
o.O.   o.D.   6 Bl Typo mit hs Korr (Nr 515 = S. 1 – 3)
> [*Bericht über den Tod von Ödön von Horvath am 1.6.1938 in Paris und kurze Rezension seines Romans* Ein Kind unserer Zeit, *Verlag Allert de Lange, Amsterdam, 1938. Sehr positiv.*]

516   INFLUENCES FRANCAISES

(Aufsatz, Übersetzung ins Französische von Pierre Klossowski)

in: *Les Cahiers du Sud*, Marseille, XVII (1938) 2ème semestre, novembre 1938, S. 752 – 762.

Manuskript der französischen Übersetzung   KM 471
o.O.   o.D.   17 Bl Typo mit hs Korr

Deutsche Fassung veröffentlicht unter dem Titel: *Die Wirkung Frankreichs* in: *P*, S. 141 – 152.

Manuskript: Martin Gregor-Dellin erwähnt (*P*, S. 376) ein „deutsches Typoskript mit handschriftlichen Korrekturen von Klaus Mann", das sich aber nicht im KMA befindet.
> [*K.M. zieht eine Bilanz seiner Beziehungen zur französischen Kultur seit etwa fünfzehn Jahren. Besonders hervorgehoben: die Bedeutung von Gide, Cocteau und Crevel.*]

517   UNSERE BEWÄHRUNGSPFLICHT

(Aufsatz)

in: *Der Deutsche Schriftsteller*, Zeitschrift des Schutzverbandes Deutscher Schriftsteller, Paris, November 1938, Sondernummer zum Jubiläum des SDS, S. 25.

Manuskript unter dem Titel: *Gruß an den Schutzverband deutscher Schriftsteller*
                                                                                KM 463

Entwurf
o.O.   o.D.   1 Bl Hs

Typoskript
Paris   13.9.1938   2 Bl Typo mit hs Korr
> [*Eine Bilanz der Tätigkeit des SDS seit 1933. In der Auseinandersetzung der Geister haben sich die Exilschriftsteller tapfer bewährt.*
> *§ 1 des Typoskripts ist für die Veröffentlichung abgeändert worden.*]

518   LITERATURE IN EXILE

(Bericht)

in: *The Washington Post*, 6.11.1938.

Manuskript

– 2. Teil des unter Nr 515 angegebenen Manuskripts (Deutsch = S. 3 – 4; Englisch = S. 3 – 6).

− auch, unter dem Titel: *Bücher, Döblin, Der blaue Tiger* KM 435
o.O. o.D. 1 Bl Typo mit hs Korr

[*K.M. behandelt zwei Romane von Alfred Döblin*, Der blaue Tiger, *Querido Verlag, Amsterdam, 1938, und* Die Fahrt ins Tal ohne Grund, *Querido Verlag, Amsterdam, 1937. Er sieht in Döblin einen der größten deutschen Romanciers seiner Zeit.*]

519 AN ADDRESS TO THE GERMAN-AMERICANS IN YORKVILLE

(Auszüge aus einer Ansprache)

Zeitungsausschnitt ohne Datumsangabe, KMA, [Ende 1938]

Zur Datierung: *nach der „Reichskristallnacht" im November 1938.*

[*Das Münchner Abkommen sei völlig zu verwerfen, denn es sichere keineswegs den Frieden. Man dürfe die Deutschen nicht als Anhänger des III. Reiches betrachten, denn fast alle hätten die Pogrome der „Reichskristallnacht" abgelehnt. Die einzigen echten Sprecher des deutschen Volkes seien die Emigranten.*]

520 FILMMUSEUM (in niederländischer Sprache)

(Feuilleton)

in: *Het amusante weekblad*, Amsterdam, Zeitungsausschnitt ohne Datumsangabe, KMA [ca 1938].

Deutsche Fassung unter dem Titel: *Sarah Bernhardt und das Schneewittchen*, in: *Deutsches Allgemeines Sonntagsblatt*, 29.1.1967.

Manuskript (Teile) unter dem Titel: *Film-Bibliothek* KM 145

Handschrift
o.O. o.D. 3 Bl

[*Über Stummfilme, die in der „Museum of Modern Art Film Library" gesehen werden können.*]

F2 SPÄTER VERÖFFENTLICHT

521 DIE KRIEGS- UND NACHKRIEGSGENERATION

(Aufsatz) KM 485

Handschrift (Entwurf)
o.O. o.D. 5 Bl

Typoskript
(Martin Gregor-Dellin erwähnt in *HuM*, S. 360 „ein Typoskript mit dem Vermerk Hollywood − New York, Januar bis Februar 1938." Dieses Typoskript befindet sich nicht im KMA)

veröffentlicht in: *HuM*, S. 206 − 228; *JuR*, S. 59 − 76.

[*Bilanz der Entwicklung der deutschen Jugend seit 1920. Der Faschismus habe nicht nur „gedankenlose" junge Menschen angezogen. Auch Jugendliche, die zu echter Begeisterung fähig gewesen waren, hätten sich zu Hitler bekannt. Im Laufe der Jahre sei der Widerstand der Jugend gegen das III. Reich gewachsen. Das Exil sei eine schwere Prüfung, aber manche Autoren seien erst nach 1933 zu großen Schriftstellern geworden.*]

522 KULTUR UND FREIHEIT

(Vortrag)

— *Deutsch* unter dem Titel: *KULTUR UND FREIHEIT*

Entwurf   KM 198
o.O.   o.D.   1 Bl Hs

Typoskript   KM 487
San Francisco   13.1.1938   16 Bl Typo mit hs Korr

— *Englische Übersetzung* unter dem Titel: *Culture and Liberty* (,,Liberty'' gestrichen
und ersetzt hs von K.M. durch: ,,Freedom'')   KM 116
o.O.   o.D.   17 Bl Typo mit hs Korr von K.Ms Hand.

> K.M. hielt diesen Vortrag im Januar 1938 in Hollywood (Cf. Hinweis S. 1 der englischen
> Übersetzung).
> [Themen: Der Nationalsozialismus zerstöre die Kultur. Der deutsche Charakter sei viel
> merkwürdiger zusammengesetzt als die anderen nationalen Charaktere. Deshalb trium-
> phiere im Faschismus eine ,,alte deutsche Antipathie gegen den Geist''. In Deutschland
> verkämen junge Talente wie Süskind und Erich Kästner, während die exilierten Intellek-
> tuellen ihr Bestes geben könnten.]

523 ANTWORT AN DIE RICHMOND-TIMES-DISPATCH

(Leserbrief)   KM 66

Handschrift
o.O.   o.D.   [Anfang 1938]   2 Bl

> Zur Datierung: K.M. erwähnt einen Kommentar zur englischen Übersetzung von Thomas
> Manns erstem Vorwort zu Maß und Wert (September—Oktober 1937).
> [Brief zum Thema Individuum und Kollektiv.]

524 [BRUNO WALTER . . . .]   (erste Zeile)

(Fragment eines Berichtes)   KM 658

Typoskript
o.O.   o.D.   [Frühjahr 1938]   2 Bl Typo mit hs Korr

> Zur Datierung: Nach dem ,,Anschluß'' Österreichs an Deutschland im März 1938.
> [Bericht über die Verhaftung der Tochter von Bruno Walter, Lotte Walter, in Wien.]

525 DIE FREUNDE AUS WIEN

(Brief)   KM 433

Typoskript unter dem Titel: *Die Freunde aus Wien* (Fassung 1)
Küsnacht am Zürichsee   Ende April 1938   6 Bl Typo mit hs Korr (2 Exempl)

Typoskript unter dem Titel: *Brief an die Freunde aus Wien* (Fassung 2)
o.O.   o.D.   4 Bl Typo mit hs Korr

> [An die österreichischen Intellektuellen nach dem ,,Anschluß''. Aufforderung an die
> österreichischen Emigranten, den Mut nicht zu verlieren.]

526   [SPANISCHES TAGEBUCH]   (*Cf.* Nr 503)

(nicht veröffentlichte Skizzen und Fragmente)   KM 239

— *Aus Teil III* (nichts aus diesem Teil veröffentlicht)

Handschrift unter dem Titel: *Die jungen Leute 2*
o.O.   o.D.   [Juli 1938]   1 Bl

Handschrift unter dem Titel: *Militärstück*
o.O.   o.D.   [Juli 1938]   1 Bl
  [*Über Ludwig Renn und den spanischen Dichter Rafael Alberti (geb 1903).*]

— *Aus Teil V* (teilweise veröffentlicht: *Cf.* Nr 507)

Handschrift unter dem Titel: *Menschengesichter*
o.O.   o.D.   [Juli 1938]   1 Bl

Handschrift unter dem Titel: *Beim General Julius Deutsch*
o.O.   o.D.   [Juli 1938]   1 Bl
  [*Sehr positives Portrait des sozialdemokratischen österreichischen Politikers und Publi-*
  zisten Julius Deutsch (1884 — 1968), der als General in der spanischen Armee diente.]

— *Aus Teil VI* (nichts von K.M. veröffentlicht; *Cf.* aber die Berichte von Erika Mann,
bibliographische Angaben: Nr 503).

Handschrift unter dem Titel: *Die andere Seite.*
o.O.   o.D.   [Juli 1938]   3 Bl
  [*Beschreibung von Alicante und Valencia.*]
  Zur Datierung *sämtlicher unter dieser Nr angegebenen Fragmente:* Cf. Nr 503.

527   **DEAR FRIENDS AND COMRADES**

„Am Radio, Madrid"   KM 239

Handschrift
o.O.   o.D.   [Juli 1938]   1 Bl Hs
  Zur Datierung: Cf. Nr 503.
  [*Ansprache in englischer Sprache am Madrider Rundfunk über Eindrücke an der Front.*]

528   **RADIO-CITE, PARIS**

(Skizze einer Ansprache in französischer Sprache)   KM 239

Handschrift
o.O.   o.D.   [Ende Juli 1938]   1 Bl Hs
  Zur Datierung: Cf. Nr 503.
  [*Manuskript einer kurzen Rundfunksendung über Eindrücke im republikanischen Spa-*
  nien.]

529   [GRUSSADRESSE AN DEN WELTFRIEDENSKONGRESS DER JUGEND]

Typoskript   KM 541
Küsnacht am Zürichsee   24.7.1938   2 Bl Typo mit hs Korr

530   [BEKENNTNIS FÜR DIE TSCHECHOSLOWAKEI]

Typoskript   KM 660
Küsnacht, Zürich   25.8.1938   1 Bl Typo

531   [PROSPEKT FÜR DIE FORUM BUCH-SERIE DES QUERIDO VERLAGS]

Typoskript   KM 596
o.O.   o.D.   [1938]   2 Bl Typo mit hs Korr
     Zur Datierung: *Fritz Landshoff hatte den Text dieses Prospekts am 26.8.1938 bei K.M.
     angefordert:* Cf. *Brief von Fritz Landshoff, 26.8.1938, KMA.*
     [*In der Forum Buch-Serie erschienen Werke von Thomas Mann, Franz Werfel, Stefan
     Zweig, Arthur Schnitzler, Emil Ludwig, Vicki Baum, Alfred Neumann, Heinrich Mann,
     Annette Kolb, Lion Feuchtwanger, René Schickele* (Cf. *Brief von Landshoff, 26.8.
     1938).*]

532   [VORSPRUCH FÜR EINE LESUNG AUS DEM **VULKAN**]

Typoskript   KM 557
o.O.   o.D.   [Sommer 1938]   5 Bl Typo mit hs Korr
     Zur Datierung: *die Stelle aus dem Roman, die für die Lesung vorgesehen war, war im
     September 1938 in* Internationale Literatur *als Vorabdruck erschienen* (Cf. Nr 538).
     *Die Lesung fand wahrscheinlich in Paris statt; Cf die erste Zeile: ,,Liebe Kollegen und
     Freunde, Mesdames Messieurs". Im September 1938 war K.M. in Paris:* Cf. Nr 517.
     [*Der Nationalsozialismus sei eine tödliche Gefahr für den europäischen Geist. Es müsse
     dem ausländischen Publikum ständig wiederholt werden, daß es in Deutschland viele
     europäisch eingestellte Geister gegeben habe (Herder, Goethe, Lessing, Büchner . . .).
     Die emigrierten Intellektuellen seien die einzigen Erben der ,,deutschen Europäer".*]

533   **AUTHORS CLUB (SPEECH)**

(Skizzen einer Ansprache)   KM 103

Typoskript

Deutsch
o.O.   o.D.   [Ende 1938]   1 Bl Typo mit hs Korr

Englisch
o.O.   o.D.   2 Bl Typo mit hs Korr
     Zur Datierung: *Nach der Münchner Konferenz.*

534   **EXPERIMENTE AM BROADWAY**

(Bericht)   KM 449

Typoskript
o.O.   o.D.   [1938]   8 Bl Typo mit hs Korr
     Zur Datierung: *K.M. macht aufmerksam auf die Unterschiede mit der ,,vorigen Theater-
     saison" 1936 − 1937.*
     [*Das New Yorker Publikum verlange jetzt Stücke politischen Inhalts. Ein junger Schau-
     spieler und Regisseur lenke die Aufmerksamkeit auf sich: Orson Welles.
     Die Bühnenbearbeitung des Romans von John Steinbeck (1902 − 1968),* Of Mice and
     Men, *1937, sei ein großer Erfolg.*]

535   GERMAN LITERATURE OF TO-DAY

Informal Speech   KM 211

Deutsch

Typoskript
o.O.   o.D.   [1938]   3 Bl Typo mit hs Korr

Englische Übersetzung

Typoskript
o.O.   o.D.   6 Bl Typo mit hs Korr

Zur Datierung: Maß und Wert *erscheint schon, aber* Lotte in Weimar, *1939, ist noch nicht erschienen.*

[*Die Deutschen als das unpolitische Volk par excellence. Ein Volk mit einer so großen Literatur wie das deutsche könne aber auf die Dauer den Nationalsozialismus nicht ertragen.*]

536   TRIUMPH UND ELEND DER MISS MIRACULA

(Feuilleton)   KM 556

Typoskript
o.O.   o.D.   [1938]   6 Bl Typo mit hs Korr

Zur Datierung: *Datumsangabe von Erika Manns Hand.*

[*Eine Jahrmarktszene in der Schweiz. Eine sehr schöne Tänzerin tritt auf. Ihr Erscheinen veranlaßt K.M. zu sehr melancholischen Bemerkungen über Glanz und Elend der Zirkuskünstler.*]

537   [NOTIZEN ZU EINEM VORTRAG ÜBER POLITISCHE FRAGEN]

Handschrift   KM 241
o.O.   o.D.   [1938]   3 Bl
[*Über Spanien usw.*]

1 9 3 9

A1 **538   DER VULKAN**

Roman unter Emigranten

Vorabdruck:

Professor Abel − Abschnitt aus einem unveröffentlichten Emigrantenroman, in: *Internationale Literatur,* 1938, Heft 9, September 1938, S. 58 − 64 (= Anfang von Teil I, Kapitel 3).

Erstausgabe:

Querido Verlag, Amsterdam, 1939.
(Das Buch erschien Ende April − Anfang Mai 1939: *Cf.* Brief von K.M. an Hans Lamm, 18.4.1939, in: *BA2*, S. 65 − 67.)

Neuausgaben

- Mit einem Brief von Thomas Mann an Klaus Mann als Vorwort: S. Fischer Verlag, Berlin, Frankfurt am Main, 1956; Nymphenburger Verlagshandlung, München, 1968; edition spangenberg im Ellermann Verlag, München, 1978; Büchergilde Gutenberg, Frankfurt am Main, 1978.

- Mit einem Nachwort von Friedrich Albrecht, Aufbau Verlag, Berlin und Weimar, 1969.

- Mit einem Nachwort von Martin Gregor-Dellin, Rowohlt Taschenbuch Verlag, Reinbek, 1981.

Übersetzungen:

Vulkán: Roman z emigrace, přel Rudolf Toman, Svobobnc Slovo, Praha, 1967.

Le volcan, un roman de l'émigration allemande, traduit de l'allemand par Jean Ruffet. Olivier Orban, Paris, 1982.

> *K.M. hatte auch vorgehabt, eine englische Übersetzung des Romans in Amerika zu veröffentlichen. Sein amerikanischer Verleger lehnte aber seinen Vorschlag ab, weil das Buch zu lang sei und sich zu wenig von* Escape to Life *unterscheide (Cf. Brief von Ferris Greenslet an K.M., 2.5.1939 und Brief von K.M. an Greenslet, 3.5.1939, KMA).*
> *Ein holländischer Verleger war im Herbst 1939 bereit, eine gekürzte Ausgabe des Buches in holländischer Sprache herauszubringen (Cf. Brief von Fritz Landshoff an K.M., 24.10. 1939, KMA). Der Plan kam aber nicht zustande.*
>
> N.B. Für alle Neuausgaben ist eine Stelle aus der Erstausgabe gekürzt worden:
> Erstausgabe, S. 697 – 698;
> „Die deutschen Soldaten, auf ihrem Lastwagen, sangen ein Lied, als sie die zerstörte Stadt Tortosa verließen. Ihre Kameraden, die noch auf dem Posten blieben, sangen mit. Der Text des Liedes ward in spanischer, französischer, deutscher, englischer, holländischer Sprache vorgetragen. Indessen war die Melodie für alle gleich, und sie sangen im gleichen Rhythmus, kamen nicht aus dem Takt. Das Lied, mit dem die Männer von Tortosa Abschied von den deutschen Brüdern nahmen, war die „Internationale". Kikjou lauschte, schon von der Wolke emporgeschaukelt. Der Engel der Heimatlosen, mit tiefer, melodischer Stimme, summte den Refrain:
> „Völker, hört die Signale . . ."
> . . . Kikjou fror. Für Gletscher-Touren war er nicht gekleidet, hier wehte ein eisiger Wind. Was suchte der Engel auf so steilem Grat? Schneefelder schimmerten matt und öd unter einem Himmel, der sternenlos war. Weit hinten ragten zackig die Gipfel, bleich leuchtend, wie aus innerm Licht. Rings umher – alles fahl und starr; aus den Schluchten aber drohte Dunkelheit."
> Neuausgabe *(Nymphenburger Verlagshandlung), S. 410:* „. . . Kikjou, schon von der Wolke emporgeschaukelt, fror. Für Gletschertouren war er nicht gekleidet, hier wehte ein eisiger Wind. Was suchte der Engel auf so steilem Grat? Schneefelder schimmerten matt und öd unter einem Himmel, der sternenlos war. Weit hinten ragten zackig die Gipfel, bleich und leuchtend, wie aus innerem Licht. Rings umher – alles fahl und starr; aus den Schluchten aber drohte Dunkelheit."

Manuskript   KM 54

- *Notizen, Skizzen, Entwürfe*
  o.O.   o.D.   158 Bl Hs und Typo

- *Manuskript 1*
  (unvollständig: entspricht etwa zwei Dritteln des Werkes)
  (Titelblatt:) Begonnen in Amsterdam, Februar 1937, 649 Bl Hs und Typo

- *Manuskript 2* (= Typoskript)
  713 Bl Typo mit hs Korr + 6 Bl Typo (Korrekturen)
  (Unterschiede zwischen dem Manuskript 2 und der Erstausgabe: 21 gestrichene oder gekürzte Stellen)

> Zur Entstehung:
> *K.M. erwähnt seinen Roman zum erstenmal in einem Brief vom 2.2.1937 an seine Mutter (KMA). Am 8.3.1937 las er in Gegenwart von Thomas Mann einige Seiten daraus vor (Cf. Thomas Mann, Tagebücher 1937 – 1939, S. 38). Ursprünglich sollte K.M. sein Manuskript im Frühjahr 1938 abliefern (Cf. Brief von Fritz Landshoff, 24.3.1937, KMA). Im Juni 1938 nahm er die Arbeit am Roman wieder auf (Cf. Brief an Katia Mann, 1.6.1938, in:*

BA2, S. 46) und las Ende Juli neue Seiten daraus in Gegenwart von Thomas Mann vor (Cf. Thomas Mann, Tagebücher 1937 – 1939, S. 262).

Die Skizzen und die beiden erhaltenen Manuskripte lassen erkennen, daß Der Vulkan in drei Schaffensphasen entstanden ist.
Manche Episoden wurden zuerst völlig unabhängig von einander konzipiert und erst später in den Roman eingefügt. (Cf. z.B. eine Erzählung unter dem Titel: Liebesgeschichte in 5 unvollständigen Fassungen: 4, 4, 8, 4, 8 Bl, die später unter Abänderung der Namen in Teil II, Kapitel 2 aufgenommen wurde).

Die Unterschiede zwischen Manuskript 1 und Manuskript 2: – K.M. hat manche in Manuskript 1 fast selbständigen Episoden erheblich gekürzt (Beispiel: Die Heirat von Tilly von Kammer hat in der veröffentlichten Fassung (Nymphenburger Verlagshandlung, S. 142 – 143) nur 2 Seiten. In Manuskript 1 zählt sie 13 Seiten und gleicht einem Feuilleton über Budapest). Der Roman hätte einen ganz anderen Schluß gehabt: er sollte ursprünglich im Frühsommer 1938 – nach dem „Anschluß" von Österreich – enden (d.h. mit Teil 3, Kapitel 4). Eine ältere Fassung läßt sogar darauf schließen, daß Marion von Kammer ursprünglich nicht nach Amerika kommen sollte.

– Das letzte Kapitel (Winter 1938 – 1939 entstanden: d.h. nach Abzug der Internationalen Brigaden aus Spanien; sie wurden Ende Oktober – Mitte November 1938 aufgelöst) ist in Manuskript 1 nur skizziert.

– Der Epilog (datiert 21.12.1938 und nicht 1.1.1939) liegt in einer ersten, getippten Fassung vor (Vorderseiten der Blätter). Es gibt auch handschriftliche Skizzen der endgültigen Fassung (Rückseiten der Blätter).

E1 539 **ESCAPE TO LIFE** . . . .

(dokumentarisches Buch von Erika und Klaus Mann)

Vorabdruck

– *In englischer Sprache:*
Portrait of our Father

in: *The Atlantic Monthly*, Boston, Vol 163 (1939) 4, April 1939, S. 441 – 451 (Das Kapitel: *Portrait of our Father*)

Manuskript in deutscher Sprache: *Bildnis des Vaters*   KM 662
o.O.   o.D.   33 Bl Typo mit hs Korr von K.M. und von Thomas Mann.

veröffentlicht in: *Wb*, S. 210 – 235.
[*Über Thomas Manns Laufbahn. Sehr herzlich und offenbar auf die Erwartungen der amerikanischen Leser zugeschnitten. Erschienen, als Thomas Mann seinen Wohnsitz schon nach Princeton verlegt hatte (Cf. Thomas Mann,* Tagebücher 1937–1939, S. 370).]

In Spite of the Gestapo, in: *The Nation*, Vol 148 (1939) 13, 25.3.1939, S. 343 – 345 (Aus dem Kapitel: *War without Weapons*)

– *In deutscher Sprache:*
Solidarität – Freunde in allen Ländern, in: *Die Zukunft*, Strasbourg, 2 (1939) 6, 10.2.1939. (aus dem Kapitel: *Solidarity*)

Ausgabe:

Houghton Mifflin Company, Boston, 1939.
(Die Buchausgabe erschien um den 15.4.1939: *Cf.* Brief von Houghton Mifflin an K.M., 15.4.1939, KMA)

Manuskript

A. – Gliederung des Buches in deutscher Sprache: KM 32
    ältere Gliederung   1 Bl Typo mit hs Korr
    spätere Gliederung   3 Bl Typo mit hs Korr

  – Vorstellung des Buches in englischer Sprache   KM 32
    unter dem Titel: *How Can Culture Survive Exiele?*
                              4 Bl Typo mit hs Korr

– Brief von M. Brooks (Mitarbeiter des Verlags) vom 1.3.1939 über notwendige Er-
gänzungen   KM 32

                     2 Bl Typo mit hs Vermerken

– Verzeichnis der Empfänger   KM 32

                     4 Bl Typo mit hs Ergänzungen

B. – Skizzen und Entwürfe in deutscher Sprache:

                     16 Bl Hs   KM 415

                     15 Bl Typo + Hs   KM 32

– Skizzen und Entwürfe in englischer Sprache:

                     24 Bl Typo + hs   KM 32

C. – Manuskript in deutscher Sprache:

 + Fragmente einer älteren Fassung: KM 32

                     47 Bl Typo mit hs Korr

(entsprechen den Seiten 1 – 14 und 210 – 223 der Buchausgabe)

 + Fragmente der endgültigen Fassung:

                     KM 32, 451, 469, 484, 490, 491, 529, 534, 546, 553, 555.

                     404 Bl Typo mit hs Korr

(entsprechen folgenden Seiten der Buchausgabe: VII – IX, 1 – 27, 47 – 75,
101 – 123, 129 – 154, 159 – 223, 228, 232, 242, 246 – 289, 295 – 300, 308
– 318, 324 – 371, 373 – 377)

– Manuskript der englischen Übersetzung: KM 32

Fragmente   61 Bl Typo mit hs Korr

(entsprechen folgenden Seiten der Buchausgabe: VII – IX, 1 – 14, 74 – 75,
204 – 206, 228 – 229, 232 – 233, 242 – 243, 257)

Später veröffentlichte Teile aus dem Manuskript in deutscher Sprache:

– unter dem Titel: *Heinrich Mann im Exil*, in: *P*, S. 231–241; *JuR*, S. 79 – 87.

– unter dem Titel: *Carl Sternheims Originalität*, in: *P*, S. 301 – 304; *JuR*, S. 88 – 90.

– unter dem Titel: *Lion Feuchtwanger – Talent und Tapferkeit*, in: *P*, S. 304 – 312.

– unter dem Titel: *Fast zu Hause. Bei Bruno Frank*, in: *HuM*, S. 67 – 77.

– unter dem Titel: *Emil Ludwig – Der Freund großer Männer*, in: *Wb*, S. 150 – 156.

– unter dem Titel: *Lebenslauf 1938*, in: *Wb*, S. 157 – 165.

– unter dem Titel: *Das Ende Österreichs*, in: *Wb*, S. 166 – 209.

[*Escape to Life ist das erste Buch von Erika und Klaus Mann, das ausschließlich für die
amerikanische Leserschaft verfaßt wurde. Es behandelt das gesamte Phänomen der deutschen Emigration. Andere Themen: der Widerstand in Deutschland und in Österreich,
das Ende Österreichs, scharfe Kritik an der „appeasement“-Politik.*]

*Zur Entstehung: Nach Aufgabe seines Planes, ein Buch über die europäische Kultur (Cf.
Nr 427) zu verfassen, unterschrieb K.M. Anfang Februar 1938 einen Vertrag über „ein
halb politisches Buch“, das er mit seiner Schwester schreiben sollte. Cf. Brief an Katia
Mann, 3.2.1938, KMA. Das Buch war ein Erfolg; kurz nach seinem Erscheinen mußte
der Verleger eine zweite Auflage drucken lassen: Cf. Brief von Houghton Mifflin, 15.4.
1939, KMA.*

*Obwohl das Buch als Gemeinschaftswerk von Erika und Klaus Mann erschienen ist,
scheint – nach den Korrekturen der erhaltenen Teile des Typoskripts zu urteilen – K.Ms
Anteil an der Arbeit weit größer gewesen zu sein als der seiner Schwester.*

E2   UNVERÖFFENTLICHT

540   GESAMTAUSGABE 1939

(Entwurf einer Werkausgabe)   KM 3

8 Bände waren geplant (jeder Band a etwa 600 Seiten)

I. *Band*   *Der Fromme Tanz (Cf. Nr 67)*
Novellen: Die Jungen (Cf. Nr 45); Der Vater lacht (Cf. Nr 45; Ludwig Zoffcke (Cf. Nr 45); Sonja (Cf. Nr 45); Der Alte (Cf. Nr 45); Maskenscherz (Cf. Nr 45); Märchen (Cf. Nr 45); Kaspar-Hauser-Legenden (Cf. Nr 45); Gimietto (Cf. Nr 17); Höhlentiere (Cf. Nr 20); Traum des verlorenen Sohnes von der Heimkehr (Cf. Nr 46).
Anja und Esther (Cf. Nr 47).

II. *Band*   *Alexander (Cf. Nr 135)*
Kindernovelle (Cf. Nr 69)
Geschwister (Cf. Nr 137)

III. *Band*   *Treffpunkt im Unendlichen (Cf. Nr 194)*
Novellen: Abenteuer des Brautpaars (Cf. Nr 118); Gegenüber von China (Cf. Nr 117); Das Leben der Suzanne Cobière (Cf. Nr 119); Katastrophe um Baby (Cf Nr 168); Rut und Ken (Cf. Nr 136); Salem (Cf. Nr 175); In der Fremde (Cf. Nr 465); Une belle journée (Cf. Nr 888).

IV. *Band*   *Flucht in den Norden (Cf. Nr 260)*
Mephisto (Cf. Nr 387)

V. *Band*   *Symphonie Pathétique (Cf. Nr. 328)*
Novellen: Ludwig II. (Cf. Nr 424; Xanthippe (?); Kinderkreuzzug (?).

VI. *Band*   *Roman der Emigration (Cf. Der Vulkan, Nr 538)*
Ein Theaterstück

VII. *Band* *Essays ,,Auf der Suche nach einem Weg" (Cf. Nr 171) und Auswahl von 1932 – 1939).*

VIII. *Band* *Kind dieser Zeit (Cf. Nr 197)*
Rundherum (Cf. Nr 121)
Gedichte: Kitschpostkarte (Cf. Nr 334); Kleine Seejungfrau (Cf. Nr 265); Liebesbrief (Cf. Nr 598); Lorelei (Cf. Nr 390); Don Quixot (Cf. Nr 333); Ernstes Lied (Cf. Nr 332); Gymnasiast (Cf. Nr 266); Brief (Cf. Nr 329).

541   **ESSAYBAND**

(1939, Ende des Jahres)   (Entwurf eines Buches)   KM 130

Der Band hätte folgenden Titel haben können:

ZUKUNFT UND ERBE (oder:) ERBE UND ZUKUNFT

Inhalt:

Woran glaubt die europäische Jugend? (Cf. Nr 377).

Deutsche Kultur:
Wiederbegegnung mit den deutschen Romantikern (Cf. Nr. 502); Die Vision Heinrich Heines (Cf. Nr 310); Wedekind (Cf. Nr 369); Rilke (Cf. Nr 437); Karl Kraus (Cf. Nr 269); Stefan George, plus Nekrolog *(Cf. Nr 235 und 270); Jakob Wassermann (Cf. Nr 272); Franz Kafka (Cf. Nr 462); Bildnis des Vaters,* aus ,,Escape to Life" *(Cf. Nr 239); Heinrich Mann; Zum 60. Geburtstag* und *In zwei Sprachen (Cf. Nr 180 und Nr 368); Lion Feuchtwanger (Cf. Nr 539 oder 289; Bruno Frank, Zum 50. Geburtstag* und ,,Der Reisepaß" *(Cf. Nr 396 und 453); René Schickele (Cf. Nr 308); Hermann Kesten, ,,Ferdinand und Isabella" (Cf. Nr 382); Wilhelm Uhde, ,,Von Bismarck bis Picasso" (Cf. Nr 501); Ernst Bloch, ,,Erbschaft dieser Zeit" (Cf. Nr 308); Alfred Neumann, Regler (Cf. Nr 241); Brecht (Cf. Nr 283); Annette Kolb (Cf. Nr 463); Kerr (Cf. Nr 302); Kurt Hiller, ,,Profile" (Cf. Nr 494); Irmgard Keun, ,,Nach Mitternacht" (Cf. Nr 446); ,,Das Wagnis der Mitte" (Cf. Nr 457).*

Frankreich:
André Gide, „Pages de Journal" (Cf. Nr 226), Retour de l'URSS (Cf. Nr 435), Les nouvelles nourritures (Cf. Nr 931), Journal 1889 — 1939 (Cf. Nr. 623); René Crevel, „Les pieds dans le plat", Nachruf (Cf. Nr 236 und 360); Jean Cocteau, „La machine infernale" (Cf. Nr 286); „Portraits souvenirs" (Cf. Nr 366); Julien Green „Minuit"; André (sic!) Mauriac, „La vie de Jésus" (Cf. Nr 398); Giraudoux (Cf. Nr 559).

England
Die Schwestern Brontë (Cf. Nr 295); Thomas de Quincey (Cf. Nr 283); Oscar Wilde entdeckt Amerika (Cf. Nr 471); Aldous Huxley, „Eyeless in Gaza" (Cf. Nr 440); Isherwood, „Goodbye to Berlin" (Cf. Nr 546).

Sowjet-Union:
Notizen in Moskau (Cf. Nr 298); Ilja Ehrenburg, „Der zweite Tag" (Cf. Nr 240).

ČSR:
Stunde mit Beneš (Cf. Nr 450); Prager Bilderbuch (Cf. Nr 458?); Glückwunsch (?); Zweimal Čapek (Cf. Nr 452).

Spanien:
Picasso; Aus dem Tagebuch, Sommer 1938: Barcelona ist ruhig (Cf. Nr 503) — Zwei deutsche Flieger (Cf. Nr. 507) — Das Wunder von Madrid (Cf. Nr 508) — Die jungen Dichter (Cf. Nr 506).

Italien:
Borgese, „Der Marsch des Fascismus" (Cf. Nr 499).

Holland:
Vertrautes Amsterdam (Cf. Nr 340); Concert-Gebouw.

Schweiz:
Zürich und Bern (Cf. Nr 268); Das Züricher Schauspielhaus (Cf. Nr 445); Das Cornichon (Cf. Nr 492); Das Oratorium „Jemand" (Hans Sahl) (Cf. Nr 491).

Amerika:
Hoffnung auf Amerika, Vortrag (Cf. Nr 472); Amerika und das andere Deutschland; Notizen von einer Tournee (Cf. Nr 469); Dritter Winter in den USA (Cf. Nr 547); Deutsche Europäische Maler in New York (Cf. Nr 432); Hemingway „To Have and To Have Not" (Cf. Nr 471); „Der tödliche Sturm" (Phyllis Bottome) (Cf. Nr. 552); Was ich der amerikanischen Literatur verdanke (Cf. Nr 558).

Im Kampf:
Bei der Ausbürgerung (Cf. Nr 306); Um die Saar (Cf. Nr 307); An die Schauspielerin Emmy Sonnemann (Cf. Nr 350); Zahnärzte und Künstler (Cf. Nr. 271); Gottfried Benn „Oder die Entwürdigung des Geistes" (Cf. Nr 231) und 2. Artikel; 88 am Pranger (Cf. Nr 238); Filme (Cf. Nr 232); Simplicissimus (Cf. Nr 438); Die Linke und das Laster (Cf. Nr 335); „Stellung nehmen!"; An die Schriftsteller im III. Reich (Cf. Nr 561); Brief an die KP (Zum Thema Einheitsfront) (Cf. Nr 548); Die deutsche Opposition und der Sowjet-Pakt (Cf. Nr 584).

Intermezzo:
Interview mit mir; Die Pfeffermühle (Cf. Nr 431); 3 Gedichte (Brief: Nr 329; Ernstes Lied: Nr 332; Don Quixot: Nr 333); Salzburger Sommer (Cf. Nr 399); Sommer in Budapest (Cf. Nr 370); Die Harfe (Cf. Nr 605); Die Geigerin (Cf. Nr 467); Unverstandene Frau und modernes Mädchen (Cf. Nr 587); San Francisco; Film-Museum (Cf. Nr 520); Chaplin und Garbo (Cf. Nr 372); Schneewittchen (Cf. Nr 487).

Klagen:
Bildnis des Jugendfreundes (R.H.) (Cf. Nr 203); Ödön von Horvath Cf. Nr 497); Ernst Toller (Cf. Nr 550); Die tödliche Zeitung (Ottokar Fischer) (Cf. Nr 489); „Die Toten" (Auszug aus „Escape to Life" — Kapitel) (Cf. Nr 539); Carl von Ossietzky (Cf. Nr 500). Schlußwort

542   EDWARD BENESCH – THE CHAMPION OF EUROPEAN DEMOCRACY
Suggestion for a book.   KM 73

Typoskript
o.O.   o.D.   [Ende 1939]   5 Bl Typo mit hs Korr + 16 Bl Entwürfe.
> [*Entwurf eines etwa 250 Seiten langen Buches, das die Laufbahn von Eduard Beneš bis zum Herbst 1939 zum Thema gehabt hätte.*]

F1   543   [LESERBRIEF IN DER RUBRIK „WELCOME TO OUR PAGES"]
in: *The Monitor*, The official Organ of the Archidocese of San Francisco, Vol 81 (1939) 41, 7.1.1939.
> [*Am 17.12.1938 waren Klaus Mann und seine Schwester Erika im Organ des Erzbistums San Francisco unter dem Titel:* Abusing Hospitality *wegen ihrer Sympathie für die Loyalisten in Spanien kritisiert worden. Man warf ihnen vor, sie trieben kommunistische Propaganda. In ihrer Antwort weisen sie diesen Vorwurf zurück und heben hervor, das republikanische Spanien sei keineswegs kommunistisch. Ferner betonen sie, daß das eigentliche Ziel des Nationalsozialismus die Zerstörung des Christentums sei.*]

544   EINE SCHÖNE PUBLIKATION
(Glosse)

Zeitungsausschnitt vom 3.2.1939 (handschriftlicher Hinweis von K.Ms Hand).
> [*Sehr herzliche Würdigung des* Deutschen Freiheitskalenders 1939.]

545   THE REICH AND THE GERMAN MINORITIES
(Vortrag)

in: *The Empire Club of Canada*, Addresses delivered to the members during the years 1938 – 1939, 36th year issue, Toronto, 1939, S. 230 – 242.
(K.M. gab seinen Vortrag am 9.2.1939: *Cf.*, S. 230).

Manuskript   KM 265

Fragmente
o.O.   o.D.   7, 3, 2, 1 Bl Typo mit hs Korr

Typoskript
o.O.   o.D.   16 Bl Typo mit hs Korr
> [*Gegen Hitlers expansionistische Politik (Österreich, Sudetenland). Über das Leiden der Österreicher unter der nationalsozialistischen Herrschaft. Der Widerstand in Deutschland sei ziemlich stark. Es wäre sinnlos, die Schuld der Deutschen am Aufstieg der Nationalsozialisten zu leugnen; dennoch könne man auf eine Erneuerung in Deutschland hoffen.*]

546   GOODBYE TO BERLIN!
(Rezension)

in: *Die Neue Weltbühne*, 35 (1939) 13, 30.3.1939, S. 408 – 410.

ferner, unter dem Titel: *Berlin Pre-Swastika*, in: *The Nation*, Vol 148 (1939) 17, 22.4.1939, S. 473 – 474.
> [*Über das Buch von Christopher Isherwood (1904 – 1982)*, Goodbye to Berlin, *1939. Sehr herzlich.*]

547   DRITTER WINTER IN DEN USA

(Bericht)

in: *Die Zukunft*, 14.4.1939.

ferner in: *HuM*, S. 233 — 240.

Manuskript:
Martin Gregor-Dellin erwähnt (*HuM*, S. 360), ohne weitere Angaben, ein Manuskript,
das sich nicht im KMA befindet.

> [*Eine Art Reportage über die USA. Auch kritische Äußerungen zur Haltung der Ameri-
> kaner gegenüber der spanischen Krise. Ferner erwähnt K.M. die Tätigkeit der amerikani-
> schen Nationalsozialisten. Er zeigt sich ebenfalls besorgt über den Anstieg des Deutschen-
> Hasses in Amerika.*]

548   NACH DEM STURZE HITLERS

(Aufsatz)

in: *Deutsche Volkszeitung*, Paris 16.4.1939.

ferner in: *HuM*, S. 240 — 244.

> [*Stellungnahme zu einer Broschüre der KPD, die die Beschlüsse ihrer „Berner Parteikon-
> ferenz" zusammenfaßt (die Parteikonferenz fand eigentlich vom 30.1. bis zum 1.2.1939
> bei Paris statt:* Cf. Sachwörterbuch der Geschichte Deutschlands und der deutschen
> Arbeiterbewegung, Dietz Verlag, Berlin, 1969, Bd 1, S. 265).
> *K.Ms letztes Bekenntnis zur „Volksfront-Politik.*]

549   I COME FROM GUERNICA

(Rezension)

in: *The Nation*, Vol 148 (1939) 18, 29.4.1939, S. 505 — 506.

Manuskript

Deutsch, unter dem Titel: *Kinder von G (Kesten)*   KM 192
o.O.   o.D.   2 Bl Hs

Englisch, unter dem Titel: *The Children of Guernica, by Hermann Kesten*   KM 101
o.O.   o.D.   3 Bl Typo mit hs Korr

> [*Über den Roman von Hermann Kesten*, Die Kinder von Guernica, *Verlag Allert de
> Lange, Amsterdam, 1939; Englisch unter dem Titel:* The Children of Guernica, *Long-
> mans Green, New York, 1939. Sehr positiv.*]

550   ERNST TOLLER

(Nachruf)

in: *The New Republik*, New York, Vol 99 (1939) 1279, 7.6.1939, S. 138 und 140.

Manuskript

Deutsch

Handschrift
o.O.   o.D.   6 Bl   KM 307

Typoskript   KM 306
o.O.   o.D.   4 Bl Typo mit hs Korr

veröffentlicht in: *P*, S. 319 — 323.

Englische Übersetzung

Typoskript KM 306
o.O.   o.D.   4 Bl Typo mit hs Korr
  [*Würdigung von Ernst Toller, der am 22.5.1939 Selbstmord begangen hatte. Er sei der legitime Repräsentant der deutschen Nachkriegsgeneration gewesen und habe immer gegen die Infamie gekämpft.*]

551   GERTRUDE STEIN UND PICASSO

(Aufsatz)

in: *Die Zukunft*, 23.6.1939.

Manuskript KM 550

Typoskript
o.O.   o.D.   8 Bl Typo mit hs Korr
  [*Picasso übt eine starke Faszination auf Klaus Mann aus.*]

552   DER TÖDLICHE STURM

(Rezension)

in: *Die Neue Weltbühne*, 35 (1939) 28, 13.7.1939, S. 885 — 887.

Manuskript KM 551

Typoskript
o.O.   o.D.   6 Bl Typo mit hs Korr
  [*Über den Roman der britischen Schriftstellerin Phyllis Bottome (1884 — 1963), The Mortal Storm, Boston 1938. Positiv. Ein Anlaß für K.M., diejenigen zu kritisieren, die die nationalsozialistische Machtergreifung als eine zwangsläufige Folge der geschichtlichen Entwicklung in Deutschland ansehen. Die Verfasserin gehöre zu den „echten, wissenden Freunden (. . .) gesitteter deutscher Menschen.“*]

553   LETZTER TAG MIT TOLLER

(Bericht)

in: *Die Neue Weltbühne*, 35 (1939) 25, 22.7.1939, S. 784 — 788.

ferner, unter dem Titel: *Mein letzter Tag mit Ernst Toller*, in: *Mitteilungsblatt*, Buenos Aires, August 1939; *P*, S. 312 — 319; *JuR*, S. 107 — 112; Auszüge in: *Der deutsche PEN-Club im Exil 1933 — 1948*, op. cit., S. 296 — 297.

(Cf. Nr 550)
  [*K.M. hatte Toller zum letzten Mal am 12.5.1939 im Rahmen des „World Congress of Writers" in New York getroffen (Cf. Der deutsche PEN-Club im Exil 1933 — 1948. op. cit., S. 293 — 295) und hatte mit ihm an einem Empfang im Weißen Haus teilgenommen. Er schließt seinen Bericht mit einer Betrachtung über Selbstmord und Einsamkeit des Menschen.*]

554   THE TWO GERMANYS — REFLEXIONS IN PULLMANN CAR

(Aufsatz)

in: *Survey Graphic*, New York, 28 (1939) 8, August 1939, S. 478 — 481.

Manuskript

Handschrift unter dem Titel: *Survey*   KM 297
o.O.   o.D.   12 Bl

Typoskript unter dem Titel: *Pullmann Cars, a Great Country and the Two Germanys*
                                                                                              KM 259
o.O.   o.D.   16 Bl Typo mit hs Korr von anderer Hand.

> [*Hauptthema des Aufsatzes: Das Problem Deutschland. K.M. bemüht sich, den heftigsten Kritikern der Deutschen klarzumachen, daß die Nationalsozialisten keineswegs die legitimen Vertreter des deutschen Volkes sind. Er gibt aber zu, daß die Deutschen unter manchen Umständen ein gefährliches Verhalten haben können; dies sei auf ihren Minderwertigkeitskomplex zurückzuführen.*]

555   DEBATE: KLAUS MANN — EUGENE LYONS

— *Sees Stalin's Game ,,No Blow to the Cause of Peace" by Klaus Mann*

— *Nazi Pact Natural Result of Autarchy in the Soviet Union* by Eugene Lyons, Author of ,,Assignment in Utopia", Editor of *The American Mercury*

in: *The New Leader* (Sozialdemokratische Zeitung), [Oktober 1939]
(Zeitungsausschnitt ohne Datum, KMA).

Deutsche Fassung von K.Ms Beitrag, datiert 28.9.1939, in: *BA2*, S. 84 — 87.

> [*Zwei Tage vor Unterzeichnung des Deutsch-Sowjetischen Paktes hatte K.M. einen offenen Brief des ,,Committee for Cultural Freedom" unterschrieben, der auf die Unterschiede zwischen der Sowjetunion und dem III. Reich aufmerksam machte. Nach Unterzeichnung des Paktes forderte* The New Leader *K.M. auf, zu diesem Ereignis Stellung zu nehmen.*
> *K.M. äußert sich sehr vorsichtig: Die UdSSR sei keine Demokratie, aber sie könne als Diktatur nicht mit dem III. Reich gleichgesetzt werden. Der Pakt sei ein besorgniserregendes Ereignis, aber nichts deute darauf hin, daß Stalin zum Feind der demokratischen Welt geworden sei.*
> *Lyons — ein konservativ eingestellter Publizist — sieht keinen wesentlichen Unterschied zwischen Nationalsozialismus und Kommunismus. Seiner Ansicht nach ist K.M. naiv und ehrlich.*]

556   SNOW MAN — A CHILD OF OUR TIME

(Rezension)

in: *The New Republic*, Vol 100 (1939) 1298, 18.10.1939, S. 312 — 313.

Manuskript

Typoskript unter dem Titel: *A Child of our Time*   KM 100
o.O.   o.D.   3 Bl Typo mit hs Korr (3 Exempl) von K.Ms Hand)

> [*Über die englische Übersetzung von Ödön von Horvaths Roman* Ein Kind unserer Zeit: A Child of our Time, *Dial Press, New York, 1938. Sehr positive Rezension.*]
> (*Über die deutsche Ausgabe: Cf. Nr 515*)

Deutsche Fassung der Rezension in: *Wh*, S. 148 — 150.

Manuskript (nur teilweise im KMA)   KM 435

Typoskript unter dem Titel: *Bücher — Washington Post*
o.O.   o.D.   2 Bl Typo mit hs Korr

557 [STELLUNGNAHME ZU EINER ANFRAGE **DER NEUEN VOLKSZEI-TUNG,** NEW YORK, ÜBER DEN HITLER-STALIN-PAKT]

zitiert in: *Das Neue Tage-Buch*, 7 (1939) 44, 28.10.1939, S. 1025, in: *Affäre des deutschen „Schutzverbandes"*

> [*K.M. weigerte sich den Pakt zu verurteilen, solange Stalins Absichten unklar schienen.*]
> (Cf. Nr 555)

558 **WHAT WE OWE TO AMERICAN LITERATURE**

(Aufsatz)

in: *Direction*, Darien, Connecticut, Vol 2 (1939) 8, Dezember 1939, S. 26, 28.

> [*Die amerikanische Literatur sei nach der französischen die ihm wichtigste ausländische Literatur.*]

559 **JEAN GIRAUDOUX**

(Rezension)

in: *The Nation*, Vol 149 (1939) 25, 16.12.1939, S. 682 − 683.

Manuskript, Deutsch   KM 531
unter dem Titel: *Pleins Pouvoirs*

Typoskript
Princeton   28.10.1939   5 Bl Typo mit hs Korr

veröffentlicht unter dem Titel: *Giraudoux* in *P*, S. 152 − 156.

> [*Über das Buch von Jean Giraudoux*, Pleins Pouvoirs, *1939. K.M. beurteilt den Schriftsteller positiv. Ferner drückt er seine Freude aus über die Ernennung von Giraudoux zum französischen Informationsminister im August 1939. Es sei in einer so schweren Zeit wichtig, daß ausgerechnet ein Freund der Deutschen für die Propaganda der französischen Regierung zuständig ist.*]

560 **EUROPE-AMERICA**

Speech at General Delegates Session: „*Writers in Exile*", Third American Writers Congress, June 4, 1939.

in: *Twice a Year*. A semi-annual Journal of Literature, The Arts and Civil Liberties, N° 3/4, Fall Winter 1939, Spring/Summer 1940, New York.

Manuskript   KM 135

Typoskript
o.O.   o.D.   4 Bl Typo mit hs Korr von anderer Hand.

> *K.Ms Ansprache im Rahmen des „Third American Writers Congress", 2.−4. Juni 1939 in New York.* Cf. Writers in Exile *in*: Pariser Tageszeitung, 4 (1939), 17.6.1939.
> [*K.M. sei nach Amerika gekommen, weil die Atmosphäre in Europa für einen Antifascisten zu entmutigend geworden sei.*]

F2   SPÄTER VERÖFFENTLICHT

561   [AN DIE SCHRIFTSTELLER IM DRITTEN REICH]

(Aufruf)

Entwurf unter dem Titel: *Brief an die Kollegen*   KM 482
o.O.   o.D.   1 Bl Typo und Hs

Handschrift unter dem Titel: *An die Kollegen*   KM 482
o.O.   o.D.   23 Bl

Typoskript unter dem Titel: *An die Schriftsteller*
(gestrichen: Kollegen) *im Dritten Reich*   KM 543
Princeton   Anfang Mai 1939   38 Bl Typo mit hs Korr (2 Exempl)

Abdruck in: *HuM*, S. 244 — 264; *JuR*, S. 90 — 107.

> *Der Entwurf trägt folgende Liste von Intellektuellen und Künstlern, an die der Aufruf ge-*
> *sandt werden sollte: H[ans] H[enny] Jahnn, G[ustav] Kiepenheuer, Renée Sintenis, Rudolf*
> *Kirschner, [Friedrich] Sieburg, „Simpl" (= Simplicissimus), [Ludwig] Finckh, [Ernst]*
> *Wiechert, [Hans] Reisi[ger], [Ricarda] Huch, [Hans] Carossa, [Ernst Robert] Curtius,*
> *[Ernst] Bertram, G[ustaf] G[ründgens], [Hans Brausewetter] (= Brausi, Meyrink (sic:*
> *Gustav Meyrink war 1932 verstorben!), [Erwin Guido] Kolbenheyer, [Karl] Voßler,*
> *[Gottfried] Benn, [Ernst] Jünger, [Hanns] Johst, W[ilhelm] E[mmanuel] S[üskind],*
> *[Erich] Ebermayer, [Josef] Ponten, [Ernst] Penzold, [Erich] Kästner, F. Hildenbrandt,*
> *Rundschau (= Die Neue Rundschau).*
>
> *Es ist nicht feststellbar, ob K.Ms Aufruf tatsächlich nach Deutschland versandt werden*
> *konnte. Er wollte ihn auch in den USA vorlesen, aber es kam nicht dazu: Cf. Brief an*
> *Golo Mann, 19.9.1939, KMA.*
>
> *[K.M. zieht eine Bilanz der vergangenen 20 Jahre: was in Deutschland geschehen ist, sei*
> *teilweise auf Fehler der Intellektuellen zurückzuführen. Das Fehlen eines echten Kontak-*
> *tes zwischen Schriftstellern und politischer Macht habe verhängnisvolle Folgen gehabt.*
> *Die exilierten Autoren hätten Deutschland verlassen, um in ihrer Heimat nicht als leben-*
> *dig Begrabene leben zu müssen.*
>
> *K.Ms Ansicht über die politische Entwicklung: Hitler sei zum Krieg gezwungen, denn*
> *sein System schließe einen dauerhaften Frieden aus. Der Krieg werde aber Deutschland*
> *die Niederlage bringen.*
>
> *Es sei für die Schriftsteller notwendig, den Weg zu den Massen zu finden: nur auf diese*
> *Weise könne eine Katastrophe für das deutsche Volk vielleicht noch vermieden werden.*
> *Auch eine Warnung an die Deutschen: es sei ihre Pflicht, sich selber zu befreien.]*

562   TO THE INTELLECTUALS IN GERMANY

(Aufruf)   KM 180

Typoskript
o.O.   o.D.   [Ende 1939]   7 Bl Typo mit hs Korr (2 Exempl)

Deutsche Fassung veröffentlicht unter dem Titel:

An die deutschen Intellektuellen, in: *HuM*, S. 264 — 268.
(Martin Gregor-Dellin erwähnt in *HuM*, S. 361, ein Manuskript, das sich nicht im KMA
befindet)

> *Zur Datierung: Dieser Aufruf entstand einige Wochen nach Ausbruch des Krieges.*
>
> *K.M. hätte diese Arbeit gern in* Maß und Wert *veröffentlicht (Cf. Brief an Golo Mann,*
> *19.9.1939, KMA). Es kam aber nicht dazu.*
>
> *[K.Ms neuer Aufruf ist eine gekürzte Fassung von Nr 561. Ein neues Thema wegen des*
> *Krieges: Das deutsche Volk werde noch nicht gehaßt, aber wenn es Hitler bis zur tota-*
> *len Niederlage folgt, werde der Haß der Völker auch ihm gelten.]*

UNVERÖFFENTLICHT

563   TWO GERMANYS

(Vortrag)   KM 162

Skizzen, Aufzeichnungen
o.O.   o.D.   12 Bl Typo und Hs

Typoskript (Fassung 1)
o.O.   o.D.   [Januar 1939]   14 Bl Typo und Hs

Typoskript (Fassung 2)
o.O.   o.D.   [Januar 1939]   16 Bl Typo mit hs Korr

> Zur Datierung: *S. 1 erwähnt K.M. zwei Postsendungen, die die Familie Mann in Prince-*
> *ton vor einigen Tagen erhalten habe: einen „mysteriösen" Brief aus einer deutschen*
> *Stadt, ein Buch des englischen Historikers Macauley (1800 – 1859) mit einer versteckten*
> *Botschaft. In Thomas Manns Tagebücher 1937 – 1939 wird die erste Sendung am 3.12.*
> *1938 erwähnt (Cf. S. 328) und die zweite am 7.1.1939 (Cf. S. 345).*
>
> *[In seinem Vortrag zielt K.M. vor allem darauf ab, die sehr heftigen Vorwürfe mancher*
> *Amerikaner gegen das deutsche Volk zu beantworten. Die Deutschen seien nicht mit den*
> *Nationalsozialisten gleichzusetzen, und von den großen deutschen Geistern sei keiner ein*
> *Vorläufer des Nationalsozialismus gewesen. Hitler sei nicht von den Deutschen an die*
> *Macht gerufen worden. In Deutschland gebe es Widerstand gegen sein Regime.*
>
> *Man müsse aber zugeben, daß manche Eigenschaften der Deutschen den Aufstieg des*
> *Nationalsozialismus ermöglicht haben: sie seien unpolitisch veranlagt, litten an einem*
> *Minderwertigkeitskomplex und ihr Land habe keine Revolution durchgemacht.*
>
> *Nach dem Sturz Hitlers werde die echte deutsche Republik gegründet werden können:*
> *ihre Grundlage werde eine „Versöhnung" des „deutschen Geistes" mit dem „deutschen*
> *Staat" sein.]*

564   DIE TOTEN

(Entwurf eines Aufsatzes)   KM 309

Handschrift
o.O.   o.D.   [Anfang 1939]   3 Bl

> Zur Datierung: *S. 1 zieht K.M. die Bilanz von „fast sechs Jahren" Emigration.*
> *[Dieser Aufsatz sollte z.B. das Schicksal von Kurt Tucholsky (gest 1935), Jakob Wasser-*
> *mann (gest 1934), Magnus Hirschfeld (gest 1935) zum Thema haben.]*

565   THE INSIDE INTRIGUE

(Vortrag)   KM 182

Typoskript
o.O.   o.D.   [Anfang 1939]   7 Bl Typo mit hs Korr

> Zur Datierung: *K.M. hat den Vortrag einige Monate nach der Münchner Konferenz gehal-*
> *ten.*
>
> *[Hitler sei nicht der legitime Vertreter des deutschen Volkes, denn er sei nicht auf demo-*
> *kratischem Wege an die Macht gekommen. Reaktionäre Gruppen hätten seine Ernennung*
> *durch Hindenburg durchgesetzt. Man dürfe aber nicht verschweigen, daß die Deutschen*
> *als Volk ein besonderes Verhalten haben: ein Minderwertigkeitskomplex veranlasse sie*
> *zu überkompensatorischen Reaktionen, die die Grundlage ihres Willens zur Hegemonie*
> *seien.]*

566   PRINCETON – DEUTSCHER CLUB

(Notizen zu einem Vortrag, Deutsch und Englisch)   KM 254

Handschrift

o.O.   o.D.   [Anfang 1939]   3 Bl

> *[Zur Lage in Deutschland nach der Münchner Konferenz. In der Bevölkerung sei eher Angst als Begeisterung festzustellen.]*

567   ESCAPE TO LIFE (LECTURE)

(Vortrag)   KM 32

Typoskript

o.O.   o.D.   [Anfang 1939]   12 Bl Typo mit hs Korr + 2 Bl Hs + 4 Bl Typo (Fragment)

> *[Scharfe Kritik an der „appeasement"-Politik. Über das Schicksal der österreichischen Opponenten und den Widerstand gegen den Nationalsozialismus in Österreich.]*

568   NAZI INFLUENCE ON YOUTH

(Vortrag)   KM 160

Typoskript

o.O.   o.D.   [März 1939]

        11 Bl Typo mit hs Korr + eine andere Fassung:
        12 Bl Typo mit hs Korr (2 Exempl) + 3 Bl Notizen.

> Zur Datierung: *kurz nach der Wahl von Pius XII. zum Papst am 2.3.1939.*
>
> *[Die Mehrheit der deutschen Bevölkerung wünsche den Krieg nicht.*
>
> *Die Frage, ob die deutsche Jugend im Fall eines Krieges hinter Hitler stehen würde, beantwortet K.M. aber nicht eindeutig. Er gibt zu, daß viele Jugendliche vom Nationalsozialismus buchstäblich vergiftet seien, aber er hält Pessimismus für einen Fehler. Während der letzten Jahre habe sich insbesondere die Haltung der Studenten geändert.]*

569   DIE MYTHEN DER UNTERWELT

(Aufsatz)

— *Deutsch*   KM 497

    Materialien   9 Bl Typo mit hs Korr
    Konzept   9 Bl Hs

    1. Fassung
    Typoskript
    o.O.   o.D.   9 Bl Typo mit hs Korr

    2. Fassung
    Typoskript
    o.O.   o.D.   [März 1939]   13 Bl Typo mit hs Korr + ein zweites
Exemplar mit Anmerkungen des Übersetzers und gestrichenen Stellen.

— *Englische Übersetzung* unter dem Titel: *The Myths of the Underworld*

    Typoskript   KM 171
    o.O.   o.D.   1 Exemplar 11 Bl Typo mit hs Korr
    + 1 Exemplar 10 Bl Typo mit hs Korr von K.M. und anderer Hand.

> Zur Datierung: *K.M. erwähnt diese Arbeit in einem Brief an seine Schwester Erika am 17.3.1939, KMA.*

[*K.M. hat hier teilweise Materialien aus seinen Vorarbeiten zu* Horst Wessel *(Cf. Nr 225) verwendet.*
Eine mißlungene Arbeit.
Grundmotiv: der Nationalsozialismus sei die Herrschaft der Unterwelt. K.M. stellt einige dieser Unterwelt-Typen vor: Horst Wessel, Dietrich Eckart, Schlageter, Hanussen, Graf Helldorf.]

570   **REACHING FOR THE STARS**

(Rezension)

Typoskript   KM 262
New York   25.3.1939   2 Bl Typo mit hs Korr

Brief über das Buch „Reaching for the Stars"   KM 614
New York   23.3.1939   3 Bl Typo mit hs Korr

    [*Rezension eines Romans der amerikanischen Schriftstellerin Nora Waln,* Reaching for the Stars, *1939. Positiv.*
    Das Buch behandelt das Thema Deutschland. K.M. bewertet es als besonders positiv, daß Nora Waln den Antisemitismus nicht als den einzigen Aspekt des Nationalsozialismus ansehe. Er begrüßt auch die Liebe zu Deutschland, die ihr Buch ausdrückt.]

571   **FRANCE**

Radio Speech   KM 150

Typoskript
o.O.   o.D.   [April 1939]   5 Bl Typo mit hs Korr
    Zur Datierung: *Nach Francos Einmarsch in Madrid am 1.4.1939.*

    [*Hier nimmt K.M. einen Gedanken auf, der ihm besonders am Herzen liegt: eines der Hauptziele von Hitlers Politik sei die Zerstörung der französischen Nation. In München sei es ihm schon teilweise gelungen, Frankreich erheblich zu schwächen, indem er seinen zuverlässigsten Verbündeten zerstörte. K.M. protestiert auch gegen die Politik der französischen Konservativen.*]

572   **„RACIAL TOLERANCE"**

(Ansprache)

— *Entwürfe unter dem Titel „Racial Tolerance"*   KM 568

    Deutsch
    o.O.   o.D.   [April 1939]   1 Bl Typo mit hs Korr

    Englisch
    o.O.   o.D.   1 Bl Typo mit hs Korr

— Unter dem Titel: *Carnegie Hall Speech*   KM 305

    Handschrift, Englisch
    o.O.   o.D.   [April 1939]   5 Bl

    Typoskript, Englisch
    o.O.   o.D.   [April 1939]   5 Bl Typo mit hs Korr

    Zur Datierung: *K.M. hielt diese Ansprache im Rahmen des „Inter-Racial-Unity-Meeting", den die „American Society for Race Tolerance" am 14.4.1939 in Carnegie Hall, New York veranstaltet hatte (Cf. Programmzettel, KM 3).*

    [*In seiner Ansprache protestiert K.M. gegen die Politik des III. Reiches und fordert die Demokraten auf, die antifaschistischen Deutschen als ihre Verbündeten anzusehen.*]

573   WILL THE AXIS BERLIN-ROME RULE EUROPE?

(Vortrag)   KM 265

Vorstufen
Unter dem Titel: *Peace*
o.O.   o.D.   2 Bl Typo mit hs Korr

Ohne Titel
New York   14.4.1939   3 Bl Typo mit hs Korr

Typoskript
o.O.   o.D.   [Ende April 1939]   9 Bl Typo mit hs Korr
    Zur Datierung: *KM hielt diesen Vortrag am 24.4.1939 im Rahmen einer Veranstaltung der Presbyterian Social Union in Philadelphia (Cf. Programmzettel, KM 3).*
    [*Ein Sieg der faschistischen Staaten sei unvorstellbar. Übrigens hätten sie mit einer inneren Opposition zu rechnen, und Italien sei besonders schwach.*]

574   ORT-SPEECH

(Ansprache)   KM 247

Typoskript
o.O.   o.D.   [April/Mai 1939]   4 Bl Typo mit hs Korr
    Zur Datierung: *nach Erscheinen von* Escape to Life, *April 1939 (Cf. Nr 539).*
    [*Über die allgemeine politische Lage.*]

575   PEACE AND DEMOCRACY SPEECH

(Ansprache)   KM 251

Typoskript
o.O.   o.D.   [Frühsommer 1939]   10 Bl Typo mit hs Korr
    Zur Datierung: *nach dem Tod von Ernst Toller am 22.5.1939 (Cf. Nr 550).*
    [*Im deutschen Herrschaftsbereich wachse die Opposition.*]

576   PROPAGANDA

(Ansprache)   KM 257

Typoskript
o.O.   o.D.   [Sommer 1939]   3 Bl Typo mit hs Korr
    Zur Datierung: *Während der Danzig-Krise.*
    [*K.M. begrüßt es, daß die britische Regierung endlich eingesehen habe, daß eine klare, wirkungsvolle, realistische Gegen-Propaganda notwendig sei, um Hitler mit Erfolg zu bekämpfen.*]

577   „BROSCHÜRE" (handschriftlicher Titel von K.M.)   KM 617

Typoskript
o.O.   o.D.   [Sommer 1939, vor Kriegsausbruch]   3 Bl Typo mit hs Korr
    Zur Datierung: *S. 1 schreibt K.M., seit „mehr als sechs Jahren" seien die Deutschen von der Welt abgesperrt.*
    [*K.M. stellt eine Schriftenreihe vor, die die Deutschen über die wahre Lage in ihrem Land aufklären soll. Erste Mitarbeiter sollen Thomas Mann, Bruno Frank, K.M. und Ludwig Renn sein.*]

578   ZU IHRER RUNDFRAGE „WAS VERDANKEN SIE DER EMIGRATION"?

(Antwort auf eine Umfrage)   KM 539

Typoskript
Santa Monica, Kalifornien,   15.8.1939   2 Bl Typo mit hs Korr
     [*Das Exil sei ein Fluch und ein Segen. Im* Vulkan *habe er es fühlbar zu machen versucht.*]

579   THE GREATEST BLUFF

(Aufsatz)   KM 83

Typoskript
Santa Monica   29.8.1939   3 Bl Typo mit hs Korr
     [*K.M. glaubt nicht, daß Stalin Hitler helfen werde. Der sowjetische Führer sei auch nicht an irgendwelcher Dritten Internationale interessiert: nur die Macht Rußlands sei ihm wichtig.*
     Hitlers aggressive Politik beruhe auf Bluff, aber die Demokratien fangen an, seine Taktik zu durchschauen.]

580   Č S R   (Speech)

(Ansprache)   KM 95

Handschrift
o.O.   o.D.   [September 1939]   2 Bl

Typoskript
o.O.   o.D.   [September 1939]   11 Bl Typo mit hs Korr
     Zur Datierung: *während des Feldzuges in Polen.*
     [*Beneš habe die richtige Politik geführt. Nach ihrer Befreiung werde die Tschechoslowakei eine leitende Rolle in einem Bund der Donauländer spielen.*]

581   SCHOOL OF HUMANITY (Speech)

(Vortrag)   KM 280

Typoskript
o.O.   o.D.   [Herbst 1939]   12 Bl Typo mit hs Korr
     Zur Datierung: *der Krieg hat schon begonnen.*
     [*Die deutsche Jugend — vor allem die Angehörigen der Hitler-Jugend — sei sehr gefährdet. Man dürfe aber nicht allzu pessimistische Prognosen stellen, denn immer opponiere intelligente Jugend gegen die bestehende Macht. Aus Hauptquartieren der nationalsozialistischen Bewegung hätten sich die Universitäten allmählich in Zentren des Widerstandes verwandelt. Besorgniserregend sei aber, daß Demokratie für die deutsche Jugend etwas völlig Unbekanntes sei.*]

582   CULTURE IN EXILE

(Aufsatz)   KM 115

Typoskript
New York City   November 1939   4 Bl Typo mit hs Korr
     [*Über Exilliteratur als die einzige echte deutsche Literatur.*]

583   **AFTER HITLER WHAT**

(Vortrag)   KM 57

− *1. Fassung*

Entwürfe   5 Bl Hs

Typoskript
o.O.   o.D.   [November 1939]   14 Bl Typo mit hs Korr

− *2. Fassung*

Typoskript
o.O.   o.D.   [November 1939]   13 Bl Typo mit hs Korr

    Zur Datierung: *die erste Fassung des Vortrags ist von Anfang November 1939; Cf. ein Bericht über den Vortrag: (anonym),* Sees Revolt against Hitler as only Hope for Germany, *in:* Middletown Herald, New Jersey, *9.11.1939, Zeitungsausschnitt im KMA. Die 2. Fassung wurde nach dem Bürgerbräukeller-Attentat gegen Hitler am 9.11.1939 geschrieben.*

    [*Themen: die steigende Opposition in Deutschland. Das Volk wünsche den Krieg nicht. Nach dem Sturz Hitlers könne man auf ein Erwachen des besseren Deutschland hoffen.*]

584   [DIE DEUTSCHEN ANTINAZIS NACH DEM DEUTSCH-SOWJETISCHEN PAKT]

(Aufsatz)

− Unter dem Titel: *Der N.S. Pakt und die deutsche Opposition*   KM 245

Deutsch, Entwurf   o.O.   o.D.   [Ende November 1939]   4 Bl Hs

Englisch, Entwurf   o.O.   o.D.   [Ende November 1939]   10 Bl Hs

− Unter dem Titel: *The German Opposition and the Nazi-Soviet Pact* (alles Englisch)
                                                                             KM 245
o.O.   o.D.   [Ende November 1939]   14 Bl Typo + Hs

I. VERSION (handschriftlicher Vermerk von K.M.)   KM 245

Typoskript
o.O.   o.D.   [Ende November 1939]   9 Bl Typo mit hs Korr (2 Exempl)

II. VERSION (handschriftlicher Vermerk von K.M.)   KM 245

Typoskript
o.O.   o.D.   [Ende November 1939]   8 Bl Typo mit hs Korr

− Unter dem Titel: *The German Opposition and the War*   KM 244

III. VERSION (handschriftlicher Vermerk von K.M.)

Typoskript
o.O.   o.D.   [Ende November 1939]   11 Bl Typo mit hs Korr

    Zur Datierung: *K.M. zitiert in der „I. Version" aus einem Aufsatz über die Zukunft Deutschlands, der am 24.11.1939 in der Wochenzeitung* Die Zukunft, Strasbourg, *erschienen ist.*

    [*Wegen der politischen Entwicklung seit September 1939 hält K.M. die „Volksfront" für endgültig zerbrochen. Alle Deutschen guten Willens seien aber verpflichtet, solidarisch gegen Hitler zu handeln: aus dieser neuen „Einheitsfront" seien nur die „patriotischen Marxisten" und die erbitterten „Rotenfresser" (hier denkt K.M. an den Herausgeber von* Das Neue Tage-Buch, Leopold Schwarzschild*) auszuschließen. K.M. hält nichts von den Überlegungen mancher, ob eine Spaltung des deutschen Reiches dem Frieden dienen könne. Ziel der Bemühungen aller solle ein Bund der europäischen Staaten sein.*]

585   **ALBANY-SPEECH**

(Ansprache)   KM 415

Handschrift
o.O.   December 1939   5 Bl
          [*Über die Zukunft Deutschlands und der Welt nach dem Krieg. Plaidoyer für einen euro-*
          päischen Bund.]

586   [INTERVIEW ÜBER EXILLITERATUR FÜR DIE SENDUNG VON EDWIN
       SEAVER „READERS AND WRITERS", W Q X R , Tuesday, December
       19. 1939]   KM 282

Typoskript
9, 6 Bl Typo mit hs Korr

587   „MISSUNTERSTOOD WOMAN" AND MODERN GIRL

(Aufsatz)   KM 328

Entwürfe, Deutsch und Englisch
o.O.   o.D.   [Ende 1939]   13 Bl Hs

1. Fassung, Englisch, *Typoskript*
o.O.   o.D.   [Ende 1939]   17 Bl Typo mit hs Korr

2. Fassung, Englisch, *Typoskript*
o.O.   o.D.   [Ende 1939]   17 Bl Typo mit hs Korr
          Zur Datierung: Cf. *Brief an Golo Mann, 31.12.1939, in: BA2, S. 101.*
          [*K.M. über seine Großmutter Hedwig Pringsheim-Dohm und über seine Urgroßmutter*
          Hedwig Dohm.]

588   „EQUALITY" (Speech)

(Vortrag)   KM 127

Typoskript
o.O.   o.D.   [Ende 1939]   6 Bl Typo mit hs Korr
          Zur Datierung: *nach der Selbstversenkung des Panzerkreuzers „Graf Spee" am 17.12.*
          1939 (Cf. S. 2).
          [*Es sei falsch, im Nationalsozialismus nur eine antisemitische Bewegung zu sehen. Der*
          Nationalsozialismus sei die „Revolution des Nihilismus" (N.B.: zum erstenmal benutzt
          K.M. den von Hermann Rauschning geprägten Begriff: Cf. Die Revolution des Nihilismus,
          Europa Verlag, Zürich, 1938.)]

589   **THE TWO PAN-EUROPES**

(Vortrag)   KM 250

Handschrift
o.O.   o.D.   [Ende 1939]   30 Bl
          Zur Datierung: *nach Kriegsausbruch.*
          [*Der Nationalsozialismus sei keine Doktrin im eigentlichen Sinn des Wortes: er stelle vor*
          allem eine nackte Sucht nach Macht dar. Es sei möglich, daß die Deutschen zu einem ge-
          fährlichen Volk werden: Nietzsche habe ihre Fehler sehr wohl erkannt. Die Zukunft ge-
          höre einem Bund der Staaten der Welt, in dem der Geist der angelsächsischen Demokratie
          maßgebender Faktor sein werde.]

590 THE COSMOLOGICAL EYE

(Rezension)   KM 137

Typoskript
o.O.   o.D.   [1939]   4 Bl Typo mit hs Korr

> [*Über das 1939 erschienene Buch von Henry Miller (1891 – 1980),* The Cosmological Eye, *New Directions, Norfolk, Connecticut (Sammlung von Essays und Erzählungen).*
>
> *Sehr kritische Kommentare: es sei gefährlich, in einer Zeit der Krise ständig zu behaupten, die Zivilisation sei „verdorben". Ein Intellektueller dürfe auch keine sinnlosen Reden führen; er solle eher sein Mögliches tun, um die Zivilisation zu verteidigen.*]

591 MEN AGAINST HITLER

(Rezension)   KM 219

Typoskript, 2 Fassungen.

1. Fassung   o.O.   o.D.   [1939]   2 Bl Typo mit hs Korr

2. Fassung   o.O.   o.D.   [1939]   2 Bl Typo mit hs Korr

> [*Über das Buch des emigrierten deutschen Schriftstellers Fritz Cahen (1891 – 1966),* Men against Hitler, *Bobbs Merril, New York, 1939. Das Werk ist eine Abrechnung mit den deutschen Opponenten.*
>
> *Erste Fassung: sehr streng und ablehnend, weil Cahens Eigenliebe größer sei als sein Glaube an die gemeinsame Sache.*
>
> *Zweite Fassung: ein wenig zurückhaltender in der Formulierung, aber ablehnend.*]

592 „BÜCHER"

(Skizze)   KM 91

Handschrift
o.O.   o.D.   [1939]   1 Bl

> Zur Datierung: *Der Roman von Lion Feuchtwanger,* Exil, *Querido Verlag, Amsterdam, 1939, ist seit kurzer Zeit erschienen.*
>
> [*Es sei kein Zeichen der Schwäche, wenn man sich in einer Zeit der Krise um Stilprobleme kümmert. Es zeuge eher von der Kraft und vom Selbstbewußtsein der deutschen Emigration, daß sie sich mit solchen Fragen befasse, denn ihr sei das Erbe der deutschen Kultur anvertraut.*]

593 I RECOMMEND

(Verzeichnis von Büchern)   KM 176

Typoskript
o.O.   o.D.   [1939]   1 Bl Typo

> [*Bücher zu geschichtlichen Themen, Romane, amerikanische Bücher, die spätestens 1939 erschienen sind.*]

G 594 SAROYAN VON SAN FRANCISCO

von Thomas Quinn Curtiss, Übersetzung aus dem Englischen von Klaus Mann.   KM 279

Typoskript
o.O.   o.D.   [1939]   4 Bl Typo

Zur Datierung: *K.M. übersetzt ein Feuilleton über William Saroyan (geb 1908), in dem vor allem das Stück* My Heart's in the Highland *(Uraufführung, New York, 13.4.1939) erwähnt wird.*
[*Er hatte den Theater-, Filmkritiker und ehemaligen Assistenten von Eisenstein Thomas Quinn Curtiss (geb 1907) 1937 in Budapest kennengelernt* (Cf. W).]

ZWISCHEN 1933 UND 1939 –
GENAUERE DATIERUNG NICHT MÖGLICH

UNVERÖFFENTLICHTE TEXTE

B2 595   **BILLY BERMANN**

(Skizze einer Erzählung)   KM 77

Typoskript
o.O.   o.D.   2 Bl Typo
[*Die Heldin: eine Bankier-Tochter, die mit ihrem Milieu gebrochen hat.*]

596   **NOVELLEN**

(Entwurf eines Buches)   KM 622

Handschrift
o.O.   o.D.   1 Bl

Das Buch hätte folgenden Inhalt gehabt:
Die Jungen (Cf. Nr 45), Ludwig Zoffcke (Cf. Nr 45), Der Vater lacht (Cf. Nr 45), Sonja (Cf. Nr 45), Maskenscherz (Cf. Nr 45), Der Alte (Cf. Nr 45), Märchen (Cf. Nr 45), Kaspar-Hauser-Legenden (Cf. Nr 45), Kindernovelle (Cf. Nr 69), Abenteuer des Brautpaars (Cf. Nr 118), Das Leben der Suzanne Cobière (Cf. Nr 119), Gegenüber von China (Cf. Nr 117), Der Liebende (?), Katastrophe um Baby (Cf. Nr 168), Rut und Ken (Cf. Nr 136), Schauspieler in der Villa (Cf. Nr 169), Schmerz eines Sommers (Cf. Nr 216).

D2 597   **KLEITOS**   KM 415

(Fragment eines Gedichts)

o.O.   o.D.   1 Bl Hs

598   **LIEBESBRIEF**

(Text für die „Pfeffermühle")   KM 518

Typoskript
o.O.   o.D.   1 Bl Typo

599　[SPIONAGE – SKETCH]

(Text für die „Pfeffermühle", Fragment)　　　　　　　　　KM 524

Handschrift
o.O.　　　o.D.　　　3 Bl

Typoskript
o.O.　　　o.D.　　　2 Bl

600　[SKETCH]

(Text für die „Pfeffermühle")　　　　　　　　　　　　　KM 525

Handschrift (1. Fassung)
o.O.　　　o.D.　　　3 Bl

Typoskript (2. Fassung)
o.O.　　　o.D.　　　3 Bl

601　**DIPLOMATEN** (anderer Titel: **IN ABRAHAMS SCHLOSS**)

(Text für die „Pfeffermühle")　　　　　　　　　　　　　KM 526

Entwürfe, Handschrift
o.O.　　　o.D.　　　2, 3 Bl Hs

Typoskript, spätere Fassung
o.O.　　　o.D.　　　3, 4 Bl Typo mit hs Korr

602　**BRIEFE**

(Text für die „Pfeffermühle")　　　　　　　　　　　　　KM 527

Handschrift
o.O.　　　o.D.　　　5 Bl

603　**MÄNDELCHEN**

(Fragment, für die „Pfeffermühle"?)　　　　　　　　　　KM 633

Handschrift
o.O.　　　o.D.　　　1 Bl

E2　604　**HERBST DES MITTELALTERS**

(Entwurf eines Buches?)　　　　　　　　　　　　　　　KM 170

Handschrift
o.O.　　　o.D.　　　1 Bl
　　　　　[*Thema: Das Mittelalter als eine unzivilisierte Zeit. Erst im XVIII. Jahrhundert habe die eigentliche Zivilisation begonnen.*]

605   **DIE HARFE**

(Glosse)   KM 415

Handschrift
o.O.   o.D.   3 Bl

Vorstufe zu: *Lob der Harfenistin*, in: *Deutsches Allgemeines Sonntagsblatt*, 12.2.1967.
Erstveröffentlichung nicht nachweisbar.

606   **DIE WELTGESCHICHTE UND DER SNOB**

(Glosse)   KM 320

Handschrift
o.O.   o.D.   1 Bl (Fragment)

andere Fassung unter dem Titel: *Snobismus und Kulturträger*   KM 415

Handschrift
o.O.   o.D.   1 Bl
          [*Es werden erwähnt: der französische Publizist André Germain, Göbbels und Gerhart
          Hauptmann.*]

607   [ÜBER DAS FRANZÖSISCHE THEATER]

(Notizen in deutscher Sprache)   KM 300

Unter dem Titel: *Französisches Theater*
o.O.   o.D.   1 Bl Hs

Unter dem Titel: *French Post War Theater*
o.O.   o.D.   2 Bl Hs
          [*Über das Theater in Frankreich nach dem 1. Weltkrieg.*]

608   **DON QUIJOTT**

(Glosse)   KM 628

Handschrift
o.O.   o.D.   2 Bl
          [*Betrachtungen über die Bedeutung der Figur Don Quijotte. Für K.M. ist er derjenige, der
          es mit einem Feind aufnimmt, der viel stärker ist als er. Er sei eine sehr aktuelle Figur,
          denn es wirkte fast komisch, wenn man gegen das Böse kämpfen will. K.M. ist nicht bereit,
          über Don Quijotte zu lachen.*]

609   **DEUTSCHE LITERATUR** (Für den Freiheitssender)

(Radioansprache)   KM 493

Typoskript
o.O.   o.D.   3 Bl Typo mit hs Korr
          [*Zum Thema: die einzige echte deutsche Literatur ist die Exilliteratur.*]

610   JUNGES THEATER (Rede für den Bühnen-Club)

Typoskript   KM 302
o.O.   o.D.   4 Bl Typo mit hs Korr
[*Für einen deutsch-tschechischen Klub in Prag.*]

611   PAUL MUNI

(Feuilleton, Englisch)   KM 224

Typoskript
o.O.   o.D.   5 Bl Typo mit hs Korr
[*Portrait des Schauspielers Paul Muni (1897 — 1965). Positiv.*]

612   DER SPLEEN

(Feuilleton)

Handschrift   KM 293
o.O.   o.D.   7 Bl

Typoskript   KM 294
o.O.   o.D.   6 Bl Typo mit hs Korr
[*Betrachtungen über spleenige Typen wie Brummel, Oscar Wilde und Lord Byron. Der Spleenige sei einer, der „sich durch eigensinnige und oft kostspielige Launen von einer Gesellschaft unterscheidet, zu der er im Grunde mit Haut und Haaren gehört, und die er keinesfalls ernsthaft herausfordern möchte" (S. 3). Der Spleenige gehöre endgültig zur Vergangenheit; er sei nur in einer Gesellschaft anzutreffen, die ihrer selbst sicher sei. Spleenige und Dandys stellten eine unzeitgemäße Form des Individualismus dar.*]

613   LITERATUR-SPEECH   KM 210

Handschrift
o.O.   o.D.   8 Bl
[*Aufzeichnungen in englischer und deutscher Sprache zur europäischen und amerikanischen Literatur.*]

614   VIVA VILLA

(Fragment einer Glosse)   KM 597

Handschrift
o.O.   o.D.   3 Bl
[*Betrifft einen Film über den mexikanischen Revolutionär Pancho Villa.*]

615   [ÜBER RUDOLF LEONHARDT]

(Fragment einer Rezension)   KM 202

Handschrift
o.O.   o.D.   1 Bl
[*Über ein Buch von Rudolf Leonhardt (1889 — 1953), dessen Titel aber nicht angegeben wird.*
Auch Überlegungen zum Thema: im Kampf gebe der Dichter sein Bestes.]

616   [CAROLINE BJORNSTERNE BJORNSON]

(Feuilleton, Englisch)   KM 80

Typoskript
o.O.   o.D.   5 Bl Typo mit hs Korr

> [*Bericht über den Besuch bei der fast 100jährigen Witwe des norwegischen Schriftstellers Björn Björnson (1832 – 1910).*
>
> *K.M. suchte die alte Dame im Sommer 1932 mit seiner Schwester Erika auf; sie sei ihm wie eine Schicksalsgöttin vorgekommen.*
>
> *Er verwertete diesen Besuch in* Flucht in den Norden *(Nr 260), wo Caroline Bjornsterne Bjornson ihm als Vorbild für die 100jährige Großmutter von Karin diente (Cf. Erstausgabe des Romans, S. 210 – 211).*]

617   THE GERMAN MISSION

(Fragment)   KM 415

Typoskript
o.O.   o.D.   1 Bl Typo mit hs Korr

> [*Deutschland habe als Land der Mitte die Völker zu verbinden.*]

----

1 9 4 0

B2   UNVERÖFFENTLICHT

618   SPEED

A Story   KM 48

Brentwood, Los Angeles   August/September 1940

Vier Fassungen:

Fassung 1   63 Bl Typo mit hs Korr
Fassung 2   35 Bl Hs
Fassung 3   36 Bl Typo mit hs Korr
Fassung 4   44 Bl Typo mit hs Korr

> [*Die erste Kurzgeschichte, die K.M, in englischer Sprache verfaßte (Cf. W 360 – 368). Die Korrekturen sind von seiner und von anderer Hand.*
>
> *Die Geschichte eines Emigranten in New York.*]

UNVERÖFFENTLICHT

C2   619   [FILMENTWURF ZUM THEMA „VEREINIGTE STAATEN VON EUROPA"]

— *Deutsch*, unter dem Titel: *The United States of Europe*

Entwurf zu einem Film von Klaus Mann   KM 448

Typoskript
o.O.   o.D.   [Anfang 1940]   14 Bl Typo mit hs Korr

Entwürfe unter dem Titel: *The United States of Europe*. Tentative story line for a motion picture 1, 1 Bl Typo mit hs Korr   KM 618

— *Englisch*, unter dem Titel: *Union Now (Preliminary title!)*   KM 52
Tentative Story for a motion picture by Klaus Mann, in collaboration with Erika
Mann and Clarence K. Streit.

    o.O.   o.D.   [Anfang 1940]   22 Bl Typo mit hs Korr

        Zur Datierung: *Brief von Clarence K. Streit (Schriftsteller und Journalist, geb 1896, Cf.*
        Thomas Mann, Tagebücher 1940–1943, S. 807) vom 26.2.1940, der zur Mitarbeit bereit
        ist, und Brief von Ralf M. Nunberg (Bekannter von Thomas Mann, 1903 – 1949, Cf.
        Thomas Mann, Tagebücher 1940 – 1943, S. 715), der den Entwurf interessant findet;
        beide Briefe im KMA.
        Am 28.10.1939 hatte K.M. schon mit seinem Vater über den Plan des Filmes gesprochen
        (Cf. Thomas Mann, Tagebücher 1937 – 1939, S. 495).

        [Thema des Filmes wäre die Notwendigkeit der europäischen Einigung gewesen. Die euro-
        päische Einigung sei aber nur ein Schritt auf dem Weg zur Verwirklichung eines umfas-
        senderen Staaten- und Völkerbundes.]

E1   620   THE OTHER GERMANY

(dokumentarisches Buch von Klaus und Erika Mann)

translated by Heinz Norden
Modern Age Press, New York, 1940.

Manuskript (Teile des deutschsprachigen Manuskripts)

— *Vorstufen* unter dem Titel: *Was liest man in Deutschland*   KM 157
    o.O.   o.D.   1 Bl Hs
    4 Bl Typo über deutsche Intellektuelle   KM 157

    Konzept unter dem Titel: *Der Blick zurück*   KM 157
    o.O.   o.D.   10 Bl Hs

— Unter dem Titel: *Der Blick zurück*   KM 432
    o.O.   o.D.   13 Bl Typo mit hs Korr

        Zur Entstehung: *K.M. hatte mit seiner Schwester Erika die Arbeit an diesem Buch im*
        Juni 1939 aufgenommen (Cf. Brief an Hermann Kesten, 10.6.1939, in: BA2, S. 74). Das
        Manuskript mußte aber wegen des Krieges teilweise umgearbeitet werden. Die Umarbei-
        tung wurde von K.M. vorgenommen (Cf. Briefe an Golo Mann, 19.9.1939 und Katia
        Mann, 2.9. und 29.9.1939, KMA). The Other Germany erschien Anfang Januar 1940 (Cf.
        Thomas Mann, Tagebücher 1940 – 1943, Eintragung vom 10.1.1940, S. 46).

        [The Other Germany ist eine Zusammenfassung der Vorträge, die K.M. in den USA seit
        1937 hielt. Die Themen: Der Widerstand in Deutschland, die Schuld der Deutschen an
        Hitlers Aufstieg, der Nationalsozialismus sei keine unerwartete Erscheinung in Deutsch-
        land, die Zukunft der Welt sei ein Bund der Staaten Europas, der mit Amerika zusammen-
        arbeiten würde, auf keine Fälle dürften die Fehler von 1920 wiederholt werden.]

E2   UNVERÖFFENTLICHT

621   DISTINGUISHED VISITORS

(dokumentarisches Buch)   KM 53

1. *Synopsis*   2 Bl Typo mit hs Korr
   Preface (2 Fassungen)   5, 4 Bl Typo mit hs Korr
   About the chapters in preparation   3 Bl Typo

2. *Manuskripte der einzelnen Kapitel*
   (alle Kapitel: Typo mit hs Korr, Korrekturen von K.M. und von anderer Hand)

     1.   *War Correspondants*   44 Bl + Durchschlag + 1 Bl
         (Uber Frau von Riedesel und Leutnant Anburey)

     2.   *Poet of The Mississippi*   25 Bl
         (Chateaubriand in Amerika)

3. *Crusaders*   44 Bl
   (in der Synopsis Titel: *British Ladies*. Über englische Frauen — Harriet Martineau, Mrs Trolloppe . . . —, die im XIX. Jahrhundert in die USA kamen)

4. *A Russian Brig*   31 Bl + 11 Bl (andere Fassung)
   (Über ein russisches Schiff, das 1816 in San Francisco landete und an dessen Bord sich Adalbert von Chamisso befand)

5. *Glamour*   57 Bl + 49 Bl (andere Fassung)
   (Über die Schauspielerinnen Rachel, Sarah Bernhardt und andere Frauen, die nach Amerika kamen)

6. *Symphony*   49 Bl
   (Über Dvořak und Tschaikowsky in den USA)
   Fragmente unter dem Titel: *Anton Dvořak and the New World*
                                  25 Bl

7. *Fighters*   56 Bl
   (Über Trotzky, Kossuth, Clémenceau, Thomas Masaryk)
   Teile aus dem Kapitel wurden später als Aufsätze vom Ganzen getrennt:

   The Romantic Hero: Kossuth   13 Bl (2 Exempl)
   The Timely Message of Kossuth   14 Bl
   The Joung Tiger (Clemenceau)   14 Bl (2 Exempl)
   Andere Fragmente aus dem Kapitel: Clémenceau, 10 Bl; *Trotzky in New York*, 15 Bl; Fragmente des Kapitels ohne den Teil über Kossuth, 30 Bl.
   Der Teil des Kapitels über Masaryk diente als Grundlage für den Aufsatz: *Genius of Patience, Hero of Endurance — Thomas Masaryk*, in: *Town and Country*, November 1941 (Nr 662).

8. *Journey to the End of the Night*   31 Bl (2 Exempl)
                                           33 Bl (andere Fassung)
   (Über Louis Ferdinand Céline, Knut Hamsun in Amerika. Auch über Herman Bangs Tod in den USA)

9. *791 Park Avenue*   45 Bl
   (insbesondere über den schwedischen Hochstapler Ivar Kreugher)

10. *Prophets*   10 Bl Hs und Typo
    (behandelt insbesondere den Aufenthalt von Rudolf Steiner, dem Gründer der anthroposophischen Bewegung, in den USA)

11. *Last Monologue*   Fassung 1: 24, 22 Bl; Fassung 2: 15 Bl
    (Eleanora Duse in Pittsburg 1924)

12. *Dream America*   Fassung 1: 42 + 7 Bl; Fassung 2: 39 Bl
    (Amerika, wie Cocteau, Karl May, Kafka es sich vorstellten. Das Kapitel endet mit einer Vision, die ein Bekenntnis zum amerikanischen Geist bildet)

3. *Handschriften, Konzepte, Skizzen aus allen Kapiteln*
                             512 Bl Typo mit hs Korr

Zur Entstehung: Distinguished Visitors *ist das erste Buch, das K.M. in englischer Sprache verfaßte; um es zu schreiben, arbeitete er mit einer Amerikanerin zusammen, die seinen Text nicht nur verbesserte, sondern auch Teile mancher Kapitel völlig neu verfaßte (Cf. Brief an Ferris Greeslet, 28.3.1940, KMA).*

K.M. *nahm die Arbeit an* Distinguished Visitors *Ende November 1939 auf (Cf. Brief an Ferris Greeslet, 22.11.1939, Brief von Greenslet an K.M. 24.11.1939, KMA). Im März 1940 waren etwa 2 Kapitel fertig (Cf. Brief von K.M. an Greenslet, 28.3.1940, KMA). Am 14.8.1940 teilte K.M. Hermann Kesten mit, das Buch sei fertig (BA2, S. 112). Nach dem Zustand des erhaltenen Manuskripts zu urteilen, ist das Werk aber nur zum Teil vollendet: von Kapitel 10 liegt kein ganzes Typoskript vor, und Kapitel 12 ist an manchen Stellen unvollendet.*

Die Gründe der Nichtveröffentlichung von Distinguished Visitors *konnten nicht ermittelt werden.*

622 ERKLÄRUNG

in: *Neue Volkszeitung*, New York, Januar 1940; ferner in: *HuM*, S. 268 – 273.

Manuskript

Entwurf 1 Bl Typo mit hs Korr   KM 415

Typoskript   KM 578
New York   18.11.1939   4 Bl Typo mit hs Korr

> [*Nach dem Hitler-Stalin-Pakt hatte die in New York erscheinende sozialdemokratische Zeitung* Neue Volkszeitung *linksgerichtete Mitglieder der ,,German American Writers Association`` (d.h. des 1938 gegründeten amerikanischen Zweigs des SDS: Cf, Eike Middell und andere,* Exil in den USA, *Reclam, Leipzig, 1979, S. 111) um Stellungnahmen zu dem Pakt gebeten. K.M. hatte sich geweigert, den Pakt eindeutig zu verurteilen, weil die Hintergründe unklar seien (Cf. Nr 557). Manfred George (1893 – 1965), Chefredakteur der in New York erscheinenden deutschsprachigen Wochenzeitung* Aufbau, *und Oskar Maria Graf (1894 – 1967) hatten es ebenfalls abgelehnt, den Pakt zu verurteilen. Nach der Auflösung des Pariser Zweiges des SDS griff Leopold Schwarzschild die drei Schriftsteller in* Das Neue Tage-Buch *aufs heftigste an (Cf. Affäre des deutschen ,,Schutzverbands``, in:* Das Neue Tage-Buch, *7 (1939) 44, 28.10.1939, S. 1022 – 1026) und warf ihnen vor, sie seien kommunistische Agenten. In seiner am 18.11.1939 nach Paris abgeschickten Erklärung weist K.M. Schwarzschilds Vorwürfe entschieden zurück und verweist insbesondere auf seine Stellungnahme zugunsten von Gide, 1937 (Cf. Nr 435) und auf andere Erklärungen von seiner Feder, die den Beweis erbrächten, er sei kein Anhänger der UdSSR. Schwarzschild weigerte sich, K.Ms Erklärung in* Das Neue Tage-Buch *zu veröffentlichen.*]

623 ANDRE GIDE ,,JOURNAL 1889 – 1939``

(Aufsatz)

in: *Maß und Wert*, 3 (1939 – 1940) 2, Januar–Februar 1940, S. 255 – 264.

ferner in: *P*, S. 120 – 133.

Manuskript

Entwurf unter dem Titel: *Gide Journal*   KM 164
o.O.   o.D.   13 Bl hs

Typoskript unter dem Titel: *André Gides Journal 1889 – 1930*   KM 460
New York   Anfang November 1939   15 Bl Typo mit hs Korr

> [*Ein Portrait von André Gide. Grundzug seines Wesens sei die ,,geistige Rechtschaffenheit``. Das zentrale Problem in seinem Werk sei das von Freiheit und Bindung. Auch in der Zeit, als er sich am intensivsten für gemeinsame Aktionen mit den Kommunisten einsetzte, sei er ein Individualist geblieben. Das christliche Element habe seine Hinwendung zum Sozialen wesentlich mitbestimmt; er sei durch das Evangelium zum Kommunismus gekommen. Er stelle eine der vollkommensten Verkörperungen des europäischen Menschen dar.*]

624 LOB DER GEMISCHTEN RASSE

(Glosse)

in: *Aufbau/Reconstruction*, New York, 12.1.1940.

> [Cf. Nr 457.]

625 THE DUTIES OF A NEW CITIZEN

(Erklärung)

in: *The Allied Relief Ball Souvenir Programm*, New York, 10.5.1940.

[*Pflicht der Emigranten, die zu amerikanischen Staatsbürgern werden wollen, sei Loyalität gegenüber den USA. Es sei aber nicht wünschenswert, daß sie ihre Vergangenheit als Europäer verleugneten. Sie sollten ein Gleichgewicht anstreben und versuchen, gute Amerikaner zu werden, indem sie in ihrem neuen Heimatland die europäischen Traditionen wachhalten.*]

626 PREFACE

zu *Amerika*, by Franz Kafka, translated by Edwin Muir, New Directions, Norfolk, Connecticut, October 1940, S. VII – XVIII.

Manuskript

Entwürfe unter dem Titel: *Preface*	6 Bl Typo mit hs Korr	KM 415
Fragmente einer älteren Fassung	4 Bl Typo mit hs Korr	KM 473

Typoskript
Brentwood, Los Angeles, August 1940   11 Bl Typo mit hs Korr   KM 473
(Korrekturen, auch von anderer Hand)

[*Sehr warme Worte über Franz Kafka.*]

627 DIE BRÜDER

(Bericht)

in: *Aufbau/Reconstruction*, 18.10.1940.

Manuskript unter dem Titel: *Ein Wiedersehen*   KM 562

Typoskript
o.O.   o.D.   3 Bl Typo mit hs Korr
[*Über das Eintreffen von Heinrich und Golo Mann in den USA nach der Niederlage Frankreichs.*]

628 COWBOY MENTOR OF THE FÜHRER

(Aufsatz)

in: *The Living Age*, New York, November 1940, S. 218 – 222.

ferner, unter dem Titel: *Karl May: Hitler's Literary Mentor*, in: *The Kenion Review*, Gambier, Ohio, 2 (1940) 4, autumn 1940, S. 391 – 400.

[*Sehr strenger Aufsatz über Karl May (1842 – 1912). Er sei ein Betrüger und habe wesentlich dazu beigetragen, in Deutschland ein falsches Amerika-Bild zu verbreiten und gewisse antiamerikanische Gefühle zu wecken. Er habe auch die Neigung zur Brutalität mancher Deutscher begünstigt. Das schlimmste sei aber, daß seine Werke Hitlers Lieblingslektüre gewesen seien: in diesem Sinn könne er gewissermaßen als Vorläufer des Nationalsozialismus gelten. Manche Themen seiner Werke seien von Hitler übernommen worden: die Brutalität gegen andere, die Idee der unterlegenen Rasse usw . . . Das III. Reich sei teilweise die Verwirklichung von Mays Träumen.*]

629   KAREL ČAPEK

(Nachruf, Englisch)   KM 97

Typoskript
New York   February 1940   3 Bl Typo mit hs Korr
> [*Erinnerung an den 1938 gestorbenen Schriftsteller und Freund (1890 – 1938). Portrait des Schriftstellers und tschechischen Patrioten. Er habe bis ans Ende für die Freiheit und die nationale Existenz seines Landes gekämpft. Bekenntnis zur Tschechoslowakei.*]

630   THE AIMS

An independant monthly

Editors: Klaus Mann and Wystan Auden   KM 58
(Programm einer literarischen Zeitschrift)
o.O.   o.D.   [Frühjahr 1940]   6 + 8 Bl Typo mit hs Korr
> Zur Datierung: *nach den Einzelheiten des Programms zu urteilen: nach der sowjetischen Agression gegen Finnland.*
>
> [*K.M. umreißt vor allem die Schwerpunkte seiner möglichen Tätigkeit als Herausgeber: eher als Beiträge, die einem bestimmten Programm entsprechen, wolle er Texte veröffentlichen, die im Dienst der Suche nach einer neuen Art zu leben stehen. Sein Magazin solle im Dienst des „westlichen" Geistes stehen, dessen Vertreter europäische und amerikanische Intellektuelle seien. Das Redaktionsprogramm werde auf einem Gleichgewicht zwischen literarischen und aktuellen Beiträgen aufgebaut sein.*]

631   MODERN LITERATURE (speech)

(Vortrag)   KM 213

Typoskript
o.O.   o.D.   [1940]   19 Bl Typo mit hs Korr
> Zur Datierung: *Der Vortrag enthält Anspielungen auf den Wahlkampf für Roosevelts „third Term" (1940).*
>
> [*K.M. plädiert für einen „dritten Humanismus", der Frömmigkeit und Glauben an den Fortschritt einbeziehen werde. Die moderne Literatur habe die geheimnisvollen Seiten des Menschlichen wieder berücksichtigt. Manchmal werde aber der soziale Aspekt allzu sehr in den Vordergrund gestellt. Die amerikanischen Schriftsteller hätten eine Regeneration des europäischen Geistes begünstigt (Cf. Hemingway).*]

632   THE HUNDRED FACES OF PABLO PICASSO

(Aufsatz)   KM 139

Handschrift und Notizen
o.O.   o.D.   [Herbst 1940]   11 Bl Hs und Typo

I. VERSION (Vermerk von K.Ms Hand)
o.O.   o.D.   [Herbst 1940]   21 Bl Typo mit hs Korr

Andere Fassung
o.O.   o.D.   [Herbst 1940]   16 Bl Typo mit hs Korr
> Zur Datierung: Cf. W, S. 368.
>
> [*Essay über das gesamte Werk von Picasso. Wichtig vor allem: die Frage, ob Picassos Kunst wegen ihres Bruches mit der überlieferten Auffassung von Schönheit gefährlich sei. K.M. äußert sich gegen manche Tendenzen moderner Kunst zurückhaltend, aber er meint, auch wenn Picasso Alpträume schildert, wolle er die Gefahren aufzeigen, denen der moderne Mensch ausgesetzt ist.*]

633   **BLACK OUT**

(Vortrag)   KM 81

Handschrift

o.O.   o.D.   [Ende 1940]   37 Bl Hs

   Zur Datierung: *nach dem Scheitern von Mussolinis Offensive gegen Griechenland, Dezember 1940.*

   [*Niemand könne abseits von der Krise bleiben. Es sei eine umfassende Krise, „ein Krieg der Ideen", auf den nach der Niederlage des Feindes eine vollständige Erneuerung der Kultur folgen solle. Es sei notwendig, einen festen Glauben an die Zukunft der Demokratie zu haben. Kampf sei notwendig, denn es müsse alles getan werden, um zu verbindern, daß die Zukunft von Hitler, Stalin oder von Japan bestimmt werde.*]

634   **BRUNO FRANK „SECHZEHNTAUSEND FRANCS"**

(Rezension)

Typoskript   KM 453

o.O.   o.D.   [1940]   2 Bl Typo mit hs Korr

   [*Über das Buch von Bruno Frank,* Sechzehntausend Francs, *Querido Verlag, Amsterdam, 1940. Sehr positiv.*]

635   **JOSEPH ROTH: DER LEVIATHAN**

(Rezension)   KM 538

Typoskript

o.O.   o.D.   [1940]   1 Bl Typo mit hs Korr

   [*Der Roman von Joseph Roth erschien 1940 bei Querido, Amsterdam, Positive Kommentare.*]

636   **[INTERVIEW ÜBER POLITIK]**

Typoskript   KM 415

o.O.   o.D.   [um 1940]   2 Bl Typo mit hs Korr

   [*Plädoyer für die Solidarität aller Gegner Hitlers.*]

637   **[VORTRAG ÜBER DIE URSACHEN DES KRIEGES UND DIE ZUKUNFT DER WELT]**

(Englisch)   KM 415

Typoskript

o.O.   o.D.   [um 1940]   20 Bl Typo mit hs Korr

   [*Hitler sei Schuld an der ganzen Entwicklung. Auch Kritik an der „appeasement"-Politik. Plädoyer für eine Weltdemokratie.*]

B1   638   **LE DERNIER CRI**

(Erzählung)

in: *Esquire*, New York, May 1941, S. 28, 29, 147, 148, 150.

Manuskript unter dem Titel: *Dernier Cri*

Entwurf   KM 113
o.O.   o.D.   18 Bl Hs

1. Fassung   KM 113
o.O.   o.D.   17 Bl Typo mit hs Korr

2. Fassung   KM 114
o.O.   o.D.   19 Bl Typo mit hs Korr (2 Exempl)

> [*Die Geschichte spielt im Milieu des XIX. Jahrhunderts, einer Zeit nach der K.M. eine unverkennbare Sehnsucht hatte. Die einzige Erzählung von K.M., die in den USA veröffentlicht wurde.*]

B2   UNVERÖFFENTLICHT

639   **INQUIRY**

A story   KM 41

1. Fassung, Typoskript
o.O.   o.D.   [um 1941]   15 Bl Typo mit hs Korr

2. Fassung, Typoskript
o.O.   o.D.   [um 1941]   17 Bl Typo mit hs Korr
(2 Exemplare; 2. Exempl: Korrekturen auch von anderer Hand)

> [*Eine traurige Geschichte. Ein Blinder hat eine Frau ermordet, die ihn angeblich heiraten wollte. In Wirklichkeit wollte sie nur sein Geld haben.*]

F1   640   **DECISION**

(Leitartikel)

in: *Decision*, Vol 1 (1941) 1, January 1941, S. 6 − 8.

> [*K.M. stellt seine neue Zeitschrift vor. Auch in einer Zeit äußerster Gefahr sei es wichtig, der Literatur ein Organ zur Verfügung zu stellen. Er umreißt kein eigentliches Programm. Decision werde zur Intensivierung der Beziehungen zwischen dem amerikanischen und dem europäischen Geist dienen. Er sei bereit, Beiträge von allen aufzunehmen, die an die menschliche Zukunft glauben. Die Gründung der Zeitschrift sei an und für sich eine Bekundung seiner eigenen Hoffnung auf eine bessere Zukunft.*]

641   **TWO CONFESSIONS**

(Rezension)

in: *Decision*, Vol 1 (1941) 1, January 1941, S. 54 − 58.

Manuskript

Typoskript   KM 108
o.O.   o.D.   9 Bl Typo mit hs Korr

> [*Über zwei Bücher:* The Wave of the Future. A Confession of Faith, *Harcourt, Brace and Co, New York, 1940, von Anne Morrow Lindbergh (geb 1907, Frau von Charles Lind-*

173

bergh). Sehr streng, denn das Buch verrate Sympathien für den Faschismus. The Moral Basis of Democracy, *Howell, Soskin and Co, New York, 1940, von Eleanor Roosevelt (1884 – 1962). K.M. empfiehlt das Buch von Frau Roosevelt wärmstens. Es sei ein untrügliches Zeichen der Gesundheit der amerikanischen Demokratie, daß die Frau des amtierenden Präsidenten ein so mutiges Buch geschrieben habe.*]

642   THE CITY OF MAN

(Leitartikel)

in: *Decision*, Vol 1 (1941) 2, February 1941, S. 6 – 10.

[*Über das Manifest* The City of Man-A Declaration of World Democracy, *Vicking Press, New York, 1940, herausgegeben von einem Komitee, dem Thomas Mann und G.A. Borgese angehörten (Cf. Thomas Mann, Tagebücher 1940 – 1943).*

Das Manifest setzt sich für die Bildung einer Weltdemokratie ein, deren Grundlage ein reformistischer Sozialismus wäre. K.M. unterstützt das Manifest, weil es sich für die Umwandlung der sozialen Strukturen ausspricht. Er begrüßt es auch, daß die Verfasser die Wirtschaftsprobleme nicht als Selbstzweck ansehen. Er findet es aber bedauerlich, daß Hinweise auf ein anderes „Nationalgenie" als das amerikanische fehlen.]

643   FROM SOCRATES TO BASEBALL

(Rezension)

in: *Decision*, Vol 1 (1941) 2, February 1941, S. 71 – 73.

[*Über:* Information Please! *Edited by Dan Golenpaul, Random Press, New York, 1941 Edition. Eine volkstümliche Enzyklopädie.*]

644   HORIZON

(Leitartikel)

in: *Decision*, Vol 1 (1941) 3, March 1941, S. 6 – 12.

[*Über die seit 1940 bestehende britische literarische Zeitschrift* Horizon. *K.M. widerspricht denen, die keine Propaganda wünschen. Was nottue, sei eine wirksame Propaganda gegen das III. Reich. Er greift auch die „antidemokratische" (d.b. kommunistische) Presse an.*

Ferner unterstreicht er, daß die britische Jugend nicht für die Erhaltung einer alten Ordnung, sondern für die Gründung einer neuen Welt kämpfe.]

645   THE VANGUARD – YESTERDAY AND TOMORROW

(Rezension)

in: *Decision*, Vol 1 (1941) 3, March 1941, S. 68 – 73.

[*Über das Buch* New Directions in Prose und Poetry, *New Directions, Norfolk, Connecticut, 1940.*
Diese Rezension ist für K.M. vor allem ein Anlaß, Überlegungen über ein Problem anzustellen, das ihn während der ganzen Kriegszeit sehr beschäftigt: hat die dichterische Avantgarde in Europa nicht – teilweise unbeabsichtigt – durch ihre Verhöhnung der Vernunft dem Faschismus Vorschub geleistet?]

174

646   **ABOUT OURSELVES**

(Leitartikel)

in: *Decision*, Vol 1 (1941) 4, April 1941, S. 4 — 6.

> [*Antwort auf kritische Äußerungen zu den ersten Heften von* Decision *(insbesondere im Magazin* Time, *20.1.1941). K.M. wiederholt, er werde aus seiner Zeitschrift kein Sprachrohr der emigrierten Schriftsteller machen. Er übt auch Kritik an einem gewissen Chauvinismus der Amerikaner. Ferner beantwortet er den Vorwurf,* Decision *widme sich weder gänzlich der Politik noch der Literatur: in einer Zeit der Krise habe eine literarische Zeitschrift eine doppelte Aufgabe wahrzunehmen.*]

647   **THE PRESENT GREATNESS OF WALT WHITMAN**

(Aufsatz)

in: *Decision*, Vol 1 (1941) 4, April 1941, S. 14 — 30.

> [*Ein begeistertes Bekenntnis zu Whitman, der für ihn einer der größten Dichter aller Zeiten ist. Das Wichtige an seinem Werk sei, daß er für eine „perfekte Demokratie und eine Kameradschaft ohne Grenzen geworben habe". K.M. sieht in Whitman einen Verkünder der Weltdemokratie, von der er träumt; der Dichter habe auch eine Synthese des griechischen und des christlichen Geistes angestrebt.*
>
> *Ferner verfolgt K.M. mit seinem Aufsatz ein tagespolitisches Ziel: das Beispiel Walt Whitman zeige, daß man mit dem amerikanischen Geist die Welt erneuern könne, ohne die Vorstellungen von Henry Luce (Herausgeber von* Life) *zu unterstützen, dessen „American Century" eine Epoche amerikanischer Weltherrschaft bedeuten würde.*]

648   **EDUCATION TO PEACE**

(Aufsatz)

in: *National Parent Teacher*, Chicago, Vol 35 (1941) 8, April 1941, S. 24 — 26.

Manuskript   KM 124

Typoskript
o.O,   o.D.   8 Bl Typo mit hs Korr

> [*Die Nationalsozialisten seien in Deutschland so stark geworden, weil es ihnen gelungen sei, die Jugend in ihrem Geist zu erziehen. Deswegen werde eine Erziehung der deutschen Jugend zum Frieden notwendig sein, um den nationalsozialistischen Einfluß abzuwehren.*]

649   **ENDS AND MEANS**

(Leitartikel)

in: *Decision*, Vol 1 (1941) 5, May 1941, S. 2 — 8.

Manuskript   KM 126

Typoskript
o.O.   o.D.   10 Bl Typo mit hs Korr

> [*Kritische Bemerkungen zum Buch von Aldous Huxley,* Ends and Means, *1937. Wie in der Rezension von* Eyeless in Gaza *(Nr 440) steht im Mittelpunkt von K.Ms Überlegungen das Thema Gewaltlosigkeit.*
>
> *Andere Themen: es müsse alles getan werden, damit der Krieg gewonnen wird; der Kampf bedeute aber keineswegs Verzicht auf die Demokratie; kritische Stimmen seien in demokratischen Staaten auch in Kriegszeiten notwendig; es müsse aber alles getan werden, um den lähmenden Skeptizismus der Vorkriegszeit zu überwinden.*]

650   PROFILE OF THE MONTH: ENRIQUE GIL GILBERT

(Feuilleton)

in: *Decision*, Vol 1 (1941) 5, May 1941, S. 58 – 60.

Manuskript   KM 256

Typoskript
o.O.   o.D.   7 Bl Typo mit hs Korr
        [*Portrait eines lateinamerikanischen Schriftstellers aus Ecuador.*]

651   TWO GENERATIONS

(Rezension)

in: *Decision*, Vol 1 (1941) 5, May 1941, S. 71 – 74.
        [*Über zwei Bücher: Gertrude Stein (1874 – 1946), Ida, A Novel, Random House, New
        York, 1941; Carson Mc Cullers (1917 – 1967),* Reflections in a Golden Eye, *Houghton
        and Mifflin, Boston, 1941. Sehr positiv.*]

652   BLOOD, SWEAT AND TEARS

(Leitartikel)

in: *Decision*, Vol 1 (1941) 6, June 1941, S. 2 – 7.
        [*Über die Reden von Winston Churchill:* Blood, Sweat and Tears, *G.P. Putnam's Son,
        New York 1941.
        Der britische Premierminister sei zwar ein Konservativer, aber er habe verstanden, daß
        die Änderung der Gesellschaftsordnung notwendig zur Sicherung der Zukunft sei.*]

653   JOURNALISTS AND THEIR BILL OF RIGHTS

(Rezension)

in: *Decision*, Vol 1 (1941) 6, June 1941, S. 75 – 78.
        [*Über das Buch* Freedom of the Press Today. A Clinical Examination. *Assembled with an
        introduction, by Harold L. Ickes, Secretary of the Interior, Vanguard Press, New York,
        1941. K.M. plädiert nicht für eine Begrenzung der Freiheit der Meinungsäußerung: das
        Problem sei, wie man Freiheit und Disziplin vereinigen könne. Er begrüßt es aber, daß
        kein kommunistischer Journalist zum Symposium eingeladen wurde, das der amerikani-
        sche Innenminister veranstaltet hatte.*]

654   THE WORD

(Leitartikel)

in: *Decision*, Vol 2 (1941) 1, July 1941, S. 3 – 8.
        [*Das Wort sei durch die faschistische Propaganda mißbraucht worden. Die ,,totalitäre
        Pest`` dürfe nicht mit Skeptizismus bekämpft werden.
        Auch K.Ms erste Stellungnahme seit Beginn des Krieges zwischen Deutschland und der
        Sowjetunion: er begrüßt diese Entwicklung und hebt hervor, daß das neue Bündnis zwi-
        schen Ost und West beiden Partnern gleiche Pflichten auferlege. Jeder solle die Identität
        des anderen respektieren. Das Bündnis dürfe aber kein bloßer Pakt auf Zeit sein.*]

655   INTERNATIONALISM

(Leitartikel)

in: *Decision*, Vol 2 (1941) 2, August 1941, S. 3.

> [*Kurze Betrachtungen zu einem für K.M. zentralen Thema.*]

656   WHAT'S WRONG ABOUT ANTINAZI FILMS?

(Aufsatz)

in: *Decision*, Vol 2 (1941) 2, August 1941, S. 27 – 33.

> [*Kritische Anmerkungen zu Filmen von Fritz Lang und Charles Chaplin. Es sei notwendig, neue Formen zu finden, um den Nationalsozialismus zu bekämpfen. Mit melodramatischen Filmen, wie Hollywood sie produziere, sei nichts Wirksames getan. K.M. wirft auch Chaplin vor, sein Bild des Nationalsozialismus sei allzu einseitig, weil er den Antisemitismus in seiner Darstellung des III. Reiches viel zu sehr in den Vordergrund stelle.*]

657   WHO ARE WE?

(Rezension)

in: *Decision*, Vol 2 (1941) 2, August 1941, S. 52 – 57.

ferner, Deutsch von Erika Mann, unter dem Titel: *Wer sind wir?*, in: *P*, S. 89 – 98.

> [*Über das Buch von Julien Green*, The Shall the Dust Return, *Harper, New York, 1941. Sehr positiv.*]

658   FREE WORLD

(Leitartikel)

in: *Decision*, Vol 2 (1941) 3, September 1941, S. 3 – 9.

> [*Über die Zeitschrift* Free World, *von der „International Free World Association" gegründet. K.M. setzt sich für eine Zusammenarbeit zwischen* Decision *und* Free World *ein. Ziel der Bemühungen beider Zeitschriften solle ein Weltstaat sein, wie Kant ihn in* Ideen zu einer Geschichte mit weltbürgerlicher Absicht *definiert hat.*]

659   WORLD CITIZEN

(Rezension)

in: *Decision*, Vol 2 (1941) 3, September 1941, S. 73–75.

> [*Rezension des Buches von Frederic Prokosch (geb. 1908),* The Skies of Europe, *Harper, New York, 1941, Sehr positiv.*]

660   GERMANY, THE APOCALYPSE AND THE CONSERVATIVE
       REVOLUTION

(Leitartikel)

in: *Decision*, Vol 2 (1941) 4, October 1941, S. 3–9.

> [*Über verschiedene Kommentare nach Erscheinen des Aufsatzes* Post-War Apocalypse *in:* Decision, *2 (1941) 3, September 1941, S. 10–15, der für die Zeit nach dem Sturz von Hitler und Mussolini sehr düstere Prognosen stellte. Thomas Mann hatte diesen Aufsatz*

*von Henry G. Alsberg „skandalös' gefunden (Cf. Thomas Mann, Tagebücher 1940—
1943, S. 322) und es seinem Sohn geschrieben (Cf. Brief vom 20.9.1941, Decision —
Archiv, K. Ms Antwort, 25.9.1941, KMA).*
*K.M. versucht in seinem Leitartikel den Eindruck abzuschwächen, den die pessimisti-
schen Voraussagen seines Mitarbeiters machten. Außerdem stellt er Überlegungen über
die Zukunft Deutschlands an. Er warnt die Amerikaner vor ihrer Neigung, sich allzu
leicht auf „Renegaten" wie Rauschning und Thyssen zu verlassen, wenn es um Pläne
für die Zeit nach Hitler geht. Thyssen sei übrigens einer von denen, die Hitler unterstützt haben.*
*Zum erstenmal warnt K. M. auch vor einer zu eindeutigen Unterscheidung zwischen
dem „wahren" und dem „bösen" Deutschland. Es gebe nur ein Deutschland, das zuerst
militärisch geschlagen werden müsse und zu erziehen sei, bevor es zur Gemeinschaft
der anderen Völker wieder zurückfinden könne.*]

**661   PROFILE OF THE MONTH: THE NATIVE'S RETURN. LOUIS ADAMIC'S
SUGGESTION**

(Aufsatz)

in: *Decision*, Vol 2 (1941) 4, October 1941, S. 76—79.

>   [*Über die Pläne für die Neugestaltung Europas nach dem Krieg. Verschiedene Kreise
>   (zu denen der aus Österreich gebürtige amerikanische Intellektuelle Louis Adamic
>   (1899—1951) gehörte) in den USA befürworteten eine Art amerikanische Vormund-
>   schaft über die europäischen Länder in der Zeit unmittelbar nach dem Krieg. K. M.
>   lehnt solche Pläne als imperialistisch entschieden ab. Er ist zwar der Ansicht, daß Ameri-
>   ka nach dem Krieg eine wichtige Rolle in der Welt spielen solle, aber er denkt nicht,
>   es dürfe die Führung übernehmen.*]

662   GENIUS OF PATIENCE. HERO OF ENDURANCE. THOMAS MASARYK

(Aufsatz)

in: *Town and Country*, New York, November 1941, S. 78, 106, 110, 11. ferner,
Deutsch von Erika Mann, unter dem Titel: *Thomas Masaryk — Held der Geduld und
Ausdauer*, in: *HuM*, S. 273—280.

>   [*Für K.M. war Masaryk ein vorbildlicher Staatsmann, weil er Geist und Macht zu einer
>   Einheit machte. Er hebt auch seinen Glauben an die erzieherische Sendung der Demo-
>   kratie sehr deutlich hervor.*]

663   FOR FRANCE

(Leitartikel)

in: *Decision*, Vol 2 (1941) 4—5, November — December 1941, S. 3—6.

>   [*Einleitung zu einer Sondernummer über Frankreich mit Beiträgen von Georges Berna-
>   nos, André Gide, Pierre Cot, Jean Paul Sartre, Ivan Goll, Annette Kolb und Klaus Mann.
>   Sehr kritisch gegen die amerikanische Regierung, weil sie noch Beziehungen zum Vichy-
>   Regime unterhielt. Pétain, Laval und ihre Anhänger seien bloße Faschisten, und niemand
>   dürfe sie als die legitimen Vertreter Frankreichs ansehen. K. M. drückt auch seine Hoff-
>   nung auf eine Erneuerung in Frankreich aus.*]

664   HOMAGE TO ANDRE GIDE

(Aufsatz)

in: *Decision*, Vol 2 (1941) 5—6, November—December 1941, S. 83—84.
ferner, Deutsch von Erika Mann, unter dem Titel: *Dank an André Gide*, in: *P*, S. 133—
136.

[*In einer Zeit schwerster Gefahr sei André Gide, der vorbildliche Europäer, für jeden Intellektuellen ein Tröster, denn sein Geist zeige, daß es eine Zukunft gibt.*]

F2   UNVERÖFFENTLICHT

665   DECISION — A review of free culture

Memorandum

Typoskript   KM 654

o.O.   o.D. [Februar 1941]   33 Bl Typ (2 Exempl)
  Zur Datierung: *Das erste Heft von* Decision *ist erschienen.*
  [*Themen: das Programm der Zeitschrift und ihre finanziellen Bedürfnisse.*]

666   [ANTWORT AUF KRITIKEN GEGEN DAS ERSTE HEFT VON DECISION
         UND ANKÜNDIGUNG DES PROGRAMMS DER SPÄTEREN HEFTE]

Typoskript   KM 415
o.O.   o.D. [Februar 1941]   6 Bl Typo mit hs Korr

667   WHO WILL RULE GERMANY?

(Vortrag)   KM 325

Typoskript und Handschrift
o.O.   o.D. [um Februar 1941]   38 Bl
  Zur Datierung: *S. 26 spielt K.M. auf eine Veröffentlichung in* Decision, *Vol 1 (1941) 2,
  February 1941,* Plans for a Post-War World, *S. 48 ff. an.*
  [*K.M. spricht sich gegen jede Art von Verhandlungen mit Hitler aus. Bevor von Frieden
  die Rede sein könne, müsse der deutsche Diktator besiegt werden. Der Friede sei auch
  unmöglich mit einem kommunistischen Deutschland. Das Ziel aller müsse eine Weltdemokratie sein, die erst entstehen könne, wenn die USA zur Zusammenarbeit mit den
  anderen Ländern bereit seien. Es könne keine Weltdemokratie ohne Begrenzung der
  Souveränität der einzelnen Staaten geben. Ohne die Mitarbeit der Deutschen sei ein
  dauerhafter Friede nicht vorstellbar. Deutschland müsse sich aber nach seiner Niederlage mit einer militärischen Besatzung abfinden. Die Katholiken, Sozialdemokraten
  und ehemaligen Konservativen könnten beim staatlichen Wiederaufbau Deutschlands
  helfen.*]

668   THE FUNCTION OF THE WRITER IN THE PRESENT CRISIS

(Vortrag)

Entwurf   KM 155
o.O.   o.D. [April 1941]   3 Bl Typo

Typoskript   KM 156
o.O.   o.D. [April 1941]   15 Bl Typo mit hs Korr

Andere Fassung unter dem Titel: *Task of The Intellectuals*   KM 298
o.O.   o.D.   22 Bl Typo und Hs
  Zur Datierung: Cf. *Bericht über den Vortrag (anonym),* Klaus Mann, Son of Thomas
  Mann, Discusses "the function of the writer in the present crisis", *in:* P. M., *22.4.1941,
  Zeitungsausschnitt im KMA.*
  [*Ein Schriftsteller sei gleichzeitig Künstler und engagierter Intellektueller. Es sei seine
  Aufgabe, die Entwicklung der Welt vor den anderen Menschen zu erkennen. Deshalb
  habe er einen pädagogischen Auftrag.*]

179

669   **APOLOGIES TO CHARLES CHAPLIN**

(Feuilleton)   KM 68

Typoskript
o.O.   o.D.   [Mai–Juni 1941]   2 Bl Typo mit hs Korr
        Zur Datierung: *nach dem Flug von Rudolf Heß nach England am 7.5.1941*

        [*Man dürfe Chaplin nicht zu streng wegen der unrealistischen Aspekte seines Filmes*
        The great Dictator *kritisieren.*
        Was Rudolf Heß eben unternommen hat, zeige, daß der Nationalsozialismus trotz seiner
        Unmenschlichkeit auch lächerliche Seiten habe.]

670   **A MESSAGE FROM THE EDITORS "THE DEAD SEASON"**

Typoskript   KM 221
o.O.   o.D. [Sommer 1941]   6 Bl Typo
        Zur Datierung: *K. M. gibt zu, man abonniere gewöhnlich keine Zeitschrift*
        zwischen Juni und September.
        [*Werbung für* Decision *im Sommer 1941.*]

671   **MEMORANDUM CONCERNING A GERMAN EDITION OF THE MAGA-
       ZINE DECISION IN THE LATIN AMERICAN COUNTRIES**

Typoskript   KM 654
o.O.   o.D. [Sommer 1941]   7 Bl Typo mit hs Korr
        Zur Datierung: *Stefan Zweig erwähnt diesen Plan in einem Brief an K. M. am 15.8.1941*
        (Decision-Archiv).

672   **TENTATIVE SUGGESTION**

Typoskript   KM 296
o.O.   o.D. [August 1941]   2 Bl Typo mit hs Korr
        [*Vorschlag einer Zusammenarbeit zwischen* Decision *und der Zeitschrift* Free World
        (Cf. Nr. 658).
        K. M. hatte Free World *in einem Leitartikel von* Decision *vorgestellt (Cf. Nr. 658), in*
        dem er die Möglichkeit einer Zusammenarbeit zwischen beiden Zeitschriften erwähnte.]

673   **AFTER HITLER – WHAT?**

(Vortrag)   KM 415

Handschrift
o.O.   o.D. [August 1941]   15 Bl + 11 Bl (Fragment)
        Zur Datierung: *K. M. sagt, der deutsch-sowjetische Krieg sei in seiner „neunten Woche".*
        [*In der Nachkriegszeit werde die deutsche Frage weiter von entscheidender Bedeutung*
        sein. Sie könne nur im Rahmen einer europäischen Föderation gelöst werden.]

674   **INVITATION FOR SUBSCRIBERS . . .**

Typoskript   KM 143
o.O.   o.D. [Ende 1941]   4 Bl Typo mit hs Korr
        [*Aufforderung,* Decision *zu unterstützen und Ankündigung eines neuen Programms*
        der Zeitschrift mit einem Leitartikel von Thomas Mann in jedem Heft.]

675   "DECISION INC."

Typoskript   KM 654
o.O.   o.D. [Ende 1941]   2 Bl Typo + 1 Bl
    [*Über Möglichkeiten der Finanzierung für* Decision *im Jahr 1942.*]

676   THE DARKEST HOUR – THIS IS LONDON

(Rezension)   KM 174

Typoskript
o.O.   o.D. [1941]   2 Bl Typo mit hs Korr
    [*Rezension von zwei im Jahr 1941 erschienenen Büchern: Leo Lania (deutscher Exil-
    autor 1896–1961),* The Darkest Hour, Adventures and Escapes. *Das Buch behandelt die
    Niederlage Frankreichs. Positiver Kommentar von K. M. Edward R. Murrow (Korrespon-
    dent von CBS News in London von August 1939 bis März 1941),* This is London. *Das
    Buch ist eine Sammlung seiner Berichte aus Großbritannien. Positives Urteil von K. M.*]

677   [VORTRAG AUS DER ZEIT VON DECISION]

Handschrift   KM 415
o.O.   o.D. [1941]   12 Bl
    [*Plaidoyer für einen Weltstaat.*]

678   THE FUNCTION OF FOREIGN WRITERS

(Aufsatz)   KM 253

Typoskript

o.O.   o.D. [ca. Ende 1941]   4 Bl Typo mit hs Korr
    Zur Datierung: *der Roman von Franz Werfel,* Das Lied von Bernadette, *Bermann-Fischer
    Verlag, Stockholm, 1941, ist seit kurzer Zeit erschienen.*
    [*Pflicht der europäischen Schriftsteller sei es, mit ihren amerikanischen Kollegen gemein-
    sam für die Zukunft zu arbeiten.*]

1942

B2 UNVERÖFFENTLICHT

679   THREE STARS HENNESSY

(Kurzgeschichte)   KM 169

— *Frühere Fassung* unter dem Titel: *Hennessy with Three Stars*
    Entwurf, Typoskript
o.O.   o.D. [1942]   13 + 3 Bl Typo mit hs Korr

    Typoskript
o.O.   o.D. [1942]   19 Bl Typo mit hs Korr (2 Exempl)

– Unter dem Titel: *Three Stars Hennessy*

Fassung 1, Typoskript
o.O.   o.D. [1942]   15 Bl Typo mit hs Korr

Fassung 2, Typoskript
o.O.   o.D. [1942]   14 Bl Typo mit hs Korr

Zur Datierung: *dem Typoskript ist ein Zettel des literarischen Agenten Franz Horch mit folgendem Inhalt beigelegt:*
„Die Geschichte war bei: Esquire, Bazaar, Mademoiselle, Ladies NJ, Woman NC, Story Ehrlich, alles Gute, Ihr F. 2.5.1942"
[*Geschichte einer Französin, deren Mann als Luftwaffenoffizier im Krieg gegen Deutschland gefallen ist.*]

C2   UNVERÖFFENTLICHT

680   NAZI-ORIENTATION

A sketch   KM 225

Typoskript
o.O.   o.D. [ca. 1942]   7 Bl Typo mit hs Korr
                                         (Korr auch von anderer Hand)
Zur Datierung: *nach dem Flug von Rudolf Heß nach England am 7.5.1941 und nach den ersten Mißerfolgen der Deutschen in Rußland.*
[*Der „Führer" ist in Bedrängnis. Er gleicht einem Wahnsinnigen, der ständig innere Stimmen hört. Göbbels meldet Rechte auf Amerika an.*]

E1 681   THE TURNING POINT

Thirty-five Years in this Century (Autobiographie)

Vorabdruck:
Disorder and Early Sorrow
in: *Tomorrow*, 2 (1942) 1, September 1942, S. 25–28.

Ausgabe:
L. B. Fischer, New York, 1942.

Übersetzung:
El Punto Culminante, traducion de Alfredo Weiss y Hector F. Miri, Biblioteca Nueva.
Buenos Aires, 1944.
Manuskript   KM 51
– *Outline* (2 Fassungen)
   Typoskript   6, 5 Bl Typo mit hs Korr

– *Verschiedene Fassungen des Vorworts:*
   – *Letter Introduction*   3 Bl Hs

   (Entwurf eines Briefes an die Mutter, *veröffentlicht*, in: *BA2*, S. 175–176)

   – *Letter to an American Soldier*   8 Bl Typo mit hs Korr

   (Brief an den Freund Thomas Quinn Curtiss, nicht veröffentlicht)

   – *Preface* (unveröffentlicht), 2 Fassungen:
     8 Bl Typo mit hs Korr, 7 Bl Typo mit hs Korr (2 Exempl)
   – *Prologue* (veröffentlicht)
     11, 12 Bl Typo mit hs Korr

– *Skizzen aus allen Kapiteln*   150 Bl Typo und Hs

— *Manuskript von Kapitel 1 bis 4*
  — Fassung 1 (Kapitel 4 nur skizziert) 64 Bl Hs und Typo
  — Fassung 2   124 Bl Typo mit hs Korr

— *Manuskript von Kapitel 5: The Devout Dance — 1924—1927*
  3 Fassungen:
  1. *The Devout Dance 1924—1927* (ursprünglicher Titel: *Literature*)
                                      37 Bl Typo mit hs Korr
  2. *The Devout Dance, Chapter 6*   51 Bl Typo mit hs Korr
  3. *The Devout Dance* ("sample chapter") 41 Bl Typo mit hs Korr

— *Manuskript von Kapitel 6: Rien que la terre — 1927—1928*
  2 Fassungen   23, 45 Bl Typo mit hs Korr

— *Manuskript von Kapitel 7: Europe*
  1 Fassung   42 Bl Typo mit hs Korr

— *Manuskript von Kapitel 8: Olympus — 1928—1930*
  2 Fassungen
  1. *Chapter 5, The Olympus 1924*
  (Teile des endgültigen Kap. 5, *The Devout Dance*, mit Anfängen von Kapitel 8)
                                       42 Bl Typo mit hs Korr
  2. *Olympus*, by Klaus Mann (Die Bezeichnung „Chapter VIII", getippt, ist mit
  Bleistift gestrichen)   38 Bl Typo mit hs Korr
  (Das Kapitel in seiner veröffentlichten Fassung. Aber vielleicht für eine getrennte
  Veröffentlichung vorgesehen.)

— *Manuskript von Kapitel 9 bis 11*
  — Fassung 1 (Kapitel 10 nur skizziert) 74 Bl Typo + Hs
  — Fassung 2   122 Bl Typo mit hs Korr

— *Manuskript von Kapitel 12: Decision*
  nur Auszüge!   10 Bl Typo + Hs

Zur Entstehung: *Im August 1941 beschließt K. M., seine zweite Autobiographie zu
schreiben (Cf. TP, S. 348—349). Ende November unterschreibt er den Vertrag mit
seinem Verleger (Cf. Vertrag mit L. B. Fischer Publishing Corporation, New York, 22.11.
1941, KM 3). Ende Mai 1942 ist das Manuskript beendet: Cf. Brief an Katia Mann, 21.5.
1942, in: BA2, S. 174.*
The Turning Point *erschien im September 1942: Cf. Thomas Mann,* Tagebücher 1940—
1943, S. 475 *(Eintragung vom 19.9.1942).*

*Die verschiedenen Skizzen, Gliederungen und Typoskripte lassen eindeutig zwei Schaf-
fensphasen erkennen:*
— *Ursprünglich sollte das Werk nicht durch den veröffentlichten* Prologue *(Geschichte
der Familie Mann bis zu K. Ms Geburt, S. IX—XVIII) eröffnet werden, sondern (siehe
oben) entweder durch einen Brief an die Mutter, oder einen Brief an Thomas Quinn
Curtiss, oder ein Vorwort, das das Problem des autobiographischen Schrifttums im
allgemeinen behandelt hätte.*
— *Das erste verfaßte Kapitel ist* The Devout Dance, *das dem Verleger als Probekapitel
eingereicht wurde.*
— *Aus der Zeit der ersten Schaffensphase liegen zwei „Outlines" vor, die nur gering-
fügig voneinander abweichen.*
— *In seiner ersten Form wies das Werk aber einen bedeutenden Unterschied gegenüber
der veröffentlichten Fassung auf:*
das Kapitel Olympus — *Kernstück des Buches, S. 196—229 — wird in der ersten „Outline" nicht genannt. Es ist zwischen der Abfassung der ersten „Outline" und der Rein-
schrift des Buches entstanden.*

682 DECISION II

(Leitartikel)

in: *Decision*, Vol 3 (1942) 1—2, January—February 1942, S. 3—6.

> [*K. Ms letzter Leitartikel für seine Zeitschrift. Er betont wieder, daß sie ein unabhängiges Organ ist und setzt sich für die Weltdemokratie ein.*
> *Auch eine Aufforderung an die Regierenden, die Rolle der Intellektuellen nicht zu unterschätzen: es seien die Ideen, die dem Kampf gegen das Böse seinen Sinn geben.*]

683 PROFILE OF THE MONTH: MARIANNE LORRAINE

(Feuilleton)

in: *Decision*, Vol 3 (1942) 1—2, January—February 1942, S. 71—72.

> [*Portrait der Schauspielerin Marianne Lorraine (bekannter unter dem Namen: Marianne Oswald).*]

684 VICTIMS OF FASCISM: STEFAN ZWEIG

(Nachruf)

in: *Free World*, New York, Vol 2 (1942) 3, April 1942, S. 274—276.
ferner, Deutsch von Erika Mann, unter dem Titel: *Stefan Zweig*, in: P, S. 323—329.

Manuskript

Vorstufe, Deutsch, unter dem Titel: *Stefan Zweig*	KM 566
o.O. o.D. 3 Bl Typo mit hs Korr	

Typoskript, Englisch, unter dem Titel: *„Beware of Pity!"*	KM 79
New York City 9.3.1942 7 Bl Typo mit hs Korr	

> *Stefan Zweig hatte am 22.2.1942 in Brasilien Selbstmord begangen.*
> [*K. Ms Nachruf ist ein Portrait des Künstlers und liberalen Intellektuellen. Ferner: Überlegungen zum Thema Selbstmord „Wer aber sein Leben aufgibt, der entzieht sich einer Moralität, die gewichtlos wird im Vakuum der Ewigkeit".*]

685 DON'T LET IT FOOL YOU

(Aufsatz)

in: *Town and Country*, 24.7.1942.

Druckfahnen im KMA.

> [*Strenger Aufsatz gegen die Surrealisten:* Cf. Nr. 703.]

686 VIRGINIA WOOLFS POSTHUMOUS ESSAYS

(Renzension)

in: *The Chicago Sun Book Week*, 1.11.1942.

> *Virginia Woolf hatte sich am 28.3.1941 das Leben genommen.*

> [*Über ihr Buch*, The Death of the Moth and other Essays, *Harcourt, Brace, New York, 1942. Die Essays der britischen Schriftstellerin seien große Literatur, denn sie enthielten auch Teile einer Konfession.*]

687 M. ANDRE MAUROIS' REMINISCENCES OF PRE-VICHY FRANCE.
He writes with Mellowness about his own 'Best of all possible Worlds'.

(Rezension)

in: *The Chicago Sun Book Week*, 8.11.1942.

> [*Über das Erinnerungsbuch von André Maurois,* I Remember, I Remember, *Harcourt, Brace, New York, 1942.*
> *K. M. schätzt Maurois Prosa, aber er ist ziemlich mißtrauisch gegen ihn geworden, weil die Nazis, seiner Auffassung nach, an seinen Ausführungen keineswegs Anstoß nehmen würden, wenn er kein Jude wäre.*]

688 GERMANY'S GENERALS – VILLAINS AND VICTIMS OF THIS WAR

(Rezension)

in: *The Chicago Sun Book Week*, 22.11.1942.

Manuskript   KM 270

Typoskript unter dem Titel: *Curt Riess about German Generals*
o.O.   o.D.   5 Bl Typo mit hs Korr

> [*Über das Buch von Curt Riess (geb. 1900),* The Self-Betrayed: Glory and Doom of the German Generals, *G. P. Putnam's Sons, New York, 1942. Positiv.*
> *Ein Anlaß für K.M., auf die Interessengemeinschaft zwischen Hitler und seinen Generalen hinzuweisen. Er schließt einen Aufstand des deutschen Volkes nach der Niederlage der Generale nicht aus.*]

689 KLAUS MANN GAILY REPORTS FAMILY'S PRODIGIOUS READING

in: *The New York Post*, 2.12.1942.

ferner, unter dem Titel: *A Christmas Letter in which Klaus Mann Gaily Reports the Prodigious Reading and Writing of the Family Mann*, in: *The Chicago Daily News*, 2.12.1942.

690 MEMORIES OF FREE FRANCE; EXHORTATION TO HER CONQUERORS

(Rezension)

in: *The Chicago Sun Book Week*, 27.12.1942.

> [*Über das Buch von Julien Green,* Memories of Happy Days, *Harper, New York, 1942.*
> *K. M. rezensiert Greens Buch mit besonderer Symphatie, weil er in ihm einen Schicksalsgenossen sieht.*]

ferner, Deutsch von Erika Mann, unter dem Titel: *Erinnerungen aus glücklichen Tagen*, in: *P*, S. 98–102.

691 DOROTHY THOMPSON SPEAKS TO HER GERMAN FRIEND, HANS

(Rezension)

in: *The Chicago Sun Book Week*, 27.12.1942.

Manuskript, unter dem Titel: *Dorothy Thompson Speaking*   KM 303

Typoskript
o. O.   o.D.   4 Bl Typo mit hs Korr

[*Über das Buch von Dorothy Thompson (1894–1961)*, Listen Hans, *Houghton Mifflin, Boston, 1942. Das Buch ist auf der Grundlage von Rundfunkkommentaren entstanden und behandelt die deutsche Frage.*
K. M. übt Kritik an den Ausführungen von Dorothy Thompson zur deutschen Geschichte: Ihre Behauptung, die Entstehung des Deutschen Reiches sei die Verwirklichung der tiefsten Wünsche der deutschen Massen, entspreche nicht der Wirklichkeit; die Gründung des deutschen Einheitsstaates habe nur die Errichtung der preußischen Hegemonie über Deutschland bedeutet.]

F2   UNVERÖFFENTLICHT

692   THE LAST DECISION

(Aufsatz)   KM 654

Typoskript
o.O.   o.D. [Februar 1942]   5 Bl Typo mit hs Korr
   Zur Datierung: *das letzte Heft von* Decision *erschien Anfang Februar 1942 (Cf. Thomas Mann*, Tagebücher 1940–1943, S. 388, Eintragung vom 5.2.1942).
   [*Eine sehr bittere Abrechnung mit Amerika. Es habe keinen Sinn zu glauben, die Kultur könne in den USA blühen. Die Amerikaner seien eigennützige Materialisten und hätten die Botschaft von Walt Whitman, ihrem einzigen großen Dichter, immer mißachtet. Als Zukunftsvision sei eine amerikanisierte Welt ebenso beängstigend wie eine von den Nationalsozialisten beherrschte Welt.*]

693   IN THE MATTER OF MARGOT VON OPEL

Statement   KM 613

Typoskript
o.O.   3.3.1942   5,4 Bl Typo mit hs Korr
   [*Memorandum, um zur Freilassung einer Freundin beizutragen, die im Rahmen der (seit Eintritt der USA in den Krieg) — insbesondere gegen Deutsche geltenden — Gesetzgebung gegen ,,enemy aliens`` festgenommen worden war.*]

694   COCTEAU AND GIDE

(Aufsatz)   KM 107

Typoskript
New York   June 1942   20 Bl Typo mit hs Korr
   [*Erinnerungen an die beiden französischen Schriftsteller, die ihn am meisten beeindruckt haben. Obwohl Cocteau damals keine sehr eindeutige Haltung gegen die Deutschen hatte, entzieht ihm K. M. seine Sympathie nicht völlig. Cocteau sei gleichzeitig ein großer Künstler und eine Art Phänomen, das den anderen stets neue Überraschungen zu bereiten versuche. Gide sei dagegen ein Moralist und ein Schriftsteller, der stets im Dienst der Wahrheit handelt, auch wenn das ihn manche Freundschaften kostet. Er verkörpere auch alle Möglichkeiten des europäischen Geistes.*]

695   WHAT THE GERMAN HAVE TO FEAR?

(Vortrag)   KM 323

Typoskript und Handschrift
o.O.   o.D. [Sommer 1942]   19 Bl
   Zur Datierung: *kurz nach dem Massaker in Lidice, am 10.6.1942.*
   [*Niemand könne behaupten, das III. Reich vertrete das Deutschtum. Die Nazis hätten*

die „doppelte Seele" nicht, die für den deutschen Charakter typisch sei. Der größte Fehler der Deutschen sei ihr Minderwertigkeitskomplex, der sie zu aggressiven Handlungen verleite.
Ferner drückt K.M. seine Enttäuschung aus über das Fehlen oppositioneller Handlungen gegen das nationalsozialistische Regime in Deutschland.]

696 [RADIO-INTERVIEW]

Vol V, N⁰ 154   KM 59

Reader's Almanac W N Y C, De 14 (1942) 4: 30–46 (zwischen) Klaus Mann – Warren Bower   2 Bl Typo + 4 Bl Typo mit hs Korr
[*Themen: der Krieg; die Einstellung eines deutschen Antinazis zum III. Reich.*]

1943

B2 UNVERÖFFENTLICHT

697 THE MONK

(Kurzgeschichte)   KM 223
– *Frühere Fassung* unter dem Titel: *Adventure*

Handschrift
o.O.   o.D. [1943]   10 + 2 Bl
– Unter dem Titel: *The Monk*

1. Fassung
Typoskript
o.O.   o.D. [1943]   10 Bl Typo mit hs Korr

2. Fassung
Typoskript
o.O.   o.D. [1943]   19 Bl Typo mit hs Korr
    Zur Datierung: *die Geschichte ist ein Bericht über Erlebnisse in der amerikanischen Armee.*
    [*Thema: ein Intellektueller in der Armee.*]

C2 UNVERÖFFENTLICHT

698 THE DEAD DON'T CARE

A play in three acts, 1943.
– *Vorstufen*
    – *Entwürfe* unter dem Titel: *Ghost Rush*   4 Bl Hs   KM 263
                                  Ghost Story 2 Bl Hs   KM 263
    – Unter dem Titel *Ghost-Story* (Kurzgeschichte)   KM 30

    First Version (Vermerk von K.Ms Hand) 11 Bl Typo mit hs Korr
    Second Version (Vermerk von K.Ms Hand) 2 Bl Typo mit hs Korr
    sämtliche Vorstufen: 1942

– *Das Stück*   KM 30
Entwürfe, darunter einer unter dem Titel: *Deserteurs*

Typoskript
o.O.   o.D. [1942]   65 Bl Typo mit hs Korr

Typoskript
o.O.   1943   121 Bl Typo mit hs Korr

> Zur Entstehung: *K.M. schrieb das Stück Ende 1942 (Cf. Brief an Bruno Frank, 4.11. 1942, in: BA2, S. 181). Sein Verleger hatte es mehreren Agenten angeboten (Cf. Brief von Eileen Garrett an K.M. 3.3.1943, KMA); es wurde aber abgelehnt (Cf. Brief von Richard Pitman Agency an Eileen Garrett, 18.10.1943, KMA).*

> [The Dead Don't Care *ist ein mißlungenes Stück. Die Handlung beginnt erst in der Mitte des zweiten Aktes. Es könnte fast als Propaganda-Stück angesehen werden: es zeigt insbesondere, wie der FBI die „5. Kolonne" entlarvt.*
> *Auch Reminiszenzen aus früheren Werken (z. B. ein Zwillingspaar, das in manchem an die Gestalten aus* Geschwister *erinnert).*]

699   ANDRE GIDE AND THE CRISIS OF MODERN THOUGHT

(Monographie)

Ausgabe:
Creative Age Press Inc, New York, 1943.

Manuskript:
— Unter dem Titel: *André Gide and the Moral Crisis of Europe*   KM 38
  Typoskript
  o.O.   o.D. [1942]   7 Bl Typo mit hs Korr

> [*Gliederung des Buches und Erklärung über seine Ziele mit diesem Werk:*
> „*My purpose in writing this book is not only to re-examine and evaluate the individual drama of André Gide in the light of the recent events; but also to clarify the developments by analysing them in connection with his at once singular and symptomatic story. By doing so I may succeed in tracing the current social and political crisis back to its moral sources and, furthermore, in rationalizing my faith that the crisis may be eventually overcome."*]

— *Verschiedene Entwürfe*   KM 39
  o.O.   o.D. [1942]   17 Bl Typo + Hs

— *Fassung 1*   KM 39
  (Entwürfe und schon verfaßte Teile)

  Prologue   8 Bl Typo mit hs Korr
  (nicht veröffentlicht)

  Kapitel 1 bis 9 und Epilogue   125 Bl Typo + Hs

— *Fassung 2*   KM 39
  Manuskript der Einleitung und von Kapitel 1 bis 9:
  Typoskript
  o.O.   o.D. [1942]   279 Bl Typo mit hs Korr

Manuskript eines ursprünglich vorgesehenen 10. Kapitels unter dem Titel: The Quest (in der Buchfassung durch Epilogue, S. 313—326 ersetzt):

Typoskript (unvollständig)
o.O.   o.D. [1942]   14 Bl Typo mit hs Korr

> Zur Entstehung: *Seine Absicht, ein Buch über Gide zu schreiben, teilte K. M. seinem Bruder Golo schon am 19.7.1939 mit (Cf. Brief an Golo Mann, KMA). Am 29. Juni 1942 unterschrieb er den Vertrag mit dem Verlag (Cf. Vertrag mit Creative Age Press, KM 3). Anfang Juli 1942 war das erste Kapitel des Buches skizziert (Cf. W, S. 392). Am 6.10.1942 war das Manuskript abgeschlossen (Cf. W, S. 393). Das Buch erschien Anfang Februar 1943 (Cf. Thomas Mann, Tagebücher 1940—1943, S. 535—536, Eintragung vom 11.2.1943).*
> *Gide hatte Anfang 1944 das Buch noch nicht gelesen, aber es war ihm zugetragen worden, daß es einen Angriff gegen seinen Vertrauten, den Regisseur Marc Allégret enthielt*

(Cf. S. 298). Cf. dazu Briefe von Gide an K.M. 14.1.1944, 27.1.1944, 28.3.1944; Brief von K.M. an Gide 4.4.1944; Brief von Gide an K.M. 13.4.1944.
Als Gide das Buch gelesen hatte, reagierte er aber sehr positiv: Cf. Brief an K. M., 25.4. 1944 (alle Briefe in: André Gide – Klaus Mann Briefwechsel, *Einleitung und Anmerkungen von Michel Grunewald, op. cit.).*

700   HEART OF EUROPE

An Anthology of Creative Writing in Europe 1920–1940.

edited by Hermann Kesten und Klaus Mann with an introduction by Dorothy Canfield Fischer.

L. B. Fischer, New York, 1943.

ferner, unter dem Titel: *The Best of Modern European Literature*, Blakiston, Philadelphia, 1944.

Vorwort von Klaus Mann: S. XXv – XXXVI.

Manuskript des Vorwortes   KM 168

Typoskript unter dem Titel: *The Heart of Europe*

o.O.   o.D. [1943]   15 Bl Typo mit hs Korr

+ Gliederung des Buches   4 Bl Typo mit hs Korr

[*In K.Ms und Kestens Anthologie waren Schriftsteller aus folgenden Ländern vertreten: Frankreich, Spanien, Portugal, Italien, Griechenland, Rumänien, Bulgarien, Ungarn, Jugoslawien, Polen, Rußland, der Tschechoslowakei, Österreich, Deutschland, Dänemark, Norwegen, Schweden, Finnland, der Schweiz.*

Die deutschen Autoren waren: *Thomas Mann, Stefan George, Else Lasker-Schüler, René Schickele, Annette Kolb, Alfred Döblin, Leonhard Frank, Ernst Toller, Joachim Maaß, Gustav Regler, Bertolt Brecht, Carl Zuckmayer, Hermann Kesten, Heinrich Mann.*]

E2   **UNVERÖFFENTLICHT**

701   OUTLINE OF AN AMERICAN ANTHOLOGY IN GERMAN LANGUAGE
(TO BE PUBLISHED IN, AND FOR, POST-WAR GERMANY)

(Buchentwurf)

Typoskript   KM 3
o.O.   o.D. [1943]   2 Bl Typo mit hs Korr

Zur Datierung: *als möglicher Verfasser des Vorwortes wird Vizepräsident Henry Wallace (1888–1965), der 1941–1945 im Amt war, genannt.*

[*Das Buch hätte etwa 585 Seiten gezählt und wäre von K.M. und Hermann Kesten herausgegeben worden. Es hätte 4 Teile gehabt: American Prose, American Poetry, American Journalism, Aspects of American Culture.*
K.M. hätte das Schlußwort verfaßt; Thomas Mann hätte die Einleitung geschrieben.]

F1   **702   NEW VOLUME IN DOCUMENTARY SAGA OF MODERN CIVILISATION**

(Rezension)

in: *The Chicago Sun Book Week*, 24.1.1943.

Manuskript unter dem Titel: *Upton Sinclairs New Novel*   KM 242

Typoskript
o.O.　　　o.D.　　　　　　　　3 Bl Typo mit hs Korr

[*Über das Buch von Upton Sinclair,* Wide is the Gate, *Vicking Press, New York, 1942. Positiv.*]

703 SURREALISTIC CIRCUS

(Aufsatz)

in: *The American Mercury,* Concord, New Hampshire, Vol 56 (1943) 230, February 1943, S. 174—181.

ferner, eine gekürzte Fassung in: *The Morning World Herald,* Omaha, Nebraska, 31.1. 1943.

[*Sehr kritischer Aufsatz über den Surrealismus (Cf. auch Nr. 685). K.M. stellt den Surrealismus und die , Revolution des Nibilismus" auf die gleiche Stufe. André Breton und seine Freunde hätten es sich zum Ziel gesetzt, die Zivilisation zu zerstören. Sie hätten auf diese Weise die Kunst verraten, denn Kunst dürfe die Unordnung nicht preisen. Sie dürfe die Vernunft nicht verachten, sonst leiste sie dem Faschismus Vorschub.*]

704 HENRICH HEINE AS ESSAYIST AND PROPHET

(Rezension)

in: *The Chicago Sun Book Week,* 21.2.1943.

[*Über:* Heinrich Heine, Works of Prose, *edited by Hermann Kesten, L.B. Fischer, New York, 1942. Sehr positiv.*
Ein Anlaß, eine Parallele zwischen Heine und den deutschen Emigranten zu ziehen: wie sie sei er ein Opponent und Kosmopolit gewesen.]

705 NAZI MENACE IN ENGLAND

(Rezension)

in: *The Chicago Sun Book Week,* 14.3.1943.

[*Über das Buch des britischen Schriftstellers John Boyton Priestley (geb. 1894),* Black out in Gretley, *1942. Sehr positiv.*]

706 GRIM PICTURE OF BRUTE WORLD RULED BY VIOLENCE AND INSULAR DESPAIR

(Rezension)

in: *The Chicago Sun Book Week,* 21.3.1943.

[*Über das Buch des französischen Schriftstellers Jean Malaquais (geb. 1908),* Men from Nowhere, *L.B. Fischer, New York, 1942. Sehr positiv.*]

707 GERMANY'S EDUCATION

(Aufsatz)

in: *Tomorrow,* 2 (1943) 8, April 1943, S. 36—39.

Manuskript

Entwürfe   KM 415
o.O.   o.D.   2 Bl Hs

Typoskript   KM 123
o.O.   o.D.   11 Bl Typo mit hs Korr

> *K.M. zieht die Bilanz einer Polemik, die im Juli 1942 in deutschen Exilkreisen durch eine Ansprache von Emil Ludwig ausgelöst wurde.*
> *Zu dieser Polemik,* Cf. *die Materialien seines Aufsatzes: Emil Ludwig,* Was soll mit Deutschland geschehen?, *in:* Aufbau/Reconstruction, *24.7.1942; Paul Tillich,* Was soll mit Deutschland geschehen? Gegen Emil Ludwigs neueste Rede, *in:* Aufbau/Reconstruction, *17.7.1942; Emil Ludwig,* An die deutschen Patrioten im Exil, *in:* Aufbau/Reconstruction, *14.8.1942; Friedrich Emil Förster,* Die Deutschen als Anbeter der Gewalt, *in:* Aufbau/Reconstruction, *31.7.1942; Stellungnahmen von Alfred Kantorowicz und Paul Tillich in:* Aufbau/Reconstruction, *7.8.1942.*
>
> *[Die Bilanz, die K.M. zieht, ist sehr streng, und er neigt dazu, Emil Ludwig recht zu geben. Er findet die Haltung der „exilierten Patrioten" wie Tillich unverständlich, denn niemand dürfe behaupten, die Deutschen führten den Krieg so grausam, weil Hitler sie dazu zwinge. Er gibt auch zu, daß er sich bis 1939 Illusionen hingegeben habe, als er erklärte, seine Landsleute würden sich gegen das nationalsozialistische Regime auflehnen.*
> *Ferner stellt er mit Zufriedenheit fest, daß in den angelsächsischen Ländern kein Deutschenhaß herrsche.*
> *Nach dem verlorenen Krieg werde man die Deutschen erziehen müssen. Dies könne nur mit ausländischer Hilfe getan werden.*
> *Die Lösung der deutschen Frage könne aber erst nach Schaffung eines dauerhaften Friedens gefunden werden.]*

708   DEFINING PAUL CLAUDEL

(Leserbrief)

in: *The New York Herald Tribune* (Zeitungsausschnitt ohne Datum, KMA; Leserbrief datiert vom 19.4.1943)

> *[Antwort auf einen Leserbrief des französischen Philosophen Jean Wahl (1888–1974), der ihn wegen seiner Kritik an Paul Claudel in* Andre Gide and the Crisis of Modern Thought *(S. 297–298) angegriffen hatte. K.M. erhält seine Behauptungen aufrecht: Claudel sei ein großer Dichter, ein Visionär, er sei zwar antideutsch eingestellt, aber sei kein Gegner des Faschismus.]*

709   CAMP CROWDER BECOMING COLOURFUL, COSMOPOLITAN PLACE THESE DAYS

(Bericht)

in: *Camp Crowder Message,* 22.5.1943

(Zeitungsausschnitt mit Datumsangabe von K.Ms Hand, KMA; das Datum könnte falsch sein, denn K.M. diente erst ab Mitte Juni 1943 in Camp Crowder: *Cf.* Mappe KM 4)

> *[In Camp Crowder dienen amerikanische Soldaten sehr verschiedener Herkunft: Italiener Franzosen, Ungarn, Deutsche . . .]*

710   HEINE'S ENGLISH ADMIRERS, CRITICS AND ANTAGONISTS

(Rezension)

in: *The Chicago Sun Book Week,* 30.5.1943.

> *[Über das Buch von Stanton L. Wormley,* Heine in England *University of North Carolina Press, 1943 (?). Positiv.]*

711 REHABILITATION SCHOOL OPENED AT HOSPITAL

(Bericht)

in: *Camp Crowder Message*, 29.7.1943.

> [*Bericht über ein Rehabilitationszentrum für Verwundete.*]

712 [SERIE] SERVICE CLUB LIBRARIES TEEMING WITH FICTION, NON FICTION WORKS

in: *Camp Crowder Message*, 31.7., 7.8., 12.8., 19.8.1943.

> [*Über Neuzugänge der Bibliothek von Camp Crowder.*]

713 BEETHOVEN: LIFE OF A CONQUEROR

(Rezension)

in: *Tomorrow*, 2 (1943) 12, August 1943, S. 51—52.

Manuskript   KM 214

Typoskript
o.O.   o.D.   4 Bl Typo mit hs Korr

> [*Über das Buch von Emil Ludwig, Beethoven, Life of a Conqueror, G. P. Putman's Son, New York, 1943 (deutsche Ausgabe: 1945). An Ludwigs Biographie mißfällt K.M. der manchmal arrogante Ton. Im ganzen doch positives Urteil.*]

714 BOLD NOVEL OF A NEAR-NAZI LAND

(Rezension)

in: *The Chicago Sun Book Week*, 1.8.1943.

Manuskript unter dem Titel: *A Conservative Utopia*   KM 313

Typoskript
o.O.   o.D.   4 Bl Typo mit hs Korr

> [*Über den politischen Roman von Hermann Borchard (gest. 1951, Näheres nicht zu ermitteln), The Conspiracy of Carpenters, Simon and Schuster, New York, 1943. Das Buch sei gut geschrieben, aber wegen seines konservativen Charakters sei es nicht unbedingt zu empfehlen.*]

715 HOW TO SPEND FURLOUGH TOLD BY WRITER AFTER 6000 MILES TRIP

(Bericht)

in: *Camp Crowder Message*, 26.8.1943.

> [*Über die Art, den Urlaub zu verbringen. K.M. war auf 14 tägigen Urlaub zu Hause.*]

716 [SERIE] DO YOU KNOW? CURIOSITIES OF THE WEEK

in: *Camp Crowder Message*, 26.8., 2.9., 9.9., 16.9., 30.9., 7.10., 14.10., 21.10., 28.10., 4.11., 11.11., 18.11., 9.12.1943.

> [*Kurzkommentare zu verschiedenen Themen.*]

717 [SERIE] CITIES IN THE NEWS

in: *Camp Crowder Message:*

Hamburg, 9.9.1943; *Tunis,* 16.9.1943; *Berlin,* 23.9.1943; *Moscow,* 30.9.1943; *Naples,* 7.10.1943; *Munich,* 14.10.1943; *Paris,* 21.10.1943; *Vienna,* 28.10.1943.

> [*Notizen über Großstädte, von denen in der Kriegsberichterstattung die Rede ist. Hervorzuheben,* der Bericht über Hamburg: *K.M. bedauere die Bombenangriffe über die Stadt nicht, denn sie seien notwendig. Er läßt jedoch keine Abneigung gegen die Deutschen aufkommen: am Ende seiner Notiz erinnert er an die ,,Taten individuellen Heroismus'', die die Hamburger gegen das III. Reich vollbracht hatten und betont, daß die Widerstandsbewegung dort stark gewesen sei.*]

718 CAMP SALVAGE PROGRAMM GETS WIDE RESULTS

(Bericht)

in: *Camp Crowder Message,* 16.9.1943.

> [*In Kriegszeiten sei es sehr wichtig, daß kein wertvolles Material verlorengeht.*]

719 INFILTRATION RUN THE "REAL THING", SOLDIER DISCOVERS

(Bericht)

in: *Camp Crowder Message,* 7.10.1943.

> [*Über die Nahkampfausbildung: Eindrücke eines amerikanischen Soldaten.*]

720 TWENTY FAMOUS EXILES OF HISTORY

(Rezension)

in: *The Chicago Sun Book Week,* 10.10.1943.

Manuskript unter dem Titel: *The Torch of Freedom*   KM 309

Typoskript
o.O.   o.D.   3 Bl Typo mit hs Korr

> [*Über das Buch:* The Torch of Freedom. Twenty Famous Exiles of History, *edited by Emil Ludwig and Henry B. Kranz, Farrar and Rinehard, 1943. Eine Sammlung von Aufsätzen über Exilierte von Ovid bis Stefan Zweig. Positiv, aber K.M. betont, daß das Exil als geschichtliches Phänomen sehr unterschiedliche Aspekte aufweist.*]

721 VALUE OF G. I. INSURANCE IS REEMPHASIZED

(Glosse)

in: *Camp Crowder Message,* 21.10.1943.

> [*Über Lebensversicherungen für Soldaten.*]

722 BRUNO FRANK ACHIEVES MAJOR STATURE IN FINE NOVEL

(Rezension)

in: *The Chicago Sun Book Week,* 24.10.1943.

ferner, unter dem Titel: *One Fair Daughter,* in: *Tomorrow,* 3 (1943) 3, November 1943, S. 51.

Manuskript unter dem Titel: *One Fair Daughter*

Typoskript

o.O.   o.D.   3 Bl Typo mit hs Korr

> [*Rezension des Buches von Bruno Frank*, One Fair Daughter, *Vicking Press, New York, 1943 (Deutsche Ausgabe:* Die Tochter, *E. Libre Libro, Mexico, 1943; Bermann Fischer, Stockholm, 1945). Ein historischer Roman, dessen Hintergrund Polen ist. Sehr positiv.*]

723 W.A.C. OFFICER HERE AUTHOR OF NOVEL HAILED BY CRITICS

(Bericht)

in: *Camp Crowder Message*, 28.10.1943.

> [*Über die Schriftstellerin Eulalie Beffel, Verfasserin des Romans* The Hero of Antietam *(Näheres nicht zu ermitteln), Leutnant in der amerikanischen Armee.*]

724 THE REBELLIOUS CHRISTIAN

(Aufsatz)

in: *Tomorrow*, 3 (1943) 3, November 1943, S. 35–37.

Manuskript

Hanschrift

o.O.   o.D.   19 Bl

Typoskript

o.O.   o.D.   10 Bl Typo mit hs Korr

> [*Sehr positiver Aufsatz über die Laufbahn von Georges Bernanos. K.M. empfindet große Sympathie für ihn als Katholiken und als Kritiker der konservativen Politiker. Er teilt seine Auffassung, daß Faschismus auf die Errichtung einer „antichristlichen" Tyrannei hinauslaufe. Ferner begrüßt er es, daß er als Exilierter keiner Sehnsucht freien Lauf lasse, sondern eine konstruktive Zukunftsvision habe. Sein Urteil: „Voilà un homme!".*]

725 SERVICE CLUB LIBRARIES CRAMMED WITH MANY NEW OUTSTANDING BOOKS

in: *Camp Crowder Message*, 11.11.1943.

> [*Über Neuzugänge der Bibliothek von Camp Crowder.*]

726 CROWDER G.Is CAN KEEP POSTED ON ALLIES THROUGH MANY NEW BOOKS

(Mitteilung)

in: *Camp Crowder Message*, 18.11.1943.

> [*Über Bücher zu den Themen Rußland, Polen, Afrika, China.*]

727 SEE YOUR CHAPLAIN

(Mitteilung)

in: *Camp Crowder Message*, 18.11.1943.

> [*K.M. stellt Chaplain J.H. Plueger, Kaplan des „Prisoners of War Camp" von Camp Crowder, vor.*]

728 THE GERMAN RIDDLE

(Aufsatz)

in: *Camp Crowder Message*, 25.11. und 2.12.1943.

[*K.Ms Aufsatz über das deutsche Problem erscheint nach Bekanntgabe der Forderung nach bedingungsloser Kapitulation der Deutschen (Konferenz von Casablanca,
14.–15.1.1943) und während der Konferenz der Großen Drei in Teheran (28.11. –
2.12.1943). Er ist auf der Grundlage einer Unterstützung der amerikanischen Politik
gegen das Deutsche Reich konzipiert.
K.M. ist sehr streng gegen die Deutschen: sie hätten die Errichtung des III. Reiches
mit Begeisterung aufgenommen und hätten gewußt, welche Folgen Hitlers Politik
haben würde. Nur einige Tausend von ihnen hätten versucht, dem Nationalsozialismus Widerstand zu leisten. Aus diesen Gründen sei nach dem Krieg eine sehr strenge
Politik gegen Deutschland notwendig. Das Land müsse besetzt und von den Alliierten
regiert werden, bis die Umerziehung des Volkes tatsächlich erfolgt sei. Eine Spaltung
des Reiches könne auch günstig für den Frieden sein. Man dürfe aber nicht den Irrtum
begehen, alle Deutschen als Schuldige zu behandeln. Es sei auch nicht wünschenswert,
den deutschen Nationalcharakter ändern zu wollen. Vielmehr müsse man versuchen,
die guten Anlagen der Deutschen zu entwickeln.*]

F2 UNVERÖFFENTLICHT

729 NOTES FROM A BASIC TRAINING

(Bericht)   KM 232

Typoskript
o.O.   o.D. [Frühjahr 1943]   4 Bl Typo mit hs Korr

[*Über die Grundausbildung in der amerikanischen Armee. K.M. drückt seinen Stolz
aus, als amerikanischer Soldat am Krieg teilzunehmen. Auch Angaben über die Stimmung der amerikanischen Soldaten: Sie kümmerten sich wenig um Politik, empfänden
keinen Haß gegen die Deutschen und seien kulturell interessiert.*]

730 CONFIDENTIAL, CAMP RITCHIE, MARYLAND, JUNE 7, 1943

Subject: *Antisemitic Incident at this Post*

Typoskript   KM 415
                               2 Bl Typo mit hs Korr

731 THE FORTRESS OF EUROPE

(Radioansprache)   KM 148

Typoskript
o.O.   15.7.1943   6 Bl Typo mit hs Korr

[*Eine Radioansprache, die am 15.7.1943 in der Serie ,,The War in Outline" ausgestrahlt
wurde.
Über die allgemeine militärische Lage in Europa: Die Siegeszuversicht der Deutschen
sei stark angeschlagen, aber die deutschen Armeen seien noch sehr gefährlich. Einige
Bemerkungen zum Problem Deutschland. Bekenntnis zu Beneš. Heftige Kritik am
Vichy-Regime in Frankreich.*]

732 WRITERS IN THE ARMY

(Aufsatz) by Sgt Klaus Mann   KM 400

Typoskript
o.O.   o.D. [Sommer 1943]   7 Bl Typo mit hs Korr

Zur Datierung: *K.M. war seit dem 30.4.1943 Unteroffizier (Cf. Mappe KM 4), und als er den Aufsatz schrieb, war er noch in den USA.*

[*Die allgemeine Mobilmachung, die der Krieg zur Folge hat, mache es den Schriftstellern notwendig, sich in den Dienst der Vereinten Nationen zu stellen. K.M. nennt als Beispiele: J.B. Priestley, John Steinbeck, die sehr wertvolle Arbeit für die Sache der Freiheit leisten. Als Soldat müsse ein Schriftsteller aber erkennen, daß er bereit sein solle, sehr bescheidene Aufgaben zu übernehmen. Das Leben in der Kaserne schließe Privilegien für eine Minderheit aus. Ferner spricht K.M. den amerikanischen Soldaten seine Sympathie aus.*]

733 THE BOOK OF THE WEEK – THE ENEMY IN OUR MIDST

(Rezension)   KM 87

Typoskript
o.O.   o.D. [Sommer 1943]   3 Bl Typo mit hs Korr

Zur Datierung: *K.M. schrieb diese Arbeit, als er in Camp Crowder diente (ab Juni 1943, Cf. Mappe KM 4).*
Sie sollte eine Serie eröffnen, deren Aufgabe er folgenderweise umriß:
„A regular book column – informative rather than critical – reviewing and recommending especially such works which have a particular bearing on the war, the war aims, the character of our enemies, or the great traditions of the United States."

[*Rezension des Buches von Alan Hynd*, Passport To Treason, The Inside Story of Spies in America, *Robert Mc Bride and Comp, New York, 1943. Für K.M. eine Gelegenheit, zum Kampf gegen die 5. Kolonne in Amerika aufzurufen.*]

734 EUROPE, AFTER THE COLLAPSE IN ITALY

(Aufsatz)   KM 136

Typoskript
o.O.   14.9.1943   3 Bl Typo mit hs Korr
[*Allgemeine Betrachtungen über die militärische Lage nach der Entlassung von Mussolini am 25.7.1943.*]

735 ORIENTATION

(Glosse)   KM 415

Typoskript
o.O.   1.11.1943   2 Bl Typo mit hs Korr
[*Über die militärische Lage.*]

736 A FAMILY AGAINST A DICTATORSHIP

Lecture, delivered at Carthage, Mo [Missouri], for the Episcopalian Men's Club on October; and in Joplin, Mo, for the Association of University Women, on November 13, 1943.

(Notizen zum Vortrag)   KM 415
Typoskript   1 Bl
    [Cf. *Nr. 478.*]

737 THE GERMAN RIDDLE

30 minutes speech, delivered in Carthage, Mo, November 23 [1943]

Notizen, Typoskript   1 Bl   KM 415

speech, Dec 7, 1943, Joplin Kiwanis Club

Notizen, Typoskript   3 Bl Typo mit hs Korr   KM 269
    [Cf. *Nr. 728.*]

> [*Als K.M. den Vortrag am 7.12.1943 hielt, wußte er seit zwei Tagen (Cf. Brief an die Eltern, 5.12.1943, KMA), daß er bald auf den europäischen Kriegsschauplatz kommen sollte.*]

738 „FROM THE EUROPEAN LIT[ERARY] SCENE TO THE AMERICAN ARMY LIFE"

(Vortrag)   KM 363

Handschrift
o.O.   o.D. [1943]   5 Bl
    [*Themen: seine Laufbahn, die Familie Mann usw.*]

739 THE PRISONER OF WAR CAMP

(Bericht)   KM 377

Typoskript
o.O.   o.D. [1943]   3 Bl Typo
    [*Über ein Kriegsgefangenenlager für deutsche Soldaten in Camp Crowder. K.M. hebt vor allem hervor, daß die Deutschen sehr menschlich behandelt werden.*]

740 HISTORY OF THE 825th REPAIR SERVICE COMPANY

as recorded by T/3 Klaus Mann   KM 355

(the first half beeing based on a draft by Pvt Ch. Eckbloom)

Typoskript
o.O.   o.D. [1943]   31 Bl
    [*K.M. hätte am 30.4.1943 eingebürgert werden sollen. Im letzten Augenblick wurde der Einbürgerungstermin aber verschoben (Cf. Mappe KM 4). Seine Einheit, die in Camp Ritchie stationiert war, wurde am 1.5.1943 nach Europa verschifft. Er blieb in den USA und erhielt am 7.6.1943 seinen Versetzungsbefehl nach Camp Crowder. Er kam in die 825th Signal Repair Company, eine Einheit, in der Fernmeldespezialisten dienten. Da man für ihn keine Verwendung fand, beauftragte man ihn, die Geschichte seiner Kompanie zu schreiben (Cf. Brief an Katia Mann, 18.6.1943, KMA).*]

741 "FREEDOM STATION" BROADCASTS   KM 350

The new weapon in psychological warfare

Excerpts from a "rough draft" by Stefan J. Rundt (Pvt, Camp Ritchie, Maryland)

with comments and additional suggestions

by Klaus Mann (T/3, Camp Ritchie, Maryland)

Typoskript

o.O.   o.D. [1943]   9 Bl Typo mit hs Korr
                                           (2 Exempl)

1944

B2 UNVERÖFFENTLICHT

742 AFRICAN ROMANCE

A story   KM 44

Typoskript

o.O.   o.D. [um 1944]   18 Bl Typo mit hs Korr
                                           (2 Exempl)

  [*Erinnert an die Episode des Haschischrausches aus* Treffpunkt im Unendlichen (Cf. *Nr.*
  149) mit einem Unterschied: hier hat die Geschichte einen glücklichen Ausgang.]

743 THE CONQUERORS

(Kurzgeschichte)   KM 345

Typoskript und Handschrift

o.O.   o.D. [1944]   12 Bl (unvollendet)

  [*K.M. verwendet offenbar Erlebnisse aus dem Feldzug in Italien.*]

744 REUNION FAR FROM VIENNA

A story

Handschrift   KM 384

o.O.   o.D. [1944]   31 Bl

Typoskript   KM 268

o.O.   o.D. [1944]   13 Bl Typo mit hs Korr

  [*Alte Bekannte treffen sich im Krieg.*]

F1   745 HOELDERLIN IN THE BARRACKS

(Rezension)

in: *The Saturday Review of Literature*, New York, 8.1.1944.

Manuskript   KM 357

Typoskript
o.O.   o.D.   5 Bl Typo mit hs Korr
> [*Über:* Some Poems of Friedrich Hoelderlin, *translated by Frederic Prokosch, New Directions, Norfolk, Connecticut, 1943. Sehr positiv. Auch Betrachtungen über den Wert von Lyrik in Kriegszeiten.*]

746   WHAT IS SUFFICIANT TO SPEAK AN ITALIAN

(Glosse)

in: *Town and Country*, August 1944, S. 62, 110.

ferner, unter dem Titel: *Concerning the Adventures of the Irrepressible M. Poly*, in: *The Stars and Stripes*, Mediterranean Edition, Rome, 25.2.1945.

> [*Über das Buch* What is Sufficiant to Speak an Italian – The Small and Modern Polyglott, *Napoly, 1944, eine Sprachlehre Italienisch-Englisch.*]

747   HOMAGE TO PARIS

(Aufsatz)

in: *Tomorrow*, 4 (1944) 2, October 1944, S. 42—46.

> [*Sehnsüchtige Erinnerung an Paris und an die Freunde, die er seit den zwanziger Jahren in der französischen Hauptstadt hat.*]

748   [LETTER TO THE EDITOR]

in: *The Stars and Stripes*, 29.11.1944
> [*Berichtigung über den Namen der V-Waffen der Deutschen*]

749   TRAGEDIA SUL

(Bericht)

in: *Nuovo Mondo*, Revista per il popolo italiano pubblicata per la durata della guerra dall' ufficio informazioni degli stati uniti, Dezember 1944.
> [*Über den Zustand der deutschen Truppen in Italien.*]

750   CLASSICS ARE FIRST CHOICE OF SOLDIERS ABROAD, KLAUS MANN FINDS

(Bericht)

in: *The Chicago Sun Book Week*, 3.12.1944.
> [*Über Bücher, die Soldaten lesen.*]

751   MY OLD COUNTRYMEN

(Aufsatz)

in: *The Stars and Stripes*, 31.12.1944.

Typoskript
o.O.   o.D.   5 Bl Typo mit hs Korr

> [*Es sei für ihn eine Selbstverständlichkeit gewesen, sich freiwillig zum Dienst in der amerikanischen Armee zu melden, um das nationalsozialistische Deutschland zu bekämpfen. Strenges Urteil über die Deutschen: Die meisten von ihnen hätten Hitler für den „Messias" gehalten; die Untergrundbewegung gegen den Nationalsozialismus sei sehr schwach gewesen. Vor 1933 hätten die Gegner Hitlers wegen ihrer Uneinigkeit den politischen Sieg der Nazis nicht verhindern können. K.M. kritisiert auch manche exilierte Deutsche, die jede Beteiligung am Krieg gegen Deutschland ablehnen.*]

F2   UNVERÖFFENTLICHT

752   TO THE MESSAGE, CAMP CROWDER, MO

(Leserbrief)   KM 367

Typoskript
o.O. [Italien]   o.D. [Frühjahr 1944]   2 Bl Typo mit hs Korr

> Zur Datierung: *K.M. ist eben in Italien angekommen. Er war seit dem 14.3.1944 in Italien* (Cf. Enlisted Record of Klaus Mann, *Mappe KM 4*).

> [*Er erzählt von seinen Erlebnissen, seit er die USA verlassen hat. Die Veröffentlichung des Briefes konnte nicht nachgewiesen werden.*]

753   ARMY HIERARCHY

(Glosse)   KM 337

Handschrift
o.O.   o.D. [um 1944]   4 Bl
> [*Über die Besonderheiten des Lebens in der amerikanischen Armee.*]

754   NOTES ON AMERICAN LITERATURE

(Aufsatz)   KM 230

Notizen
o.O.   o.D.   2 Bl Hs

Typoskript
Italy   May 1944   14 Bl Typo mit hs Korr

(mit Stempel: Passed for publication, The Field Censor)
Ein zweites Exemplar des Typoskripts befindet sich in der Bibliothèque Littéraire Jacques Doucet, Paris, *Nachlaß André Gide* (Signatur   663–28)

> [*Informativer Aufsatz über die amerikanische Literatur vom XIX. Jahrhundert bis zu Hemingway.*]

> *K.M. hatte seinen Aufsatz für die (von der Tochter Benedetto Croces gegründete) italienische Zeitschrift* Aretusa *verfaßt* (Cf. Brief an André Gide, 10.5.1944); *die Veröffentlichung in dieser Zeitschrift konnte nicht nachgewiesen werden.*
> *Er hatte das zweite Exemplar seines Typoskripts an André Gide geschickt, weil er hoffte, dieser könne ihn in seinem Auftrag den in Algier erscheinenden Zeitschriften* L'Arche *und* Fontaine *einreichen* (Cf. Briefe von K.M. an Gide, 10.5., 15.5., 14.6.1944 in: André Gide – Klaus Mann – Briefwechsel, op. cit.). *Die Veröffentlichung, mit der K.M. rechnete, kam aber nicht zustande.*

755 LIBERATED LITERATURE

(Aufsatz)

Typoskript   KM 212
Italy   July 1944   13 Bl Typo mit hs Korr
          [Über das literarische und geistige Leben in Nordafrika — insbesondere über die Zeit-
          schriften L'Arche *und* Fontaine, Algier- *und in Italien — über die Zeitschrift* Aretusa
          (Cf. *Nr. 754*).]

Ein Teil aus dem Aufsatz unter dem Titel: *ITALY*   KM 362

Typoskript
Italy   June 1944   4 Bl Typo mit hs Korr
          [Der Teil des Aufsatzes über Aretusa.]

756 FRENCH LITERATURE IN ALGIERS

A résumé (Aufsatz)   KM 208
Entwürfe,
o.O.   o.D.   5 Bl Typo + Hs

Typoskript
Italy   9.11.1944   11 Bl (2 Exempl)
          [Cf. *Nr. 755*]

757 NOTES ABOUT THE REEDUCATION OF THE GERMANS

(Aufsatz)   KM 373

Typoskript

o.O.   o.D. [ca. November 1944]   16 Bl Typo mit hs Korr
          Zur Datierung: *in einem Brief vom 9.11.1944 an seinen Agenten Franz Horch erwähnt*
          K.M. den Aufsatz (Brief im KMA).

          [*K.M. hat seinen Aufsatz auf der Grundlage seiner Gespräche mit deutschen Kriegsge-*
          fangenen in Italien verfaßt.
          Es wäre, seiner Ansicht nach, ein Fehler, die Zahl der Antinazis unter den Deutschen
          zu überschätzen.
          Die ,,patriotisch" eingestellten deutschen Antinazis (hier denkt er an manche liberale
          Emigranten und vor allem an die Kommunisten) verträten unrealistische Ansichten.
          Eine gründliche Erziehung des deutschen Volkes sei notwendig, um den Frieden zu
          sichern. Diese Aufgabe werde lange Jahre in Anspruch nehmen.
          K.Ms Vorschläge zur Erziehung der Deutschen: Allgemeine Maßnahmen im Unter-
          richtswesen seien notwendig; man müsse dem deutschen Volk die Grundlagen des demo-
          kratischen Geistes beibringen. Der Einfluß von Alfred Rosenberg sei aufs schärfste zu
          bekämpfen. Man dürfe aber nicht den Fehler machen, den Nationalsozialismus als eine
          logische Folge der kulturellen Entwicklung in Deutschland anzusehen. Die beste Me-
          thode zur Erziehung der Deutschen sei die Benutzung der ,,Gegengifte", die ihre Kultur
          enthalte. Deswegen empfiehlt K.M., daß vor allem die Werke folgender Autoren im
          Rahmen des Erziehungsprogramms in den Vordergrund gestellt werden: Goethe, Nietz-
          sche, Lessing, Schiller, Kant, Heine, Hegel, Hölderlin, Rilke, Stefan George.]

758 READING IN A TENT

(Bericht)   KM 381

Typoskript
Italy   1944   5 Bl Typo mit hs Korr
          [*Über Bücher von Walt Whitman, Voltaire und Stendhal.*]

759 WRITING ABOUT THE WAR

(Entwurf eines Aufsatzes)   KM 401

Typoskript
o.O.   o.D. [1944]   8 Bl Typo mit hs Korr

760 „ACHTUNG! ACHTUNG! NUR NOCH DREI MINUTEN BIS ZUM TROMMEL-FEUER!“

(Loudspeaker: Vermerk von K.Ms Hand)   KM 334

Typoskript
o.O.   o.D. [1944]   3 Bl Typo mit hs Korr
   [Lautsprecherrede an der Front, um die Deutschen zur Übergabe zu veranlassen.]

761 BETRACHTUNG ÜBER KRIEGSGEFANGENE

(Rundfunksendung)   KM 339

Typoskript
o.O.   o.D. [1944]   4 Bl Typo mit hs Korr
   [Eine Sendung für deutsche Soldaten an der italienischen Front. Die Stimmung in Deutschland sei sehr schlecht. Seit elf Jahren wüßten die jungen Deutschen nicht mehr, was das Leben ist. Nach dem Sturz des III. Reiches werde eine schwere Zeit für Deutschland beginnen, aber das Volk werde wieder zu hoffen anfangen könne.]

762 ZWEI DEUTSCHE

(Rundfunksendung)   KM 346

Typoskript
o.O.   o.D. [1944]   4 Bl Typo mit hs Korr + Durchschlag
   [Sendung für deutsche Soldaten. Kurze Portraits von deutschen Kriegsgefangenen. Der eine – etwa 35 Jahre alt und katholisch – kenne die Welt und hasse Hitler. Der andere – Jahrgang 1921 – kenne nur das III. Reich und, wie alle Anhänger des Nationalsozialismus, sei er von großer Unwissenheit. K.M. drückt auch die Gewißheit aus, daß die wissenden Deutschen ihre Landsleute erziehen werden.]

763 GERMAN PRISONER OF WAR, Introductory Speech

(Rundfunksendung, Deutsch)   KM 378

Typoskript
o.O.   o.D. [1944]   3 Bl Typo mit hs Korr
   [Für deutsche Soldaten (Es spricht ein Kriegsgefangener). Themen: Nur wer nicht selbständig denken kann, lasse sich von der nationalsozialistischen Propaganda beeinflussen. Deutschland könne nicht gewinnen; das deutsche Volk werde von den militärischen Gegnern nicht gehaßt. Deutschland werde nach Hitlers Tod wieder aufleben.]

Anlage:
Tentative scheme of PW's following speeches:
– Die Stimme eines deutschen Soldaten   3 Bl Typo mit hs Korr
– Weitere Themen – Die Stimme eines Soldaten   1 Bl Typo + 2 Bl Hs
   [Vorschläge für weitere Rundfunksendungen.]

764 NACH UNS DIE SINTFLUT

(Rundfunksendung)

Typoskript

o.O.   o.D. [1944]   2 Bl Typo

KM 387

[*Wieder eine Sendung für deutsche Soldaten.*]

765 QUESTIONS ABOUT ITALIAN SOLDIERS

(Radiointerview)

Typoskript

o.O.   o.D. [1944]   5 Bl Typo mit hs Korr

KM 379

[*K.M. sieht in den Italienern Opfer des Nationalsozialismus.*]

VERNEHMUNGSNIEDERSCHRIFTEN VON DEUTSCHEN KRIEGSGEFANGENEN
KM 359

766 FIFTH ARMY HEADQUARTERS – PSYCHOLOGICAL WARFARE BRANCH

2 April 1944   6 Bl Typo mit hs Korr

[*Vernehmung von 4 Gefangenen.*]

767 FIFTH ARMY . . .

25 May 1944
I. 9 Anti-Nazis.
II. 7 Half-desillusioned Germans.
III. One nazi.

11 Bl Typo

768 FIFTH ARMY . . .

23 June 1944
I. Two cases of particular interest for PWB: Olt Otto Bauerer, OGefr Hans Reiser.
II. Four deserters.
III. Two nazis.

2 Bl Typo

[*Der Münchner Hans Reiser wurde später ein Freund von K.M. (Cf. Brief von K.M. an Hans Reiser, 28.9.1945, in: W).*]

769 FIFTH ARMY . . .

27 June 1944
A German-American in the German army.

3 Bl Typo

770   **FIFTH ARMY** . . .

30 June 1944
  A Poll

                                            3 Bl Typo

771   **FIFTH ARMY** . . .

12 July 1944
                                   6 Bl Typo

     [*Über 26 Vernehmungen.*]

772   **FIFTH ARMY** . . .

26 July 1944
                                   5 Bl Typo
     Über 12 Vernehmungen + Appendix: *A deserter from the german merchant marine.*

773   **FIFTH ARMY** . . .

28 July 1944
  Report on the interrogation of 12 german deserters.
                                   8 Bl Typo.

774   **PWB EIGHT ARMY** (8. Britische Armee)

10 September 1944
  Gefr Holtzhaeuser   2 Bl Typo

775   **PWB EIGHT ARMY**

11/12 September 1944
  15 Prisoners.   8 Bl Typo

776   **APPENDIX "A" TO FIFTH ARMY G. 2 REPORT Nr 38**

Estimated enemy order of battle in Italy as of 25 september 1944
                                   19 Bl Typo

777   **FIFTH ARMY** . . .

5 October 1944
  An Austrian PW with political training in the Soviet Union.
                                   4 Bl Typo

778 FIFTH ARMY . . .

18 October 1944
    5 Prisoners   3 Bl Typo

FLUGBLÄTTER
DATIERUNG MÖGLICH

779 DIE LETZTE RUNDE   KM 385
                                    1 Bl Typo mit hs Korr
      [nach der Landung in der Normandie am 6.6.1944]

780 (Vorderseite): HITLER HAT NOCH MAL SCHWEIN GEHABT. . .   KM 356
     (Rückseite):   HITLER HAS BEEN LUCKY, ONCE MORE . . .
                                    1 Bl Typo
      [nach dem Attentat am 20.7.1944]

781 UND DU?   KM 395

Konzept   1 Bl Typo mit hs Korr

Typoskript   1 Bl Typo mit hs Korr (2 Exempl)
      [vor der Kapitulation der Deutschen in Paris, August 1944]

782 21. AUGUST – DIE DEUTSCHE NIEDERLAGE IN FRANKREICH   KM 371
                                    1 Bl Typo

783 (Vorderseite): WO IST HITLER?   KM 399
     (Rückseite):   WHERE IS HITLER?
      [Ende 1944]   2, 2 Bl Typo mit hs Korr

784 DIE RUSSEN STEHEN IN OSTPREUSSEN   KM 386
      [Ende 1944]   1 Bl Typo

GENAUE DATIERUNG NICHT MÖGLICH

785 BLEIB ÜBRIG   KM 340
                                      1 Bl Typo

786 (Vorderseite): **BLEIB ÜBRIG!**   KM 341
     (Rückseite):   **STAY ALIVE!**
                                        1 Bl Typo

787 **ES BRENNT . . .**   KM 342
                              2 Bl Typo mit hs Korr

788 **ENTWEDER – ODER . . .**   KM 347
                                        1 Bl Typo

789 **KEINE FALLE! KEIN ERSATZ! KEINE ATTRAPPE!**   KM 348
     ECHTE ZIGARETTEN! PRIMA TABAK! GRATIS!
                                   4 Bl Typo

790 **DIE FESTUNG EUROPA KRACHT IN ALLEN FUGEN**   KM 349
                                1 Bl Typo mit hs Korr

791 **DER HAKENKREUZZUG**   KM 352
                              1 Bl Typo mit hs Korr

792 (Vorderseite): **HIER RUHT EIN DEUTSCHER MICHEL**   KM 353
     (Rückseite):   **HERE RESTS A DUMB GERMAN MICHEL**
                                   2 Bl Typo

793 **HIER SPRICHT RUDOLF HESS! SENSATIONELLE ENTHÜLLUNGEN!**
                                                                         KM 354
                              1 Bl Typo mit hs Korr

794 **HOW A GERMAN PARATROOPER SURRENDERS?**   KM 358
                                   1 Bl Typo

795 **INVASION THEMES**   KM 361
                                   1 Bl Typo
     [*Vorschläge für weitere Flugblätter.*]

796 KEIN MENSCH MUSS MÜSSEN … UND EIN LANDSER „MÜSSTE"? KM 364
1 Bl Typo (2 Exempl)

797 KLEINTIERFREUND … KM 365
2 Bl Typo

798 DAS INTERNATIONALE ROTE KREUZ KENNT KEINE PARTEIEN,
NUR MENSCHEN! KM 366
2 Bl Typo

799 IM LETZTEN MOMENT / AT THE LAST MOMENT KM 368
2 Bl Typo

800 „FREIWILLIGES MUSS" KM 369
1 Bl Typo

801 (Vorderseite). DEUTSCHE SOLDATEN! NIE WIEDER 1918! KM 370
(Rückseite):   GERMAN SOLDIERS! NEVER AGAIN 1918!
2 Bl Typo (4 Exempl)

802 PARTEIVERTEIDIGUNG ODER VATERLANDSVERTEIDIGUNG? KM 374
[Text: Englisch und Deutsch]   1 Bl Typo mit hs Korr

803 AUF VERLORENEM POSTEN KM 375
1 Bl Typo mit hs Korr

804 PREISAUSSCHREIBEN FÜR DEUTSCHE SOLDATENDICHTER KM 376
2 Bl Typo

805 SKEPTICISM KM 388
4 Bl Typo mit hs Korr

806 (Vorderseite): DEUTSCHE SOLDATEN! KM 389
(Rückseite):   GERMAN SOLDIERS!
2 Bl Typo

807 **AN DIE SOLDATEN DER 16. SS-DIVISION ,,REICHSFÜHRER"!**   KM 390
     1 Bl Typo

808 **AN DIE SOLDATEN DER 16. SS-DIVISION ,,REICHSFÜHRER" / TO THE
     SOLDIERS OF THE 16 th SS-DIVISION ,,REICHSFÜHRER"**   KM 391
     2 Bl Typo

809 **SEID MUTIG**   KM 392
                                2 Bl Typo mit hs Korr

     2. Fassung: **SOLDATENPFLICHT**   1 Bl Typo mit hs Korr

810 **WIE LANGE NOCH**   KM 397
                                1 Bl Typo

811 **DEUTSCHE SOLDATEN! ,,WIR WERDEN SIEGEN!"**   KM 398
                                1 Bl Typo mit hs Korr

812 **DER WÜRFEL IST GEFALLEN!**   KM 402
                                2 Bl Typo mit hs Korr

813 **AN DEN ,,WUNDERSÜCHTIGEN"!**   KM 403
     [Deutsch und Englisch]   2 Bl Typo mit hs Korr

814 **GEHEIMWAFFE / DIE WUNDERWAFFE − THE WONDER-WEAPON** KM 404
                                1, 1, 1 Bl Typo

815 **2 x 2 = 5**   KM 407
                                1 Bl Typo mit hs Korr

A2 UNVERÖFFENTLICHT

816 NACH DER SINTFLUT   KM 47

(Entwurf eines Romans)

Handschrift
o.O.   o.D. [1945]   3 Bl

Typoskript
o.O.   o.D. [1945]   3 Bl Typo mit hs Korr

Zur Datierung: *Im Vorwort des Romans sollte die „völlige Zerstörung der Technik durch sich selber" ein zentrales Thema sein.*

[*K.Ms Roman sollte „400 Jahre nach heute" spielen, in einer Zeit, wo der Mensch auf eine ganz frühe Kulturstufe zurückgesunken wäre. Die Heldin wäre eine an Kleists Penthesilea erinnernde Frauengestalt gewesen. Sie wäre aus Nordafrika gekommen und über Italien nach Mitteleuropa gezogen. Teile der Geschichte hätten Süddeutschland zum Schauplatz gehabt. Nach einer schweren Schlacht wäre die Fürstin in ein Kloster gekommen, wo die „bessere Vergangenheit" aufgehoben war und sich die „Zelle der besseren Zukunft" befand.*
Das Ende des Romans sollte „nicht ohne Optimismus — auf ganz weite Sicht" sein.]

C2 UNVERÖFFENTLICHT

817 SIMPLICIUS   KM 288

1. (Skizzen eines Dramas) Deutsch
o.O.   o.D. [1945]   21 Bl Typo mit hs Korr

2. (Skizzen eines Aufsatzes) Englisch
o.O.   o.D. [1945]   7 Bl Typo mit hs Korr

Zur Datierung: *in den Skizzen des Aufsatzes zitiert K.M. eine Stelle aus einem Aufsatz von Aldous Huxley, die sich auf die schwere Lage in Europa im bevorstehenden ersten Nachkriegswinter bezieht.*

[*Artikel und Drama wären auf der Grundlage von Grimmelshausens Roman* Der abenteuerliche Simplicissimus *konzipiert worden.*
Im Artikel hätte K.M. eine Parallele zwischen der Lage Europas am Ende des Dreißigjährigen Krieges und den Verhältnissen nach der Kapitulation des III. Reiches gezogen.
Es liegen 3 Gliederungen des Dramas vor: Die erste (5 Akte) hält sich streng an Grimmelshausens Roman. Die beiden anderen (8 bzw. 6 Bilder) sind viel selbständiger von ihrer Vorlage.
Thema des Werkes wäre der Neubeginn der Welt nach dem Krieg gewesen. Der erste Teil des Dramas hätte am Ende des Krieges gespielt. Es hätte sich eine bunt zusammengesetzte Schar von Menschen gebildet, denen Simplicius klarzumachen versuchte, daß ein Neubeginn möglich sei. Es wäre ihm gelungen, sich gegen einen reuigen Mönch, einen Politiker und einen Professor durchzusetzen. Am Ende des Stückes hätten Simplicius und seine Schar „die Schule (. . .) erbaut", und das Leben hätte gesiegt.]

818 EUROPA-KOMÖDIE

(Skizzen eines Dramas)   KM 133

Handschrift
o.O.   o.D. [vermutlich 1945]   3 Bl
[*Das Stück hätte sich im Jahr 2045 abgespielt.*]

819   SEVEN FROM THE U.S.

(Tentative Title)   KM 46

Synopsis of a film

based on stories by Sergio Amidei, Marcello Pagliero, Alfred Hayes, and Klaus Mann
o.O.   o.D. [1945]   479 Bl Typo mit hs Korr
> [*Vorarbeiten zum Film, den Roberto Rossellini später unter dem Titel* PAISA *drehte.
> K.M. arbeitete am Filmdrehbuch im Sommer und im Herbst 1945 (Cf. Briefe an Katia
> Mann, 17.8., 19.8., 6.9., 30.9., 9.10., 2.11.1945, KMA).
> Er hatte aber schon Schwierigkeiten mit den italienischen Filmleuten im November
> 1945 (Cf. Brief an Katia Mann, 23.11.1945, KMA), und vor den Dreharbeiten war es
> zum Bruch zwischen ihm und Rossellini gekommen (Cf. Brief an Katia Mann, 30.3.1946,
> KMA).
> Der Film wurde unter Benutzung von K.Ms Anteil am Drehbuch gedreht. Bei den ersten
> Aufführungen wurde K.M. unter den Autoren jedoch nicht genannt (Cf. Brief an Erika
> Mann, 3.10.1947, KMA). Nach einem gerichtlichen Verfahren konnte er die Nennung
> seines Namens durchsetzen (Cf. Brief an Katia Mann, 23.8.1948, KMA).*]

E2   UNVERÖFFENTLICHT

820   THE BOOK I WANT TO WRITE   KM 84

(Buchentwurf)

Typoskript

Entwurf; „Biographical Data", Italy, 28.4.1945; Bibliography; References.
                                          7 Bl Typo mit hs Korr
> [*Für das Buch dachte K.M. an folgenden Titel:* The New Face of European Culture.
>
> Er beabsichtige, nach dem Krieg eine Reise durch Europa zu machen, um herauszufin-
> den, ob es die europäische Kultur noch gebe. Sein Buch solle eine Schilderung aller seiner
> Kontakte mit Schriftstellern und Künstlern sein.*]

821   A BOOK ON POSTWAR GERMANY

(Buchentwurf)   KM 86

Typoskript

Entwurf + Durchschlag eines Briefes an Eilenn Garret (Creative Age Press), 20.10.1945
                                        4 + 2 Bl Typo mit hs Korr
> [*K.M. hatte offenbar vor, das Buch 1946 zu verfassen. Die 2. Hälfte sollte ein Bericht
> über Reisen sein, die ihn 1946 nach Deutschland, Österreich, Ungarn und in die Schweiz
> führen sollten.*]

822   „TURNING POINT" (Bleistift, von K.Ms Hand)
       FOREWORD TO THE ITALIAN EDITION

Typoskript   KM 51

Rome   December 1945   5 Bl Typo
> [*Dank seinen Beziehungen zu Carlo Sforza hatte K.M. Anfang November 1945 einen
> Vertrag mit einem italienischen Verlag geschlossen, der die Veröffentlichung seines
> Buches über Gide und von* The Turning Point *in Italien vorsah:* Cf. Brief an Katia Mann,
> 2.11.1945, KMA.
> The Turning Point *wurde tatsächlich ins Italienische übersetzt, aber die Veröffentlichung
> kam nicht zustande:* Cf. Brief von Enrico Colombo an K.M., 11.11.1948, KMA.*]

823 GIANTS AT HOME

(Aufsatz)

in: *Town and Country*, January 1945, S. 56, 57, 90, 91, 102.

Manuskript   KM 185

unter dem Titel: *Two Real Italians — Benedetto Croce and Count Carlo Sforza*

Typoskript
Italy   May 1944   15 Bl Typo mit hs Korr
                                           (2 Exempl) + 1 Bl Hs + 15 Bl Typo
                                           mit hs Korr

[*Einige Wochen nach seiner Ankunft auf dem italienischen Kriegsschauplatz hatte K.M. Mitte April 1944 Benedetto Croce und Carlo Sforza getroffen. Die beiden waren damals Minister ohne Geschäftsbereich in der zweiten Regierung Badoglio (Cf. Brief von K.M. an André Gide, 27.4.1944, in: André Gide — Klaus Mann Briefwechsel, op. cit.).*
Sein Aufsatz ist als Reportage konzipiert und für eine breite Leserschaft bestimmt.
Die Themen: Beide Männer verdienten als Antifaschisten besondere Achtung und verträten zwei Typen, deren Rolle in der Welt der Zukunft maßgebend sein solle: Croce sei ein Philosoph, der auch für echte Aktivität des Intellektuellen in politischen Fragen eintrete; Sforza sei gleichzeitig ein Mann der Tat und ein Intellektueller. Wichtig sei auch, daß beide als Liberale die Gefahr erkannt hätten, die eine unbeschränkte Freiheit mit sich bringe.]

824 DRAMA OF THE REICH CAPITAL

(Aufsatz)

in: *The Stars and Stripes*, 11.2.1945.

Manuskript

Typoskript unter dem Titel: *Berlin, Drama of a City*   KM 75
o.O.   o.D.   9 Bl Typo mit hs Korr

[*Über Berlin und seine Geschichte. Die Reichshauptstadt verkörpere das imperiale und preußische Deutschland. Berlin habe wegen seines maßlosen Ehrgeizes Hitler akzeptiert. Der Einzug der Alliierten in die Stadt werde den Deutschen zeigen, daß es sinnlos gewesen sei, von der Eroberung der Welt zu träumen.*]

825 YANK ABOUT ITALY

(Bericht)

in: *The Stars and Stripes*, 14.2.1945.

[*Über Hans Busch (geb. 1914), Sohn des Dirigenten Fritz Busch (1890—1951), der damals Unteroffizier der amerikanischen Armee war und auch Opern in Florenz dirigierte.*]

826 WHY A NATIVE GERMAN FIGHTS GERMANY

(Aufsatz)

in: *Saint Louis Post Dispatch*, 25.2.1945.
[Cf. Nr. 751.]

827 LAST WAR FOR THE JUNKERS?

(Aufsatz)

in: *The Stars and Stripes*, 4.3.1945.

[*Der Krieg werde zum großen Teil gegen die Erben Preußens geführt. Die Niederlage des III. Reiches könne auch für sie einen entscheidenden Schlag bedeuten.*]

828 OVER THE RHINE TO VALHALLA

(Aufsatz)

in: *The Stars and Stripes*, 11.3.1945.

> [*Über die Bedeutung des Rheins in der deutschen Geschichte. Vor allem eine Auseinandersetzung mit Richard Wagner, der im* Ring des Nibelungen *den Tod als solchen gepriesen habe. Was sich in den letzten Wochen des Krieges abspiele, könne mit seiner* Götterdämmerung *verglichen werden.*]

829 COUNT SFORZA. UNRUFFLED, DESPITE ATTEMPT ON HIS LIFE

(Bericht)

in: *The Stars and Stripes*, 18.3.1945.

> [*Über ein Attentat gegen Carlo Sforza, vermutlich wegen des Erscheinens eines Aufsatzes von ihm über den faschistischen General Rotta. Trotz der Gefahr wolle Sforza aber weiter als aktiver Politiker in Italien bleiben und habe es abgelehnt, als Botschafter nach Washington zu ziehen.*]

830 AUF WIEDERSEHEN, KESSELRING!

(Aufsatz)

in: *The Stars and Stripes*, 25.3.1945.

> [*Kesselring hatte Italien eben verlassen, um Marschall von Rundstedt als Oberbefehlshaber an der Westfront abzulösen. Über Kesselrings Laufbahn und gegen die Legende, er sei am Attentat gegen Hitler am 20.7.1944 beteiligt gewesen.*]

831 TIME TO SURRENDER: BLIND LOYALTY, COWARDICE MAKE GERMANS FIGHT ON

(Aufsatz)

in: *The Stars and Stripes*, 29.3.1945.

> [*Die Deutschen hoffen nicht mehr auf einen Sieg, aber sie geben ihren Widerstand aus vier Gründen nicht auf: Sie haben Angst vor der Gestapo, sie sind ein unpolitisches Volk, sie fühlen sich schuldig gegenüber der Welt und haben die Hoffnung nicht aufgegeben, das Bündnis zwischen Ost und West werde nicht von Dauer sein.*]

832 LAST DAYS OF HITLER AND Co

(Aufsatz)

in: *The Stars and Stripes*, 1.4.1945.

> [*Die endgültige Niederlage des III. Reiches sei nahe. Seinen Führern blieben nur zwei Lösungen übrig: entweder den Tod im Kampf zu suchen oder Selbstmord zu begehen.*]

833 AUSTRIA, NAZI FORT?

(Aufsatz)

in: *The Stars and Stripes*, 8.4.1945.

> [*Die Russen waren eben in Wien einmarschiert. K.M. sagt aber schwere Kämpfe voraus, bevor die österreichischen Alpen von den deutschen Truppen befreit sind.*]

834 TALE OF TWO WELL KNOWN GERMAN CITIES

(Aufsatz)

in: *The Stars and Stripes*, 18.4.1945.
> [*Nürnberg: die Stadt der Parteitage der NSDAP; Weimar: die Stadt Goethes.*]

835 ON NEUTRAL TERRITORY

(Bericht)

in: *The Stars and Stripes*, 22.4.1945.
> [*Über den Vatikan.*]

836 GERMANY'S HOMEFRONT IN THE WAR

(Rezension)

in: *The Stars and Stripes*, 29.4.1945.
> [*Über das Buch von Max Seydewitz (geb. 1892),* Civil Life in Wartime Germany: The Story of the Homefront, *Vicking Press, New York, 1945. Thema des Buches: der Widerstand in Deutschland. Der Verfasser war 1932 in die kommunistische Partei eingetreten. K.M. ist sehr kritisch gegen das Buch, weil Seydewitz vor allem die Reaktionen eines „deutschen Nationalisten" habe.*]

837 DEATH MEANT ESCAPE FROM OUTRAGED WORLD FOR HITLER

(Bericht)

in: *The Stars and Stripes*, 6.5.1945.
> [*Nach Hitlers Selbstmord am 30.4.1945. Um die Wiederholung einer so gefährlichen Krise wie der 2. Weltkrieg zu vermeiden, gebe es einen einzigen Weg: die Herstellung einer weltweiten Solidarität.*]

838 BERCHTESGADEN NOW SYMBOL OF ADOLF HITLER'S TOTAL DEFEAT

(Bericht)

in: *The Stars and Stripes*, 12.5.1945.
> [*K.Ms erste Reportage aus Deutschland. Am 5.5.1945 hatte er Rom verlassen und kam zuerst nach Innsbruck; dann überschritt er am 8.5.1945 zwischen Salzburg und Berchtesgaden die deutsch-österreichische Grenze (Cf. W, S. 430). Seine Reportage ist ein Bericht über den zerstörten Berghof.*]

839 THE JOB AHEAD IN GERMANY

(Aufsatz)

in: *The Stars and Stripes*, 13.5.1945.
> [*Der militärische Sieg sei nur der erste Schritt auf dem Weg zur Beseitigung des Nationalsozialismus. Es gelte jetzt, die Mentalität der Deutschen zu ändern. K.M. warnt vor optimistischen Voraussagen: Die meisten zuverlässigen Beobachter hätten festgestellt, daß die Deutschen keinerlei Schuldgefühle empfinden. Es sei umso notwendiger, ihnen jetzt die volle Wahrheit zu sagen.*]

840   GOERING ATTEMPTS TO MAKE CAPTORS FEEL SORRY FOR HIM
(Bericht)

in: *The Stars and Stripes*, 14.5.1945.

> [*Kurzer Bericht über die ,,Pressekonferenz'' von Göring am 11. Mai 1945 bei Augsburg. Sehr streng.*]

841   SS ALWAYS LISTENED AS WIFE VISITED NIEMOELLER IN PRISON
(Bericht)

in: *The Stars and Stripes*, 18.5.1845.

> [*Über ein kurzes Treffen mit der Frau von Pastor Martin Niemöller (Cf. auch BA2, S. 225).*]

842   YOU CAN'T GO HOME AGAIN
(Bericht)

in: *The Stars and Stripes*, 20.5.1945.

Manuskript   KM 406

Fassung 1
o.O.   o.D.   17 Bl Typo mit hs Korr

Fassung 2 (veröffentlicht)
o.O.   o.D.   6 Bl Typo mit hs Korr

> [*K.M. über seine Erlebnisse in München. Er war am 9.5.1945 in seiner Heimatstadt gewesen: Cf. Brief an Thomas Mann, 16.5.1945, in: BA2, S. 225 ff.*]

843   BENES, BACK IN OFFICE, UNCHANGED BY EXILE
(Bericht)

in: *The Stars and Stripes*, 26.5.1945.

> [*Beneš hatte am 19.5.1945 K.M. als ersten ausländischen Korrespondenten nach seiner Rückkehr aus siebenjährigem Exil empfangen: Cf. Brief an Katia Mann, 24.5.1945, KMA.*]

844   STRAUSS STILL UNABASHED ABOUT TIES WITH NAZIS
(Bericht)

in: *The Stars and Stripes*, 29.5.1945.

> [*K.M. hatte Richard Strauss am 15.5.1945 in Garmisch mit Curt Riess getroffen (Cf. Brief an Thomas Mann, 16.5.1945, in: BA2, S. 225 ff.) und interviewt. Sehr strenger Bericht.*]

845   CALORIES SCANT, BUT CZECHS ARE THEIR OWN RULERS AGAIN
(Bericht)

in: *The Stars and Stripes*, 31.5.1945.

> [*K.M. über seine Eindrücke in Prag (Cf. Nr. 843).*]

846 JANNINGS, LEHAR HARK BACK TO OLD TRIUMPHS

(Bericht)

in: *The Stars and Stripes*, 1.6.1945.

> [*K.M. hatte Ende Mai 1945 Emil Jannings wiedergesehen und Franz Lehar aufgesucht: Cf. Brief an Erika Mann, 13.6.1945, KMA. Sein Bericht enthält kein Werturteil.*]

847 MODEL CITY OF HATE

(Bericht)

in: *The Stars and Stripes*, 3.6.1945.

ferner, ein Auszug in deutscher Sprache, in: *Aufbau/Reconstruction*, 1945, Nr. 25.

> [*Über Theresienstadt. Das Getto war die erste Etappe von K.Ms Aufenthalt in der Tschechoslowakei gewesen: Cf. Brief an Katia Mann, 24.5.1945, KMA. Er berichtet über das Leben in Theresienstadt während des Krieges. Um diesen Bericht zu verfassen, konnte er sich teilweise auf die Erzählung von Heinrich Manns erster Frau stützen, die bis 1945 in dem Getto leben mußte; er hatte sie in Prag wiedergesehen: Cf. Brief an Heinrich Mann, 24.5.1945, in: BA2, S. 231.*]

848 NEW BAVARIA CHIEF PROMISES TO UNITE ALL POLITICAL LEVELS

(Bericht)

in: *The Stars and Stripes*, 5.6.1945.

> [*Nach einem Treffen mit dem von den Amerikanern eingesetzten Ministerpräsidenten von Bayern, Fritz Schäffer. Über dessen Bemühungen, den Wiederaufbau in Gang zu bringen. Es werde schwer sein, die Deutschen zu erziehen, aber Schäffer halte es für möglich.*]

849 FEIERLICH BEWEGT. MIT DER AMERIKANISCHEN ARMEE IN ITALIEN, WEIHNACHTEN 1944

in: *Die Neue Rundschau*, Stockholm, 66 (1945) 6.6.1945, Sonderausgabe zu Thomas Manns 70. Geburtstag, S. 64–67.

ferner in: *Der Wendepunkt; P*, S. 333–336; *JuR*, S. 112–115.

> [*Gruß an den Vater und Betrachtungen über dessen Roman*, Joseph der Ernährer, *1944. Sehr herzlich.*]

850 THE MODEL GHETTO

(Bericht)

in: *The Stars and Stripes*, 10.6.1945.
> [Cf. Nr. 847.]

851 GERMAN CHILDREN STILL THINK MIGHT IS RIGHT, IT SEEMS

(Bericht)

in: *The Stars and Stripes*, 16.6.1945.

> [*Die deutschen Jugendlichen hätten den Unterschied zwischen Gewalt und Recht noch nicht eingesehen. Deswegen würden mehr als einige Monate notwendig sein, um sie auf den rechten Weg zu bringen.*]

852 A FREE PRESS FOR GERMANY

(Bericht)

in: *The Stars and Stripes*, 17.6.1945.

> [*Über die Neuanfänge der deutschen Presse.*]

853 NAZIS' „MODELL" CAMP FOR JEWS WAS ELABORATE, SADISTIC STUFF

(Bericht)

in: *P.M. Daily*, 25.6.1945.

> [*Cf. Nr. 847 und 850.*]

854 WOMEN BLAMED FOR NAZISM BY ALLIED APPOINTEE IN REICH

(Bericht)

in: *The Stars and Stripes*, 29.6.1945.

> [*Über ein Treffen mit Adam Stegerwald in Würzburg. Der ehemalige Reichsarbeitsminister war von den Amerikanern als Regierungspräsident von Mainfranken eingesetzt worden. Er habe zugegeben, daß viele deutsche Frauen Hitler unterstützt hätten.*]

855 IN FREE CZECHOSLOVAKIA

(Bericht)

in: *The Nation*, Vol 169 (1945) 26, 30.6.1945, S. 717—719.

Manuskript   KM 372

Typoskript unter dem Titel: *Notes in Czechoslovakia,* by Klaus Mann of the „Stars and Stripes.

o.O.   o.D.   14 Bl Typo mit hs Korr

> K.M. über seinen Aufenthalt in der Tschechoslowakei vom 17. bis zum 22.5.1945.

> [*Trotz der schweren Kriegsjahre mache das Land einen guten Eindruck. Beneš habe erkannt, daß die Zukunft der Tschechoslowakei von den guten Beziehungen zwischen Ost und West abhänge. Für K.M. steht der tschechoslowakische Präsident als Staatsmann auf derselben Ebene wie Roosevelt.*]

856 LETTURE IN TENDA

(Aufsatz)

in: *Aretusa*, Roma, 2 (1945) luglio-agosto 1945, S. 27—37.

Manuskript unter dem Titel: *Reading in a Tent*   KM 382

Typoskript

Italy   March/April 1945   19 Bl Typo mit hs Korr

> [*Über englische und amerikanische Autoren: William Saroyan, John Steinbeck, Upton Sinclair, T.S. Eliot, Wystan Auden. Auch über Giuseppe Antonio Borgese.*]

857   ARE ALL GERMAN NAZIS?

(Aufsatz)

in: *The Stars and Stripes*, 1.7.1945.

> [*Über das Verbot von antifaschistischen Komitees in Bayern. K.M. übt zum erstenmal Kritik an der Besatzungspolitik der Amerikaner. Es sei falsch, den Deutschen jede politische Tätigkeit zu untersagen, denn solche Maßnahmen verhinderten eine Überwindung der Spuren des Nationalsozialismus. Die strikte Handhabung des ,,non-fraternization''- Befehls (Cf. Ernst Deuerlein, Deutschland nach dem Zweiten Weltkrieg, Akademische Verlagsgesellschaft Athenaion, Konstanz, 1964, S. 7) sei auch abzulehnen, denn so werde den demokratisch gesinnten Deutschen die Mitarbeit am Wiederaufbau ihres Landes erheblich erschwert. Die Politik der Sowjets, die in ihrer Zone seit dem 10.6.1945 (Cf. Deuerlein, op. cit., S. 96) die Gründung von Parteien erlaubt haben, sei im Gegensatz zu der der Amerikaner realistisch.*]

858   POTSDAM: CITY WITH A PAST

(Aufsatz)

in: *The Stars and Stripes*, 8.7.1945.

> [*Aus Anlaß der Konferenz der Großen Drei in Potsdam, 17.7. – 2.8.1945. Ohne den aggressiven Geist von Potsdam hätte es keinen Nationalsozialismus gegeben. Friedrich II. sei teilweise als ein Vorgänger von Hitler anzusehen.*
> *K.M. stellt jedoch den preußischen König nicht unter Anklage: er warnt vor jeder einseitigen Bewertung seiner Rolle; er sei auch ein Freund von Voltaire gewesen und habe in seinem Land die Folter abgeschafft. Es habe in Wirklichkeit ,,zwei Friedrich von Preußen'' gegeben. Die Nationalsozialisten hätten sich den schlechten zum Muster genommen.*]

859   THE THEATER IN ITALY IS HOLDING ITS OWN

(Bericht)

in: *The Stars and Stripes*, 22.7.1945.

Manuskript unter dem Titel: *Italien-Theater*   KM 186

Englisch und Deutsch
o.O.   o.D.   3 Bl Hs

> [*Über die Neugeburt des Theaterlebens in Italien nach dem Krieg.*]

860   SWITZERLAND

(Feuilleton)

in: *The Stars and Stripes*, 22.7.1945.

> [*Über die schönsten Landschaften der Schweiz.*]

861   IF YOU LIVED IN TOKIO THERE WOULD BE LITTLE FOOD, HARD WORK AND ALLIED BOMBS FOREVER CRASHING DOWN

in: *The Stars and Stripes*, 29.7.1945.

> [*Über Japan im Krieg.*]

862 ROBERTO ROSSELLINI AND SERGIO AMIDEI "ROME, OPEN CITY"

(Filmprogramm), August 1945

Manuskript unter dem Titel: *Rome, Open City*   KM 275
Typoskript

Rome   August 1945   2 Bl
       [*Über den Film von Roberto Rossellini*, Roma, citta aperta.]

863 COMING INVASION OF JAPAN – DESPITE THE SOFTENING – UP PRO-
GRESS, IT COULD BE THE TOUGHEST JOB YET

(Kommentar)

in: *The Stars and Stripes*, 5.8.1945.
       [*K.M. sagt sehr schwere Kämpfe auf japanischem Boden voraus, wenn die Amerikaner
       dort landen müssen.*]

864 DICTIONARY OF INTERNATIONAL SLURS

(Rezension)

in: *The Stars and Stripes*, 5.8.1945.
       [*Über das Buch* Dictionary of International Slurs, *by A.A. Robach, Sc Art Publishers,
       Cambridge, Massachussets, 1945. Thema: idiomatische Redensarten in allen Sprachen.*]

865 THE LAST OF EUROPE's FASCISTS

(Kommentar)

in: *The Stars and Stripes*, 12.8.1945.
       [*Sehr strenger Aufsatz gegen das politische Regime in Spanien. K.M. sagt ein schnelles
       Ende von Francos Herrschaft voraus.*]

866 THE MENACE OF SHINTO – JAPAN'S STATE RELIGION PRESENTS
FORMIDABLE PROBLEMS FOR ALIENS

(Aufsatz)

in: *The Stars and Stripes*, 19.8.1945.
       [*Der Shintoismus sei mit dem Nationalsozialismus gleichzusetzen: er sei eine rassistische
       und antidemokratische Ideologie.*]

867 THE MORAL CONQUEST OF GERMANY

(Rezension)

in: *The Stars and Stripes*, 19.8.1945.
       [*Über das Buch von Emil Ludwig*, The Moral Conquest of Germany, *Doubleday, Doran
       and Co, New York, 1945.
       K.M informiert den Leser über den Inhalt des Buches.*]

868 CHINA: ASIATIC WATCHDOG

(Aufsatz)

in: *The Stars and Stripes*, 26.8.1945.

> [*China sei der Vorposten der Freien Welt im Ferner Osten.*]

869 AMERICA ABROAD

(Reportage)

in: *The Stars and Stripes*, 9.9.1945.

> [*Über die diplomatische Vertretung der USA in Rom. Die amerikanischen Botschaften in Europa seien wichtige Faktoren des politischen und wirtschaftlichen Lebens.*]

870 THE WAR WE WON UNDER THE SEA

(Rezension)

in: *The Stars and Stripes*, 9.9.1945.

> [*Über das Buch* Battle Below, *Bobbs-Merrill Company, Indianapolis, New York, 1945, von Robert Joseph Casey (1890–1962). Wohlwollend.*]

871 SOWING THE WIND

(Rezension)

in: *The Stars and Stripes*, 9.9.1945.

> [*Über das Buch von Martha Dodd,* Sowing the Wind, *Harcourt, Brace and Company, New York, 1945. Martha Dodd war die Tochter von William Edward Dodd (1869–1940), der 1937 aus Protest gegen Hitlers Politik von seinem Posten als amerikanischer Botschafter in Berlin zurückgetreten war (Cf. Thomas Mann,* Tagebücher 1940–1943, *S. 796). Ihr Roman spielt in Deutschland und schildert, wie ein deutscher Offizier zum Nationalsozialisten wird. Wohlwollende Rezension.*]

872 FREE PRESS FOR FREE WORLD

(Bericht)

in: *The Stars and Stripes*, 16.9.1945.

> [*Über den Wiederaufbau der Presse in Europa. K.M. informiert seine Leser über die Standpunkte der Briten, der Amerikaner und der Sowjets.*]

873 BLACK BOY

(Rezension)

in: *The Stars and Stripes*, 16.9.1945.

> [*Sehr positive Rezension der Autobiographie des schwarzen amerikanischen Schriftstellers Richard Wright (1908–1960),* Black Boy, *Harpers and Brothers, New York, 1945. Für K.M. ist das Buch eine sehr eindringliche Warnung gegen den Rassenhaß und eine Botschaft der Hoffnung.*]

874 REFUGE IN THE ALPS

(Glosse)

in: *The Stars and Stripes*, 23.9.1945.

> [*Über die Schönheit der Alpen.*]

875 WHILE HERMANN GOERING . . .

(Glosse)

in: *The Stars and Stripes*, Sommer 1945 (Zeitungsausschnitt ohne Datumsangabe, KMA)

> [*Erinnerung an den Leipziger Reichstagsbrandprozeß. Während Göring im Gefängnis sitzt und auf den eigenen Prozeß wartet, sei Georgi Dimitroff im Begriff, nach Bulgarien zurückzukehren.*]

F2 SPÄTER VERÖFFENTLICHT

876 [VORTRAG NACH DEM KRIEG]

Typoskript, Deutsch   KM 428
o.O.   o.D. [1945]   7 Bl Typo mit hs Korr
> Zur Datierung: Cf. S. 1: ,,*es ist zwölf (. .) Jahre, daß ich Deutschland verlassen habe*".

veröffentlicht in: *HuM*, S. 283–286.

> [*K.Ms erste Ansprache vor Deutschen nach dem Krieg. Er fordert seine ehemaligen Landsleute auf, die Lehren aus dem verlorenen Krieg zu ziehen. Ferner erklärt er seinen Hörern, warum er in der amerikanischen Armee gekämpft hat: Es sei ausschließlich geschehen, um Hitler zu besiegen. Die Niederlage sei für Deutschland keine Schande; sie biete eher die Chance zu einer Erneuerung. Die Deutschen müßten auch verstehen, daß sie von der Welt nicht gehaßt werden. Die begangenen Verbrechen müßten aber bereut werden. Erst dann könne die Wiedergeburt kommen.*]

UNVERÖFFENTLICHT

877 LOUDSPEAKER SPEECH   KM 393

Delivered at Co "C", 363 rd Inf Regt, 91 Division on 18 january, 1945, at 200, 300, 430, and 530.

Typoskript, Deutsch   2 Bl Typo mit hs Korr
                                   (von K.M. und anderer Hand)

Englische Übersetzung   2 Bl Typo mit hs Korr
> [*Aufforderung an die Deutschen, den Kampf aufzugeben.*]

878 LEONOR FINI OR THE VITALITY OF ART

(Aufsatz)   KM 147

Typoskript
Italy   April 1945   6 Bl Typo mit hs Korr
> [*K.M. hatte die Zeichnerin und Malerin Leonor Fini (geb. 1908) 1945 in Rom kennengelernt; sie war 1944 aus dem Exil zurückgekehrt. Er stellt sie als vorbildliche Künstlerin vor: Sie sei nicht nur eine Weltbürgerin; sie sei auch gleichzeitig konservativ und revolutionär. Ihr Beispiel sei noch in anderer Hinsicht von großer Bedeutung: Es zeige, daß es Kunst geben werde, solange der Mensch zu kämpfen bereit ist.*]

879 NBC SPECIAL BROADCAST   17:52 GMT, APRIL 14 (45)

(Interview von Grant Parr mit Klaus Mann)   KM 360

Typoskript   6 Bl Typo mit hs Korr
  [*Über die militärische Lage.*]

880 [ÜBER DIE DEUTSCHE JUGEND]

(Aufsatz)   KM 255
o.O.   o.D. [um April 1945]

4 Fassungen:
Typoskript unter dem Titel: *The German Youth Movement*
                                    6 Bl Typo mit hs Korr

Typoskript unter dem Titel: *German Youth* (gestrichen und ersetzt durch:) *The German Problem Child*

                                    3 Bl Typo mit hs Korr

Typoskript unter dem Titel: *The German Problem Children*
2 Fassungen: 5, 5 Bl Typo mit hs Korr
  [*Es sei falsch, die jungen deutschen Nazis für unheilbar zu halten. Ohne Erziehung des deutschen Volkes könne der Frieden nicht gewonnen werden. Deswegen sei es dringend notwendig, über die Ziele der Erziehungskampagne in Deutschland konkrete Überlegungen anzustellen. Wenn es den Amerikanern nicht gelingt, die deutsche Jugend für die Sache der Demokratie zu gewinnen, werde ihr „moralischer Sieg" unvollständig sein.*]

881 HOUSE HOLLBERG

(Entwurf eines Dialogs?)   KM 175

Typoskript
o.O.   o.D. [um Mai 1945]   6 Bl Typo mit hs Korr
  [*Über Deutschland nach der Niederlage. Hintergrund: das Viertel, wo Thomas Manns Haus in München stand.*]

882 [INTERVIEW ZWISCHEN VELTRONI UND KLAUS MANN]

(Text in italienischer Sprache)   KM 181

Typoskript
o.O.   o.D. [um Juni 1945]   3 Bl Typo mit hs Korr
  Zur Datierung: *kurz nach Thomas Manns 70. Geburtstag am 6.6.1945.*

883 Dr HERMANN BRILL

(Bericht)   KM 434

Typoskript, Deutsch
Luxemburg   20.5.1945   4 Bl Typo mit hs Korr
              (eigentlich: 20.6.1945; *Cf.* Brief an Katia Mann, 1.7.1945, KMA)
  [*Bericht über ein Treffen mit dem sozialdemokratischen Politiker Hermann Louis Brill (1895–1959), den die Amerikaner in Weimar als Regierungspräsidenten eingesetzt hatten. Brill – der 7 Jahre im Konzentrationslager war – sei einer der „guten Männer", die „vielleicht die Führer eines freien Deutschland von morgen sein werden". Brill mußte Ende 1945 die Sowjetische Besatzungszone Deutschlands verlassen; dann*

221

arbeitete er in Westdeutschland am Wiederaufbau der SPD mit (Cf. Geschichte der deutschen Arbeiterbewegung, Kapitel XI: Periode von Mai 1945 bis 1949, *Dietz Verlag,
Berlin, o.D., S. 119—120).*]

884 PYGMALION

(Theaterkritik)   KM 260

Typoskript
Rome   November 1945   4 Bl
        [*Über eine Aufführung des Stückes von G. B. Shaw in Rom. Positiv.*]

885 A VICTIM

(Nachruf)   KM 396

Typoskript + Handschrift
o.O.   o.D. [1945]   3 Bl
        [*Erinnerung an Emmanuel Querido, den holländischen Verleger, der 1943 in ein Konzen-
        trationslager eingeliefert worden war.*]

886 VICKI BAUM „HIER STAND EIN HOTEL"

(Rezension)   KM 429

Typoskript

o.O.   o.D. [um 1945]   2 Bl Typo mit hs Korr
        [*Über den Roman von Vicky Baum,* Hier stand ein Hotel, *erschienen 1944. Sehr positiv.*]

1946

A2 UNVERÖFFENTLICHT

887 FRÄULEIN

Outline of a novel to be written by Klaus Mann   KM 35
o.O.   o.D. [Ende 1946]

Gliederung   1 Bl Typo

Kurzfassung des Romans   22 Bl Typo mit hs Korr

Verschiedene Beginne von Kapitel 1 und 14 20 Bl Typo mit hs Korr
(alles in englischer Sprache)
        Zur Datierung: *K.M. erwähnt den Roman — eine Satire auf das Nachkriegsdeutschland —
        in einem Brief an seine Mutter am 30.3.1946, KMA. Das Werk wäre auf Eindrücke zu-
        rückgegangen, die K.M. während seines Aufenthaltes in Berlin im Mai 1946 sammelte*
        (Cf. Nr. 912).

        [Fräulein *sollte die Geschichte einer ehemaligen BDM-Führerin sein. Sie hatte keines-
        wegs auf ihre nationalsozialistische Gesinnung verzichtet und sollte im Laufe des Werkes
        Liebesverhältnisse zu Offizieren der vier Besatzungsmächte haben. Am Ende heiratete
        sie einen amerikanischen Leutnant. K.M. wollte alle in seinem Roman auftretenden
        Deutschen mit äußerster Strenge schildern: Sie wären entweder unverbesserliche Nazis
        oder Feiglinge gewesen. Im Hintergrund sollte eine Figur stehen, die an Benjamin Pelz*

aus Mephisto *erinnert hätte: Dr. Dorn, Arzt und Dichter. Dorn wäre der eigentliche Drahtzieher gewesen und hätte es sich zum Ziel gesetzt, einen neuen Weltkrieg zu verursachen.*
Fräulein wäre auch das erste Werk gewesen, in dem K.M. offene Kritik an den Amerikanern geübt hätte: Ein amerikanischer Oberst, mit dem die Hauptgestalt ein Verhältnis haben sollte, machte keinen Hehl aus seinen antisemitischen Gefühlen.]

B1   888   UNE BELLE JOURNEE

(Erzählung)

in: *Das Silberboot,* Salzburg, 2 (1946) 1, März 1946, S. 23—26.

ferner in: *Die Fähre,* 1 (1946) 1, April 1946, München, S. 19—22; *Neue Zeitung,* München, 25.5.1949; *Story,* Tübingen, 6 (1951) 3, März 1951, S. 21 — 24; *Im Reich des Grauens. Die besten unheimlichen Geschichten,* Mosaik Verlag, Hamburg, 1952, S. 173 — 178; unter dem Titel: *Die vergessene Geliebte,* in: *Pfälzer Tageblatt,* Landau, 23.5.1964; unter dem Titel: *Ein schöner Tag,* in: *Flensburger Tageblatt,* 30.5.1964; unter dem Titel: *Ein herrlicher Tag,* in: *Tiroler Tageszeitung,* Innsbruck, 23.5.1964; unter dem Titel: *Une belle journée,* in: *Südwestdeutsche Illustrierte Wochenzeitung,* 20.6.1964, *Neues Winterthurer Tageblatt,* 27.6.1964, *Fünfundzwanzig Erzähler unserer Zeit,* herausgegeben von Berthold Spangenberg, Nymphenburger Verlagshandlung München, 1971, S. 219—224, *Ab Btp,* S. 208—213.

Manuskript

Deutsch   KM 620

Typoskript
o.O.   o.D.   6 Bl Typo mit hs Korr

Englisch (Übersetzung von Heinz Norden), Titel: *Une belle journée — a lovely day*
                                                                                           KM 42

o.O.   o.D.   5 Bl Typo mit hs Korr (2 Exempl);
                                           7 Bl Typo mit hs Korr
(auch 2 Bl Typo mit hs Korr in der Mappe KM 620)

Zur Entstehung: *Der einzige Anhaltspunkt, der eine Datierung ermöglicht, ist ein Brief des englischen Schriftstellers Brian Howard (1905–1958) an Klaus Mann; Howard schreibt am 27.1.1936 (KMA), er sei eben dabei,* Une belle journee *ins Englische zu redigieren. Heinz Nordens Übersetzung (KM42) muß später entstanden sein.*

[*Die Geschichte spielt in Südfrankreich. Ein junger Mann hat einen Verkehrsunfall; er kümmert sich vor allem um den Wagen, der seinem Schwager gehört. Dabei vergißt er völlig seine Geliebte, die während des Unfalls ums Leben gekommen ist.*]

C2   UNVERÖFFENTLICHT

889   DER SIEBENTE ENGEL

(Drama)

1946

Zur Datierung: Cf. *Briefe an Katia Mann, 15.1. und 30.3.1946, KMA; Briefe von Christopher Lazare, 12. und 17.9.1946, KMA.*

2 Fassungen:
(In der 1. Fassung stirbt die männliche Hauptgestalt. Die 2. Fassung hat ein „happy end": Die männliche Hauptgestalt ist am Ende noch am Leben)

— Fassung 1
+ *Deutsch*, unter dem Titel: *Der siebente Engel.* Drei Akte (6 Bilder)   KM 31
   Exemplar 1   114 Bl Typo mit zahlreichen hs Korr
   Exemplar 2   92 Bl Typo mit hs Korr und mit Stempel:
                                              „Europa Verlag, Zürich, Abt. Theatervertrieb"

+ *Englisch, Synopsis* unter dem Titel: *The Seventh Angel*, three acts (six scenes)
                                                            KM 27

   Typoskript   6 Bl Typo mit hs Korr
   (Der Text der 1. Fassung in Englisch ist offenbar verlorengegangen)

+ *Kurzfassung in italienischer Sprache*, unter dem Titel: *Il settimo angelo*, Tre atti
   (sei scene), tramma di un dramma di Klaus Mann   KM 28
   Typoskript   13 Bl Typo

+ *Französische Übersetzung*, unter dem Titel: *Le septième ange*, piece en trois actes
   et six tableaux, traduit de l'anglais par Thea de Ripper (= Thea Sternheim, Tochter
   von Carl Sternheim)   KM 26
   Typoskript   114 Bl

— Fassung 2
+ *Deutsch*, unter dem Titel: *Der siebente Engel*, Drei Akte (sechs Bilder)

   Typoskript   126 Bl, mit Stempel: „Europaverlag, Zürich, Abt. Theatervertrieb"

+ *Englisch*, unter dem Titel: *The Seventh Angel*, a play in three acts by Klaus Mann
                                                            KM 27

   Typoskript   146 Bl Typo

   *(K.M. hatte seinen deutschen Text ins Englische übersetzt und seinem amerikanischen
   Bekannten Christopher Lazare — einem ehemaligen Mitarbeiter von* Decision *— zur Prü-
   fung überlassen. Lazare hat manche Stellen korrigiert: Cf. Briefe an K.M., 12. und 17.9.
   1946, KMA)*
   *Zur Werkgeschichte: K.M. wollte das Stück in Zürich aufführen lassen (Cf. Brief an Katia
   Mann, 30.3.1946, KMA), aber die Versuche seines Verlegers hatten keinen Erfolg. Ende
   1946 (Cf. Brief an Helene Thimig, 3.12.1946, in: BA2, S. 253—256) bot er es Helene
   Thimig — der Witwe von Max Reinhardt — an und hoffte, sie werde es in Wien zur Auf-
   führung bringen können.*
   *Im Herbst 1947 gab er Jean Cocteau die französische Übersetzung zu lesen. Dieser zeigte
   sich sogar an einer Bearbeitung des Stückes interessiert (Cf. Briefe von K.M. an Hans
   Feist, 2.10.1947 und an Erika Mann, 3.10.1947, KMA).*
   Alle Versuche, das Stück aufzuführen, schlugen fehl.
   *[Das Stück: Thema des Werkes ist die Lage der Welt nach dem zweiten Weltkrieg. K.M.
   vergleicht sie mit der Lage der Welt vor Erscheinen des siebenten Engels in der* Offen-
   barung des Johannes *(deshalb der Titel).*
   *Die Handlung beruht auf einem Konflikt zwischen den Pessimisten (aus einer spiritisti-
   schen Sekte, die an die Spiritisten aus* The Dead Don't Care, *Cf. Nr. 698, erinnert) und
   den Vertretern eines gewissen Vertrauens in die Zukunft (dem Medium Vera und der
   männlichen Hauptgestalt, Till). Am Ende unterliegen die Pessimisten.*
   *K.M. hat auch Motive aus früheren Werken übernommen: die Witwe und ihre Kinder,
   Cf.* Kindernovelle; *die Gestalt des Unbekannten: Cf.* Anja und Esther *und* Kindernovelle.]*

E2 UNVERÖFFENTLICHT

890 YOU CAN'T GO HOME AGAIN

(Buchentwurf) by Erika und Klaus Mann   KM 405

Typoskript
o.O.   o.D. [1946]   3 Bl

Zur Datierung: *Das letzte Kapitel sollte sich im Januar und Februar 1946 abspielen.*

[Bericht über die Erlebnisse von Erika und Klaus Mann zwischen 1944 und Anfang 1946. In dieser Zeit war Erika Mann Kriegskorrespondentin.]

F1 891 THREE GERMAN MASTERS

(Aufsatz)

in: *Esquire*, New York, January 1946, S. 50, 197, 198–203.

Manuskript unter dem Titel: *Three Masters*   KM 218

Typoskript
o.O.   o.D.   12 Bl Typo mit hs Korr

Bericht über seine Begegnungen mit Richard Strauss, Emil Jannings, Franz Lehar im Jahr 1945 (Cf. Nr. 844 und 846).

Richard Strauss habe sich im Laufe des III. Reiches nur um seine Interessen gekümmert. Er sei ein Mensch ohne moralisches Rückgrat, und bei einem Künstler sei so etwas beängstigend. Gegen Emil Jannings — mit dem er vor 1933 befreundet war: Cf. Rundherum — ist K.M. nicht so streng: Dieser habe ihm erklärt, er sei nie für die Nazis gewesen; er glaubt auch, daß er nur zu den notwendigsten Kompromissen bereit gewesen sei. Franz Lehar stellt er als naiven, unpolitischen Menschen dar.

K.Ms Ausführungen über Richard Strauss fanden in den USA einen gewissen Widerhall, und dieser verteidigte sich am 1.1.1947 in einem Brief an den Schauspieler Lyonel Barrymore gegen die „böswilligen Lügen, die seit dem Frühjahr 1945 von amerikanischer Seite, zuerst durch den Sohn von Thomas Mann, durch Presse und Rundfunk verbreitet werden" (zitiert nach: „Ich habe ein reines Gewissen" — Richard Strauss und das Dritte Reich, in: Frankfurter Allgemeine Zeitung, 8.9.1979).]

892 VIENNA. SAD YEAR AFTER LIBERATION

(Bericht)

in: *The Rome Daily American*, 14.5.1946.

[Ein Jahr nach Kriegsende sei die Versorgungslage in Österreich sehr schlecht. Die Stimmung der Bevölkerung sei auch nicht besonders gut.]

893 VIENNA STILL TEEMS WITH RABID NAZIS

(Bericht)

in: *The Rome Daily American*, 15.5.1946.

[In der Mentalität der Wiener Bevölkerung sei der Nazismus noch keineswegs ausgerottet. Jedoch sei die Lage besser als in Berlin.]

894 VIENNA FILLS A GAP WITH ART REVIVAL

(Bericht)

in: *The Rome Daily American*, 17.5.1946.

[In Wien herrsche wieder ein reges Kulturleben. Vor allem im Bereich des Theaters sei dies festzustellen.]

895 DUTCH LOOK POOR AFTER GAY BELGIUM
(Bericht)

in: *The Rome Daily American*, 21.5.1946.

> [*In Holland seien die Spuren des Krieges viel deutlicher zu sehen als in Belgien. Jedoch spiele das königliche Haus die Rolle eines stabilisierenden Faktors.*]

896 NAZISM IS ON UPGRADE IN GERMANY
(Bericht)

in: *The Rome DailyAmerican*, 5.6.1946.

> [*Sehr strenger Kommentar über Deutschland. Die Gegner des Nationalsozialismus hätten es schwer in allen Bereichen. Die meisten Jugendlichen seien noch Anhänger des III. Reiches, und es habe keinen Sinn, auf eine rasche Genesung der Deutschen zu hoffen.*]

897 RUSSIAN ZONE'S IRON CURTAIN LIFTED – SLIGHTLY
(Bericht)

in: *The Rome Daily American*, 29.6.1946.

Manuskript unter dem Titel: *Notes in the Russian Zone*   KM 233

Entwurf   1 Bl Typo

Typoskript
o.O.   o.D.   24 Bl Typo mit hs Korr

> [*K.Ms Bericht über seinen Aufenthalt in der Sowjetischen Besatzungszone Deutschlands im Juni 1946.*
> *Die veröffentlichte Fassung ist stark gekürzt. Publiziert hat das Blatt nur 2 von 6 Teilen der Reportage.*
> *In der veröffentlichten Fassung ist K.Ms Bericht zwar kritisch, aber im Grunde genommen wohlwollend für die Russen.*
> Die nicht veröffentlichten Teile:
> *– Teil II: Bericht über ein Treffen mit Otto Buchwitz (1879–1964), einem Sozialdemokraten, der im Frühjahr 1946 bei der Gründung der SED eine entscheidende Rolle gespielt hatte.*
> *– Teil IV: Bericht über die Begegnung mit dem SED-Oberbürgermeister von Leipzig.*
> *– Teil V, in dem K.M. über seine Gespräche mit Theodor Plivier und Ricarda Huch berichtet und betont, daß die Russen nicht vorhätten, in ihrer Zone ein kommunistisches Regime zu errichten.*
> *– Teil VI (Schluß der Reportage), in dem er vor allem zwei Aspekte hervorheben wollte: Die Russen seien „kompetente Organisatoren" und empfänden keine Abneigung gegen die Amerikaner. In diesem Schluß war K.Ms Angst vor einer Krise zwischen Ost und West schon unverkennbar.*]

898 GERMAN LITERATURE: ALLES HUNT NAZI BOOKS
(Bericht)

in: *The Rome Daily American*, 30.6.1946.

> [*K.M. informiert seine Leser über einen Befehl des alliierten Kontrollrates für Deutschland, der das Verbot aller nationalsozialistischen Schriften verfügt. Der Befehl veranlaßt ihn zu kritischen Bemerkungen über die alliierte Politik: Abgesehen von Mein Kampf und ähnlichen Schriften, sei es schwer auszumachen, was eigentlich in der deutschen Literatur als faschistische Propaganda angesehen werden dürfe. Außerdem seien die öffentlichen Büchereien schon von nationalsozialistischem Schrifttum gesäubert. Schließlich könne der Befehl wegen seines vorwiegend negativen Charakters auf das deutsche Volk keine erzieherische Wirkung haben.*]

899   VIENNA — PROBLEM CHILD OF EUROPE

(Bericht)

in: *Free World*, 6 (1946), July—August 1946, S. 39—44.

Manuskript   KM 314

Typoskript
Vienna   May 1946   15 Bl Typo mit hs Korr

> [*K.Ms Bericht über einen Aufenthalt in Wien im April 1946 (Cf. Brief an Katia Mann, 30.3.1946, KMA).*
>
> Cf. *die Berichte für* The Rome Daily American, *Nr. 892, 893, 894. Auch: Portraits von Karl Gruber, dem katholischen Außenminister, und Ernst Fischer, dem Leiter der kommunistischen Partei Österreichs.*]

900   HERMANN KESTEN, THE TWINS OF NURNBERG

(Rezension)

in: *The Nation*, Vol 156 (1946), Zeitungsausschnitt ohne weitere Angaben, KMA.

> [*Über den Roman von Hermann Kesten,* The Twins of Nurnberg, *Wyn, New York, 1946. Die deutsche Fassung des Buches erschien erst 1947 unter dem Titel* Die Zwillinge von Nürnberg, *Querido Verlag, Amsterdam. Positive Rezension.*]

F2   UNVERÖFFENTLICHT

901   AUSTRIAN FILM PRODUCTION   KM 619

Memorandum to Dr. Kurt Grimm, Zürich, Vienna
Zürich   20.1.1946   1 Bl Typo

Memorandum to Capt Robert Lawrence, Foreign Film Inc
Rome   25.3.1946   4 Bl Typo mit hs Korr

> [*K.M. wollte mit seiner Schwester Erika und Bruno Walter einen Film über Mozart vorbereiten: Cf. Brief an Bruno Walter, 23.2.1946, in: BA2, S. 240—243. Bruno Walter hatte zugesagt: Cf. Telegramm, März 1946, in: BA2, S. 243.*
> *Der Plan wurde aber nicht verwirklicht.*]

902   KUNST UND POLITIK

(Aufsatz)   KM 489

Typoskript
o.O.   17.4.1946   5 Bl Typo mit hs Korr

> [*Es sei ein Irrtum, Kunst und Politik auseinanderhalten zu wollen. Das Problem Kunst und Politik sei nach dem 2. Weltkrieg noch wichtiger als vorher, denn man müsse sich fragen, ob die kompromittierten Künstler noch auftreten dürfen. K.M. gibt hier keine eindeutige Antwort, aber er ist sehr streng gegen Knut Hamsun, Gerhart Hauptmann und Richard Strauss. Er findet auch, daß Gustaf Gründgens lieber noch einige Zeit von den Bühnen wegbleiben sollte (er trat aber am 3.5.1946 im* Deutschen Theater, Berlin, *in der Komödie von Carl Sternheim,* Der Snob, *wieder auf: Cf. Gründgens — Schauspieler, Regisseur, Theaterleiter, Friedrich Verlag, Velber, 1963). Für K.M. solle eine Kultur, die von Leuten wie „Jannings, Furtwängler, Karajan (. . .) wieder aufgebaut würde, besser verschüttet" bleiben.*]

903 PAN-EUROPE. NOW?

An open letter to the publisher of ,,European World"   KM 249

Typoskript
Rome   April 1946   11 Bl Typo mit hs Korr
> *[Der Herausgeber der Zeitschrift, Milo di Villagrazia, hatte sich für die möglichst schnelle Bildung eines geeinigten Europas eingesetzt. K.M. hält einen solchen Schritt für verfrüht. Solange der Westen und der Osten uneinig seien, bestünden wenig Aussichten auf eine europäische Einigung. Der Zustand Deutschlands mache auch eine solche Lösung unmöglich: Die Deutschen hätten den Nationalsozialismus noch nicht überwunden. K.M. warnt auch vor den Gefahren eines ,,kalten Krieges".]*

904 THE ARMY VERSUS THE ARMY'S NEWSPAPER

(Aufsatz)   KM 336

Typoskript
Rome   April 1946   9 Bl Typo mit hs Korr
> *[Über einen Streit um die Redaktionspolitik der Armeezeitung* The Stars and Stripes. *Auf Befehl des kommandierenden Generals in Italien war die Leserbriefspalte gestrichen worden. K.M. hält diesen Eingriff in die Tätigkeit der Redaktion für sehr bedeutungsvoll: Er zeige, daß man jetzt in Washington eine autoritäre Informationspolitik befürworte.]*

905 WIEDERSEHEN MIT WIEN

(Skizze)   KM 564

Typoskript
o.O.   o.D. [Frühjahr 1946]   2 Bl Typo mit hs Korr
  Zur Datierung: Cf. *Nr. 899.*

906 A B S I E American Broadcasting System in Europe

(Notizen und Skizzen zu einem Aufsatz)   KM 333

Entwürfe   5 + 2 Bl Hs
Typoskript
o.O.   o.D. [1946]   3 Bl Typo mit hs Korr

907 AUTHOR KLAUS MANN VERSUS PUBLISHER DAGOBERT D. RUNES

A memorandum to the Authors League of America   KM 603

Typoskript
o.O.   11.12.1946   5 Bl Typo
> *[K.M. hatte im Frühjahr 1946 für einen Verlag aus Philadelphia die Vorarbeiten zu einem Buch über Rom begonnen. Nach Ablieferung des ersten Teils — etwa 60 Seiten — weigerte sich der Verleger, ihm weitere Vorschüsse zu zahlen.]*

G   ### 908 DIE DEUTSCHE SEELE

André Gide über Hermann Hesse   KM 545

(Übersetzung)

Typoskript
o.O.　　　o.D. [um 1946]　　　　　　　4 Bl Typo mit hs Korr

> Zur Datierung: *Das Buch von Hermann Hesse*, Krieg und Frieden, *Aufsätze, das Gide in seinem Aufsatz behandelt, ist 1946 erschienen.*

1947

A2　UNVERÖFFENTLICHT

909　PETER AND PAUL

Outline of a novel by Martin Laroche　　　　　　　　　　　　KM 420

Gliederung des Romans

o.O.　　　o.D. [vermutlich Anfang 1947]　　3 Bl Typo mit hs Korr

„General Treatment"

o.O.　　　o.D.　　　　　　　　　　3 Bl Typo mit hs Korr

Fragmente von Kapiteln

o.O.　　　o.D.　　　　　　　　　　5 Bl Typo mit hs Korr

> *Alle handschriftlichen Korrekturen sind von K.Ms Hand. Außerdem übernimmt er teilweise Gedanken aus seinem Aufsatz* Die Linke und das Laster *(Cf. Nr. 335).*
>
> *Endgültiger Titel des Romans wäre* Windy Night, Rainy Morrow *gewesen (Cf. „General Treatment", S. 1).*
>
> [*Ein Roman über die besondere Lage der Homosexuellen in der Gesellschaft. Auch schwere Kritik an den USA, wo ehrliche Antifaschisten es schwerer hätten als prinzipienlose Freunde der Faschisten.*]

E2　UNVERÖFFENTLICHT

910　SPHYNX WITHOUT A SECRET

Outline of a book by Erika and Klaus Mann　　　　　　　　　KM 292

Typoskript

o.O.　　　o.D. [1947]　　　　　　8 Bl Typo mit hs Korr

> Zur Datierung: *Herbst 1947 entstanden, als Ricarda Huch (gest. 17.10.1947) noch am Leben war.*
>
> [*Ein Buch über Deutschland (zwei Schwerpunkte: Politik und Kultur). Grundgedanke: Es bestehen wenig Aussichten auf eine rasche Besserung der Lage in Europa, solange die Verhältnisse in Deutschland sich nicht gebessert haben.*]

911　GOETHE ANTHOLOGY

Tentative outline　　　　　　　　　　　　　　　　　　　　KM 166

Typoskript

o.O.　　　o.D. [um 1947]　　　　　　11 Bl Typo mit hs Korr

> [*K.M. half seinem Vater 1947 bei der Vorbereitung einer Anthologie von Goethes Schaffen: Cf. Brief an Fritz Strich, 26.7.1947 und an Thomas Mann, 25.9.1947, in: BA2, S. 258 und 264 ff.*
> *Die Anthologie erschien 1948:* The Permanent Goethe, *edited, selected and with an introduction by Thomas Mann, The Dial Press, New York, 1948.*]

229

F1   912   OLD ACQUAINTANCES

(Aufsatz)

in: *Town and Country*, January 1947, S. 88—89, 158—161.

Manuskript (Teile)

Typoskript unter dem Titel: *From Bad to Worse*   KM 72
Berlin   May [1946]   4 Bl Typo mit hs Korr

Typoskript unter dem Titel: *Berlin's Darling*   KM 117
Berlin   June 1946   6 Bl Typo mit hs Korr

   [*K.M. zieht eine Art Bilanz über Kontakte — oder nicht zustandegekommene Kontakte —
   mit alten Bekannten in Deutschland und äußert sich sehr enttäuscht über manche von
   ihnen.
   Emil Jannings, den er im Mai 1945 wiedergesehen hatte (Cf. Nr. 846 und 891), habe ihn
   belogen, und sein ziemlich nachsichtiger Bericht über ihn in* Esquire *(Nr. 891) habe ihm
   Protestbriefe eingetragen.
   Mit Erich Ebermayer sei er nicht zusammengetroffen, und er bedaure es nicht, weil
   dieser sich trotz anderslautender Erklärungen mit den Nazis kompromittiert habe.
   1946 sah er auch im Mai Gustaf Gründgens auf der Bühne des Deutschen Theaters (Cf.
   Angaben Nr. 902). Ein Freund habe ihn nach der Vorstellung dazu überreden wollen,
   mit seinem ehemaligen Schwager zu sprechen. Er habe sich geweigert.*

   *K.M. ist nicht nur erbittert über seine Erfahrungen mit seinen ehemaligen Freunden und
   Bekannten. Zum erstenmal äußert er Zweifel darüber, ob es während des III. Reiches in
   Deutschland eine Widerstandsbewegung gegeben habe. Ein alter Bekannter habe ihm
   sogar gesagt, eine Wiedergeburt des Nationalsozialismus sei nicht auszuschließen, wenn
   die Alliierten Deutschland verließen.*]

913   THE MAGICIAN

(Rezension)

in: *Tomorrow*, Vol 6 (1947) 5, January 1947, S. 60—61.

   [*Über einen unter dem Titel* The Magician *erschienenen Sammelband von Bruno Franks
   Novellen, Vicking Press, New York, 1946. K.M. lobt die Sensibilität und die Klugheit
   des am 20.6.1945 gestorbenen Freundes.*]

914   THE QUEEN AND COLUMBUS

(Rezension)

in: *The Nation*, Vol 164 (1947), 11.1.1947, S. 51.

   [*Über den Roman von Hermann Kesten,* Ferdinand and Isabella, *Wyn, New York, 1946
   (Übersetzung von* Ferdinand und Isabella, *Verlag Allert de Lange, Amsterdam, 1936, den
   K.M. schon rezensiert hatte: Cf. Nr. 382). Er lobt Kesten wieder als Moralisten.*]

915   THE LITERARY SCENE IN GERMANY

(Aufsatz)

in: *Tomorrow*, Vol 6 (1947) 7, March 1947, S. 15—20.

   [*In Deutschland seien keine Anzeichen neuen Lebens im kulturellen Bereich festzustellen. Die in Deutschland verbliebenen Schriftsteller — K.M. nennt Erich Kästner, Ernst
   Wiechert, Ricarda Huch, Karl Jaspers und Ernst Jünger — könnten der Jugend nicht helfen. Schuld an dieser kulturellen Leere seien teilweise die Amerikaner und die Engländer,
   die nichts unternähmen, um Kontakte zwischen dem deutschen Publikum und den exi-
   lierten Schriftstellern zu ermöglichen. Ferner bedauert K.M., daß man in Deutschland
   gegen antifaschistische Autoren Vorurteile habe.*]

916 KLAUS MANN IN HET „VLAMKAMP"

(Bericht)

in: *De Vlam*, Amsterdam, Juli 1947 (Zeitungsausschnitt mit handschriftlicher Datumsangabe von K.M. KMA).

Manuskript unter dem Titel: *Thanks to the Summer Camp „Die Vlam"*   KM 299

Typoskript

o.O.   o.D.   3 Bl Typo mit hs Korr
> [*Über einen Aufenthalt im Sommerlager der linksliberalen Zeitschrift* De Vlam, *mit Jugendlichen aus allen Ländern, nach Beginn des Krieges in Indonesien.*]

917 THE WAR IN INDONESIA

(Leserbrief)

in: *The New York Herald Tribune*, Paris, August 1947 (Zeitungsausschnitt ohne Datumsangabe, K.Ms Leserbrief ist vom 1.8.1947 datiert).
> [*K.M. antwortet auf den Leitartikel der* New York Herald Tribune *vom 30.7.1947. Im Gegensatz zu den Behauptungen der Zeitung sei die öffentliche Meinung in Holland weit davon entfernt, den Kolonialkrieg in Indonesien zu billigen.*]

918 PORTRAIT OF A PEDAGOGUE

(Aufsatz)

in: *Tomorrow*, Vol 7 (1947) 1, September 1947, S. 36—40.
> [*K.M. würdigt das Werk von Paul Geheeb seit den zwanziger Jahren. Er schildert auch seine neue Schule, die Ecole d'Humanité, bei Fribourg. Teilweise im Ton eines Bekenntnisses verfaßt.*]

919 DAS SPRACHPROBLEM

(Aufsatz)

in: *National-Zeitung*, Basel, 18.9.1947.

ferner in: *Neues Österreich*, 4.4.1948 (gekürzt); *HuM*, S. 287—292.

Manuskript unter dem Titel: *Die Sprache*   KM 593

Typoskript

o.O.   o.D.   7 Bl Typo mit hs Korr
> [*Über die Schwierigkeiten der sprachlichen Umgewöhnung. K.M. habe manchmal den Eindruck, einen „schizophrenen" Prozeß durchzumachen.*]

920 AFFAEREN VAN MEEGEREN

(Aufsatz)

in: *Berlingske Aftenavis*, Kobenhavn, 12. und 13.11.1947.

ferner, unter dem Titel: *The Double Life of Hans van Meegeren*, in: *Artes*, maandelijks tijdschrift voor artistieke voorlichting, 2 (1947—1948) Nr. 1—2, S. 21—26; in: *Town and Country*, February 1948, S. 88—89, 111—113; in: *Grand Deception*, collected and edited by Alexander Klein, J.P. Lippincott Company, Philadelphia, New York, 1955, unter dem Titel: *Art's Master Forger*, S. 94—103.

[*Über den Kunstfälscher Hans van Meegeren, der insbesondere Vermeers „Jünger von Emmaus" gefälscht hatte.*]

921 EEN JONGEMAN VAN BIJNA 80: ANDRE GIDE

(Aufsatz)

in: *De Groene Amsterdamer*, 22.11.1947.

ferner, unter dem Titel: *Conversation with Gide*, in: *Tomorrow*, Vol 7 (1948) 6, February 1948, S. 33—36.

Manuskript   KM 109

2 Fassungen:
Unter dem Titel *A Young Man of Almost Eighty: Andre Gide* (gestrichen und mit Bleistift ersetzt von anderer Hand durch: *Conversation with Gide*)

Typskript
o.O.   o.D.   12 Bl Typo mit hs Korr

Unter dem Titel *Conversation with André Gide:*
Typoskript
o.O.   o.D.   10 Bl Typo mit hs Korr

[*Teilweise Bericht über ein Treffen mit André Gide im Herbst 1947 in Paris. Gide habe sich über den Zustand der Jugend besonders besorgt gezeigt. Er sei aber einer der wenigen Schriftsteller, die der jungen Generation noch helfen könnten, auf eine bessere Zukunft zu hoffen.*]

F2   UNVERÖFFENTLICHT

922   THE PEN-CLUB IN ZURICH

(Bericht)   KM 248

Typoskript
Zurich   June [1947]   10 Bl Typo mit hs Korr

[*Über den XIX. Kongreß des internationalen PEN-Clubs in Zürich vom 2.6. bis zum 6.6. 1947: Cf. Der deutsche PEN-Club im Exil 1933—1948, op. cit., S. 383.*
K.M. war mit seinem Vater aus Amerika zu diesem Kongreß gekommen. Er traf in Zürich Erich Kästner, Ernst Wiechert und Johannes R. Becher. In seiner Bilanz drückt er noch eine vorsichtige Hoffnung auf die Zukunft aus.]

923   SYNTHESIS

A monthly review of international culture and politics   KMA

Publisher: Erste Aliventi

Editor in Chief: Klaus Mann

Typoskript
o.O.   o.D. [Sommer 1947]   6 Bl Typo mit hs Korr

+ ein Brief von Este Aliventi an Trygve Lie, Generalsekretär der UNO, 24.7.1947
                                    1 Bl Typo

[*Die Zeitschrift Synthesis wäre eine in vier Sprachen (Englisch, Russisch, Französisch und Spanisch) erscheinende Kulturzeitschrift gewesen. Als Mitarbeiter nennt K.M. insbesondere: Thomas Mann, Bruno Walter, T.S. Eliot, Aldous Huxley, Jan Masaryk, Gunnar Myrdal, Alberto Moravia, André Gide und Jean Cocteau.*]

Die Zeitschrift konnte — offenbar aus finanziellen Gründen — nicht gegründet werden:
Cf. Briefe von K.M. an Erika Mann, 20.9.1947, in: BA2, S. 263, 3.10.1947, KMA; an
Editions Nagel, 5.12.1947, KMA.]

924 THE LESSON OF INDONESIA

(Aufsatz)   KM 203

Typoskript
Amsterdam   August 1947   10 Bl Typo mit hs Korr

[*K.M. mißbilligt die Politik der niederländischen Regierung gegen die indonesische Un-*
abhängigkeitsbewegung. Er wirft der Regierung vor, sie habe den Krieg gegen den Willen
des Volkes unternommen.] (Cf. Nr. 917)

925 NOTES ON THE LIT[ERARY] SCENE IN PARIS

(Skizze eines Aufsatzes)   KM 231

Typoskript
o.O.   o.D. [Herbst 1947]   1 Bl Typo mit hs Korr

Zur Datierung: *Die neuesten erwähnten Werke sind Cocteau, L'Aigle à deux têtes, 1947,*
Sartre, Les jeux sont faits, 1947. K.M. war im September 1947 in Paris: Cf. Brief an
Erika Mann, 20.9.1947, in: BA2, S. 263.]

[*K.M. wollte vor allem hervorheben, daß es noch keine echte Nachkriegsliteratur in*
Frankreich gebe. Die heftigen Auseinandersetzungen um die jüngere Vergangenheit
stünden teilweise einem Neubeginn im Wege.]

926 DEUTSCHE LITERATUR (AMSTERDAM LECTURE)

(Vortrag in deutscher Sprache)   KM 206

Typoskript
o.O.   o.D. [Ende 1947]   5 Bl Typo mit hs Korr

Zur Datierung: *Im Oktober 1947 hatte K.M. schon Vorträge in den Niederlanden gehal-*
ten: Cf. Brief an Katia Mann, 29.10.1947, KMA.

[*Bilanz der Entwicklung der deutschen Literatur seit 1920, unter besonderer Hervor-*
hebung der Exilliteratur. Seit 1945 sei kein Zeichen einer geistigen Erneuerung in
Deutschland festzustellen. Die Emigranten seien dort unerwünscht. Die Kulturpolitik
der Besatzungsmächte sei nicht in allen Fällen die richtige: Die Russen zeigten Interesse
für Kultur, und die Leistungen der Franzosen seien sehr wichtig; die Anglo-Amerikaner
kümmerten sich aber fast nicht um kulturellen Fragen.]

927 LECTURE (GERMAN STUDENTS — KOPENHAGEN)

(Vortrag in deutscher Sprache)   KM 200

Typoskript
o.O.   o.D. [November 1947]   3 Bl Typo mit hs Korr

Zur Datierung: *K.M. hielt sich vom 10. bis zum 19.11.1947 in Kopenhagen auf, wo er*
drei Vorträge hielt: Cf. Brief an die Eltern, 19.10.1947, KMA.

[*Über Thomas Mann und seine Tätigkeit seit Ende des zweiten Weltkrieges; Würdigung*
seines Werkes.]

928 AMERICAN LITERATURE (GERMAN VERSION)

(Vortrag) KM 207

Typoskript
o.O.   o.D. [Ende 1947]   10 Bl Typo mit hs Korr

Zur Datierung: Cf. *Brief an Katia Mann, 29.10.1947. Dieser Vortrag ist einer von denjenigen, die K.M. vom 10.11. zum 19.11.1947 in Kopenhagen und vom 20.11. zum 27.11.1947 in Stockholm hielt.*

[*Über Tendenzen der amerikanischen Literatur der Gegenwart.*]

929 AN AMERICAN SOLDIER REVISTING HIS FORMER HOMELAND

Causerie, written for Radio Stockholm, 30.12.1947, 22h30   KM 289

Typoskript
o.O.   o.D.   7 Bl Typo mit hs Korr

[*Bericht über das Wiedersehen mit München im Mai 1945.*]

930 MAX HORKHEIMER UND THEODOR W. ADORNO: DIALEKTIK DER AUFKLÄRUNG

(Rezension)

Typoskript
o.O.   o.D. [1947]   2 Bl Typo mit hs Korr

[*Rezension des 1947 im Querido Verlag, Amsterdam, erschienenen Buches. Positiv.*]

1948

A1 931 PATHETIC SYMPHONY

A novel about Tchaikovsky

Ausgabe.
Allan, Towne and Heath, inc, New York, 1948.

[*Umarbeitung von Symphonie* Pathétique (Cf. Nr. 328).
In der 1. Fassung bildete die Europa-Tournée des Komponisten vom Winter 1887 bis zum Frühjahr 1888 die Grundlage des 1. Teils (Kapitel 1–5; Kap. 4 war der Schilderung von Tschaikowskys Kindheit und Jugend gewidmet). Im 2. Teil wurden die vier letzten Lebensjahre des Komponisten erzählt.
In der neuen Fassung ist der Roman rein chronologisch aufgebaut und hat vier Sätze:
— Allegro non troppo (*eine stark erweiterte Fassung des 4. Kapitels. Der schwache Teil des Romans; während in* Symphonie Pathétique *Tschaikowskys Jugend und die Geschichte seiner unglücklichen Ehe aus der Erinnerung erzählt wurden, beginnt* Pathetic Symphony *mit einem sehr langen Bericht über die Ehe des Komponisten. Der innere Monolog, mit dem in* Symphonie Pathétique *Kap. 4 begann, und der ein Kernstück des Werkes bildete (Auseinandersetzung Tschaikowskys mit sich selbst wegen seiner Unfähigkeit zu lieben), ist stark gekürzt und steht jetzt am Ende des vorletzten Teils von Satz 3.*
— Allegro con grazia (= *Kapitel 1, 2, 3 und 5 von* Symphonie Pathétique).
— Allegro molto vivace (= *Kapitel 6, 7, 8 von* Symphonie Pathétique).
— Adagio lamentoso (= *Kapitel 9 und 10 von* Symphonie Pathétique).]

K.M. wollte eine deutsche Version der neuen Fassung seines Romans vorbereiten. Das Projekt kam aber nicht zustande: Cf. Brief an Hermann Kesten, in: BA2, S. 268.

B2   UNVERÖFFENTLICHT

932   THE DUTCH INN

(Entwurf einer Erzählung)   KM 179

Handschrift

o.O.   o.D. [vermutlich Frühjahr 1948] 8 Bl + 6 Bl Aufzeichnungen

> Zur Datierung: *Unter den Skizzen befindet sich ein Ausschnitt aus der* Times Weekly *vom 23.4.1948.*

E1   933   ANDRE GIDE AND THE CRISIS OF MODERN THOUGHT

Neuausgabe
Denis Dobson limited, London, 1948.

Manuskript der abgeänderten Teile (nicht vollständig)   KM 39

Manuskript des Epilogue:
— Nicht veröffentlichte Fassung:

Typoskript
o.O.   o.D.   15 Bl Typo mit hs Korr

— Veröffentlichte Fassung:

Typoskript
o.O.   o.D.   3 Bl Typo mit hs Korr

> [*Mehrere Stellen der Ausgabe 1943 (Cf. Nr. 699) sind abgeändert worden:*
> *— eine Kritik an Claudels Haltung im Krieg: Nr. 699, S. 297—298; Nr. 933, S. 187.*
> *— der Angriff gegen Marc Allégret (Nr. 699, S. 298) ist gestrichen worden (Cf. Nr. 933, S. 188).*
> *— die Kritik an Jean Cocteau ist auch weggefallen (Nr. 699, S. 299—302; Nr. 933, S. 188).*
> *— das Ende des* Epilogue *ist auch abgeändert worden (Cf. Nr. 699, S. 325 f. und Nr. 933, S. 203—204).*]

934   ANDRE GIDE — DIE GESCHICHTE EINES EUROPÄERS

Vorabdruck
Unter dem Titel: *Erste Begegnung mit André Gide,* in: *Centaur,* Amsterdam, 1947/48, S. 62—76, *Neue Schweizer Rundschau,* Zürich, Januar 1948, S. 542—558; unter dem Titel: *Erstes Dejeuner mit André Gide,* in: *Die Neue Zeitung,* Berlin, 18.5.1948.

Ausgabe:
Steinberg Verlag, Zürich.

Neuausgabe unter dem Titel: *André Gide und die Krise des modernen Geistes,* Nymphenburger Verlagshandlung, München, 1966.

> Zur Entstehung: *K.M. hatte den Vertrag über das Buch im Frühjahr 1946 unterschrieben, Cf. Brief an Katia Mann, 30.3.1946, KMA, und die Arbeit an der deutschen Neufassung seiner Gide-Monographie im Sommer 1946 aufgenommen: Cf. Brief an Steinberg Verlag, 18.9.1946, KMA. Das Buch erschien Anfang 1948: Cf. Brief an Hermann Kesten, 22.12. 1947, in: BA2, S. 268.*

935 [VORARBEITEN ZU EINER ANTHOLOGIE AMERIKANISCHER DICHTUNG]

Unter dem Titel: *Lyrisches Amerika*   KM 605

Anthologie von Hans Feist und Klaus Mann

Gliederung   2 Bl Typo
+ Brief an Verlag Lambert Schneider, Heidelberg, 14.2.1948

Unter dem Titel: *Ich höre Amerika singen*   KM 177
Eine Anthologie amerikanischer Dichtung, ausgewählt von Klaus Mann, übertragen von Hans Feist.

Gliederung und Verzeichnis der Dichter   2 Bl Typo

> [*Der Titel „Ich höre Amerika singen" ist der eines Gedichtes von Walt Whitman: Cf. Walt Whitman, Grashalme, übersetzt von Hans Reisiger, Rowohlt Klassiker, Reinbek, 1968, S. 10. K.Ms Projekt kam nicht zustande.*]

F1   936 **ROMANCIERS VAN HET ANDERE DUITSLAND**

(Rezension)

in: *Vrij Nederland*, Amsterdam, 21.2.1948.

> [*K.M. stellt Bücher von drei Autoren des Querido Verlags, Amsterdam, vor: Hermann Kesten,* Die Zwillinge von Nürnberg *(Cf. Nr. 900), 1947; Anna Seghers,* Das siebte Kreuz, *1947; Lion Feuchtwanger,* Waffen für Amerika, *1947.*
> *Sehr positiv und ein Anlaß für ihn, die exilierten deutschen Autoren als die eigentlichen Vertreter der deutschen Kultur vorzustellen.*]

937 **NIEUWE DUITSE BOEKEN: TUSSEN DROOM EN DAD**

(Rezension)

in: *Vrij Nederland*, 28.2.1948.

> [*Über zwei Bücher aus der Produktion des Querido Verlags, Amsterdam: Vicki Baum,* Schicksalsflug, *1947; Leopold Schwarzschild,* Von Krieg zu Krieg, *1947. Sehr positiv.*]

938 **DREAM-AMERICA**

(Aufsatz)

in: *Accent*, Urbana, Illinois, Vol 8 (1948) 3, Spring 1948, S. 173—184.

> [*Amerika, wie Cocteau, Karl May und Franz Kafka es sich vorstellten. Sehr streng gegen Karl May, positiv für Cocteau und Kafka.*
> *Als Vorlage für diesen Aufsatz dienten K.M. sein 1940 verfaßtes Vorwort zur amerikanischen Ausgabe von Kafkas Romanfragment* Amerika *(Nr. 626) und das Kapitel* Dream-America *aus* Distinguished Visitors *(Cf. Nr. 621). Das begeisterte Bekenntnis zum amerikanischen Geist aus* Distinguished Visitors *ist aber völlig weggefallen.*]

939 **NEJSEM NĚMEC** (= Ich bin kein Deutscher)

(Interview)

in: *Československé Epištoly*, Praha, 3 (1948) 3, März 1948, S. 22—23.

Typoskript
o.O.   o.D.   2 Bl Typo mit hs Korr

[*K.M. beantwortet eine Reihe von Fragen über seine eigene Stellung zu verschiedenen Problemen und über die allgemeine politische Lage.*
Er fühle sich nicht mehr als Deutscher, aber er wolle den Kontakt zur Jugend in seiner ehemaligen Heimat wiederherstellen. Das deutsche Problem könne nur im Rahmen einer internationalen Regelung gelöst werden. Es sei zweifelhaft, ob die Deutschen wirklich eine Versöhnung zwischen Ost und West wünschen; ein Politiker sei sehr scharf zu kritisieren: Kurt Schumacher. Es gebe in Deutschland noch keinen literarischen Nachwuchs.]

940 DIE TRAGÖDIE JAN MASARYK

(Aufsatz)

in: *Welt am Montag*, Wien, 30.3.1948.

ferner in: *HuM*, S. 293—300; unter dem Titel: *Die Tragödie Masaryk — ein Augenzeugenbericht von 1948*, in: *Die Zeit*, Hamburg, 29.3.1968.

Manuskript unter dem Titel: *Die Masaryk-Tragödie*   KM 495

Typoskript
o.O.   o.D.   8 Bl Typo mit hs Korr

[*K.M befand sich in Prag vom 7. bis zum 21.3.1948; Cf. Bescheinigung des Hotel Alcron, Praha, 20.12.1948, KM3. Jan Masaryk beging Selbstmord am 10.3.1948.*
K.Ms Bericht ist mit tiefem Mitgefühl verfaßt. Er schließt aus, daß Masaryk hätte ermordet werden können. Er stellt Überlegungen an über die persönlichen und politischen Gründe, die M. zum Selbstmord veranlassen konnten. Es sei nicht auszuschließen, daß er ,,erblich belastet" gewesen sei. Politisch sei die ,,Volksdemokratie" nicht mehr Ms Sache gewesen: als Demokrat habe er sich in einer völlig ausweglosen Lage befunden.]

941 SOUVENIRS, FETISCHE, TROPHÄEN

(Bericht)

in: *Die Welt*, Hamburg, 28.10.1948.

ferner, unter dem Titel: *Weder Moralist noch Zyniker: Jean Cocteau*, in: *Deutsches Allgemeines Sonntagsblatt*, 5.2.1967; unter dem Titel: *Zauber wird zur Gewohnheit*, in: *P*, S. 65—69.

[*Über Jean Cocteau als Phänomen. An ihm gebe es nichts Konventionelles, und er sei keineswegs nach moralischen Grundsätzen zu beurteilen. Er sei radikaler Ästhet und halte Stillosigkeit und Dilettantismus für die schwersten Sünden.*]

942 CHAPLIN UND GARBO

(Feuilleton)

in: *Du*, Zürich, November 1948.

ferner in: *HuM*, S. 77—83.

[*Chaplin und Garbo seien die beiden Genies von Hollywood. Ihr Fall zeige auch, daß der Künstler von Rang 1948 fast zum Ersticken verurteilt sei.*]

943 LECTURING IN EUROPE ON AMERICAN LITERATURE

(Bericht)

in: *Vogue,* New York, December 1948, S. 193—196.

Manuskript unter dem Titel: *Lecturing in Europe*   KM 201

Typoskript
o.O.   o.D.   22 Bl Typo mit hs Korr

> [*K.Ms Bericht über seine Vortragstournee in Europa von Sommer 1947 (Holland) bis Mai 1948 (Berlin). Die Stimmung in den skandinavischen Ländern sei viel besser als in Holland gewesen. Prag sei entgegen K.Ms Erwartungen im März 1948 eine ruhige Stadt gewesen. Die Diskussion nach seinem Vortrag in der tschechoslowakischen Hauptstadt sei allerdings nicht angenehm gewesen. In der französischen Besatzungszone Deutschlands sei er mit geistig aufgeschlossenen jungen Menschen zusammengetroffen.*]

F2   UNVERÖFFENTLICHT

944   GIDE (CONFERENCE, MAYENCE . . .)

(Vortrag in deutscher Sprache)   KM 240

Typoskript
o.O.   o.D. [Anfang 1948]   7 Bl Typo mit hs Korr

> Zur Datierung: *K.M. hielt seinen Vortrag auf Einladung des „Centre de l'Education Française" in der französischen Besatzungszone Deutschlands (Baden-Baden, Mainz, Freiburg, Tübingen).* Cf. Nr. 943 *und Brief an Klaus Wust, 7.2.1948, in:* BA2, S. 272.

> [*Bericht über das ganze Werk von André Gide, unter besonderer Hervorhebung von* Les faux monnayeurs *und* Les nouvelles nourritures. *Gide sei ästhetisch ein Vorbild wegen seines ständigen Strebens nach Klarheit. An ihm sei auch besonders zu schätzen die „Treue zu sich selbst". Er habe andererseits nie behauptet, er wisse die Antwort auf alle Fragen. Er zeige aber jedem, wie er sich der Gemeinschaft nützlich machen könne, ohne die „angeborenen Möglichkeiten" preiszugeben. In einer „Zeit der Mittelmäßigkeiten" sei Gide ein Trost für alle, die nach Leitung und Orientierung suchen. Der Ton des Vortrags ist eindeutig der eines Bekenntnisses.*]

945   IMPRESSIONS IN OCCUPIED GERMANY

(Bericht)   KM 178

Handschrift und Typoskript
o.O.   o.D. [Anfang 1948]   7 Bl

> Zur Datierung: *Nach den Vorträgen, die K.M. in der französischen Besatzungszone Deutschlands gehalten hatte (Cf. Nr. 945).*

> [*K.M. hat wenig Hoffnung auf eine Besserung der Lage in Deutschland in absehbarer Zeit. Er drückt auch eine unverkennbare Bitterkeit wegen der Erfolge ehemaliger Nazis und „Mitläufer" aus.*]

946   [ÜBER AMERIKANISCHE LITERATUR]

Englisch, unter dem Titel. *American Literature (Lecture)*   KM 205

Typskript
o.O.   o.D. [Frühjahr 1948]   13 Bl Typo mit hs Korr

Deutsch, unter dem Titel: *Amerikanische Literatur (Radio Berlin)*   KM 205

Typoskript
o.O.   o.D. [Frühjahr 1948]   3 Bl Typo mit hs Korr

> Zur Datierung: *K.M. hielt seinen Vortrag am 8.5.1948 im amerikanischen Kulturzentrum in Berlin (Cf. Echo der Woche, München, 12.11.1948). Ausschnitte daraus wurden von der Rundfunkanstalt RIAS am 30.5.1948 ausgestrahlt (Cf. Brief von unbekannt an K.M., 27.7.1948, KMA).*

> [*K.M. informiert über die Werke der bekanntesten amerikanischen Autoren seit den zwanziger Jahren. Er stellt auch die Frage, ob das Zentrum des intellektuellen Lebens sich nach Amerika verlagere. Am Ende des Vortrags äußert er die Gewißheit, die amerikanische Literatur werde ein entscheidender Faktor des geistigen Lebens auf Weltebene sein, wenn man die politische Krise überwinden könne.*]

947 LECTURE (Prague)

(Vortrag)   KM 316

Typoskript, Englisch und Deutsch
o.O.   o.D. [März 1948]   3 Bl Typo mit hs Korr

> Zur Datierung: *Cf. Nr. 943. K.M. hielt seinen Vortrag auf Einladung des tschechischen Romanciers Jiří Mucha (geb. 1915), der ihn im Auftrag der ,,antifaschistischen Gesellschaft" nach Prag eingeladen hatte.*

> [*Die Themen des Vortrags: Die Lage in den USA habe sich seit der Zeit Roosevelts verschlechtert, aber man dürfe den guten Willen sehr breiter Schichten des amerikanischen Volkes nicht bezweifeln. Es sei jedoch ausgeschlossen, daß Henry Wallace gegen Truman die Präsidentschaftswahl gewinne.*
> *In der amerikanischen Literatur überwiege das progressive Element (Beispiele: Walt Whitman, Ernest Hemingway, Upton Sinclair).*
> *In seinem Schlußwort äußert K.M. die Hoffnung, die Entfremdung zwischen Ost und West werde nicht von Dauer sein.*]

948 [AUFZEICHNUNGEN NACH EINEM BESUCH IN WIEN]

Unter dem Titel: *Berlin and Vienna*   KM 76

Typoskript (Entwurf eines Aufsatzes)
o.O.   o.D. [Frühjahr 1948]   2 Bl Typo mit hs Korr

Weitere Skizzen   KM 78
unter dem Titel: *Besuch in Wien*   2 Bl Typo mit hs Korr

Typoskript
o.O.   o.D. [Frühjahr 1948]   2 Bl Typo mit hs Korr

unter dem Titel: *Erinnerungen an einen Besuch in Wien*
o.O.   o.D. [Frühjahr 1948]   1 Bl Typ mit hs Korr + 7 Bl hs
Aufzeichnungen in englischer Sprache

> Zur Datierung: *K.M. weilte in Wien Ende März 1948 nach seinem Aufenthalt in Prag (Cf. Nr. 940). In Mappe KM 78 befinden sich Theaterprogramme von damals: Goethe, Iphigenie auf Tauris, Akademietheater, Wien, 29.3.1948; Mozart, Die Zauberflöte, Staatsoper im Theater an der Wien, 30.3.1948.*

> [*Thema seiner Skizzen: der Gegensatz zwischen der trostlosen Lage in Deutschland und der hoffnungsvolleren Lage in Österreich.*]

949 DEUTSCHLAND UND SEINE NACHBARN

Vortrag, Den Haag, 12. April 1948   KM 120

Typoskript
o.O.   12.4.1948   12 Bl Typo mit hs Korr

[*Eine pessimistische Bilanz der Lage in Europa (mit Ausnahme von Österreich).
In der Tschechoslowakei herrsche noch keine Parteidiktatur, aber K.M. sei voll „banger
Hoffnung" für die Zukunft des Landes. Österreich zeige seine Vitalität, und die Lage
habe sich seit 1946 gebessert. Deutschland sei eine „Brutstätte des Hasses und des
Nihilismus". Der Neo-Nazismus gewinne an Kraft und die meisten seien nicht bereit,
die Vergangenheit zu bereuen. Bei der Jugend sei eine Tendenz zur Selbstbesinnung
festzustellen, aber es sei niemand da, der ihr die nötige Führung biete. Man wünsche
die Rückkehr der Emigranten nicht. Ein einziger unter ihnen habe Erfolg: Carl Zuckmayer mit seinem Stück* Des Teufels General.
Das Problem Deutschland könne nur in einem europäischen Rahmen gelöst werden.]

950 EUROPEAN KALEIDOSCOPE

(Entwurf eines Vortrags oder eines Aufsatzes)   KM 189

Handschrift

o.O.   o.D. [um April 1948]   6 Bl
   Zur Datierung: *Der Inhalt ist teilweise identisch mit Nr. 943.*

   [*K.M. ist nicht sehr optimistisch. Er ist überzeugt, es könne sich nichts in Europa bes-
   sern, solange zwischen den USA und der UdSSR Spannung herrscht.*]

951 NIGHT LIFE AMONG RUINS

An article to be written by Klaus Mann   KM 228

Typoskript

o.O.   o.D. [Juni 1948]   .   1 Bl
   Zur Datierung: *Dem Typoskript liegt eine vom 17.6.1948 datierte Karte der Zeitschrift*
   Esquire *bei.*

   [*Über das Nachtleben in Berlin, den schwarzen Markt, die Armut der Deutschen usw.*]

952 DER TOD IN BERLIN / MORT A BERLIN

(Rezension)   KM 554

Entwurf, Handschrift
o.O.   o.D. [1948]   3 Bl

Typoskript
o.O.   o.D. [1948]   3 Bl Typo mit hs Korr
   [*Rezension des Romans von Pierre Frédérix (geb. 1897),* Mort à Berlin, Paris, Fayard,
   1948. *Für K.M. „ein ernstes, aufrichtiges, starkes Buch". Das Werk spielt 1945 in Berlin,
   nach der Kapitulation des III. Reiches. Es diente K.M. teilweise als Vorlage für Kapitel
   12 von* The Last Day *(Cf. Nr. 958).*]

953 ROBERT NEUMANN – DIE KINDER VON WIEN

(Rezension)   KM 498

Typoskript
o.O.   o.D. [1948]   3 Bl Typo mit hs Korr
   [*Über den Roman von Robert Neumann (1897–1975), erschienen im Querido-Verlag,
   Amsterdam, 1948. Positiv.*]

954 ERDSTRAHLEN

(Bericht)   KM 129

Typoskript
o.O.   o.D. [um 1948]   2 Bl Typo mit hs Korr
[*Skizze über Erdstrahlen und deren therapeutische Wirkung. Auch über Zusammenhänge
mit dem Spiritismus.*]

955 SHORT STORIES

(Entwurf)   KM 286

Handschrift
o.O.   o.D. [um 1948]   1 Bl

G   **956 ZUM GEBURTSTAG**

„Happy Birthday" von Anita Loos, Deutsch von Klaus Mann   KM 36

Bühnenmanuskript, Kiepenheuer Verlag, Berlin, 1953.
[*K.M. übersetzte das Stück im Sommer 1948. Cf. Brief an Hans Feist, 23.8.1948, KMA.*]

1949

A2   **UNVERÖFFENTLICHT**

957 THE LAST DAY

(Fragmente eines Romans)

Typoskript und Handschrift   KM 29
o.O.   o.D. [April—Mai 1949]   81 Bl

— Gliederung des Romans
— Entwürfe von verschiedenen Kapiteln
— Anfang des ersten Kapitels
— Verschiedene Aufzeichnungen

[*K.Ms unvollendeter Roman hat das Schicksal der Intellektuellen nach dem 2. Weltkrieg
zum Thema und erzählt den letzten Tag im Leben eines amerikanischen Schriftstellers
und eines kommunistischen deutschen Schriftstellers.
Das Scheitern der beiden wird in zwei parallel verlaufenden Geschichten geschildert. Der
Amerikaner, Julian (New Yorker Kapitel) möchte seine Landsleute in einem Manifest
gegen die Gefahr des Faschismus in ihrem Land warnen, niemand ist aber bereit, sein
Manifest zu veröffentlichen; die Verzweiflung treibt ihn in den Selbstmord. Der Deutsche,
Albert Fuchs (Berliner Kapitel), kann nach vier Jahren das kommunistische Regime nicht
mehr ertragen. Er will in den Westen übersiedeln, aber als er im Begriff ist, die Grenze
zwischen dem amerikanischen und dem sowjetischen Sektor von Berlin zu überschreiten,
wird er von einem Auto überfahren.*]

Zur Datierung: *K.M. hatte erste Vorarbeiten an seinem Roman im Spätherbst 1948 aufgenommen:* Cf. Brief von Thomas Mann an K.M., 12.11.1948 in: Thomas Mann, Briefe
1948—1955 *und Nachlese, S. 56. Nach einem in der Mappe „The Last Day" gefundenen
Arbeitsplan hatte er vor, die englische Fassung des Werkes zwischen dem 1. Mai und dem
15. August 1949 zu schreiben. Von September bis November 1949 wollte er den Roman
in deutscher Sprache verfassen.
Für die Fassung in englischer Sprache hatte er schon einen Vertrag mit einem New Yorker Verleger:* Cf. Brief von Duell, Sloan and Pierce, Inc., Publishers, 29.4.1949, KMA.

B2 958 THE CAGE

(Erzählung)

Handschrift   KM 96
o.O.   o.D. [Mai 1949]   8 Bl

> [*Unvollendete Erzählung, die auf Erlebnisse K.Ms in der clinique Saint-Luc, Nice, zurück-*
> *geht. Er hatte sich vom 5. bis zum 15.5.1949 in dieser Klinik zur Entziehung aufgehal-*
> *ten: Cf. Rechnung der Klinik, KMA.*]
>
> Zur Datierung: Cf. *Brief an Katia und Erika Mann, 15.5.1949, in:* BA2, S. 307.

959 BEISPIEL EINER VERLEUMDUNG

(Aufsatz von Erika und Klaus Mann)

in: *Aufbau/Reconstruction*, New York, 11.3.1949.

> [*E. und K.M. äußern sich zu den Angriffen gegen sie in der Münchner Wochenzeitung*
> Echo der Woche.
> *Der Chefredakteur der Wochenzeitung, Harry Schulze-Wilde, hatte Erika Mann wegen*
> *ihrer sehr strengen Stellungnahmen gegen die Deutschen als kommunistische Agentin*
> *denunziert und hatte auch gegen ihren Bruder ähnliche Vorwürfe erhoben:* Cf. Vor
> einem neuen Novemberputsch? Erika Mann als kommunistische Agentin — Stalins 5.
> Kolonne am Werk, *in:* Echo der Woche, 2 (1948) 63, 22.10.1948.
> *K.M. protestierte gegen diese Vorwürfe in einer Erklärung, die er am 27.10. 1948 von*
> *einem Amsterdamer Anwalt an die Redaktion der Wochenzeitung zuschicken ließ. Harry*
> *Schulze-Wilde publizierte sie mit sehr polemischen Kommentaren gegen die Geschwister*
> *Mann:* Cf. Klaus Mann macht Männchen, *in:* Echo der Woche, 2 (1948) 66, 12.11.1948.
> *E.M. und K.M. wollten gegen Schulze-Wilde wegen Verleumdung ein gerichtliches*
> *Verfahren einleiten. Es kam aber nicht zu dem Prozeß, mit dem sie damals rechneten*
> *(Mitteilung von Fritz Landshoff).*]

960 EUROPE'S SEARCH FOR A NEW CREDO

(Essay)

in: *Tomorrow*, New York, Vol 8 (1949) 10, Juni 1949, S. 5—11.

Deutsche Übersetzung von Erika Mann unter dem Titel:

DIE HEIMSUCHUNG DES EUROPÄISCHEN GEISTES

in: *Neue Schweizer Rundschau*, Neue Folge, 17 (1949—1950) 3, Juli 1949, S. 131—
147.

ferner: in *Klaus Mann zum Gedächtnis*, Querido Verlag, Amsterdam 1950, S. 177—
201, *HuM*, S. 317—338, *JuR*, S. 115—132.
(Die deutsche Übersetzung weicht an einigen Stellen vom englischen Original ab)

Manuskript
— Fragmente aus dem englischen Original unter dem Titel:

The Ordeal of the European Intellectuals   KM 246
o.O.   o.D. [zwischen Ende Oktober 1948 und Februar 1949]
                        6 Bl Typo mit hs Korr

> Zur Datierung: *Am 27.10.1948 teilt Klaus Mann Melvin Lasky (dem Gründer der Zeit-*
> *schrift* Der Monat) *mit, er schreibe an einem Essay* The Ordeal of the European Intellec-
> tuals: Cf. *Brief an Lasky, KMA. Der Essay war im Februar 1949 beendet: Cf. Konzept*
> *eines Briefes an Lasky (o.D.), in dem K.M. diesem für das Februar-Heft von* Der Monat
> *dankt, KMA.*

− Deutsche Übersetzung unter dem Titel: *Die Heimsuchung des europäischen Geistes*

KM 467

o.O.   o.d.   18 Bl Typo mit hs Korr

Dieser Übersetzung sollte folgende „redaktionelle Vornotiz" vorangestellt werden:
„Der nachstehende Aufsatz ist die letzte Arbeit, die Klaus Mann vollendete, ehe er am
21. Mai dieses Jahres, in Cannes, einer Herzschwäche erlag. Der englisch geschriebene
Bericht erschien in der Juni-Nummer der amerikanischen Monatsschrift TOMORROW.
Zur Zeit seines Todes arbeitete Klaus Mann an einem Roman, der gleichfalls die tief
problematische Situation des geistigen Menschen von heute zum Gegenstand hatte. Das
hinterlassene Romanfragment trägt den Titel: „Der letzte Schrei"."

[In seinem letzten Essay zieht Klaus Mann eine negative Bilanz der gesamten Entwick-
lung in Europa seit Anfang der zwanziger Jahre: die politische Entwicklung habe zur
Errichtung der Herrschaft von zwei „antigeistigen Riesenmächten", den USA und der
UdSSR, geführt. Die großen Verlierer seien dabei die Intellektuellen: Sie könnten keinen
Einfluß mehr auf die Ereignisse ausüben und seien nur noch machtlose Zuschauer.
Toleranz sei verpönt, und sie seien gezwungen, sich zu einem der Lager zu bekennen.
Es bleibe ihnen ein einziger Weg, um ihre Niederlage einzugestehen: Selbstmord zu be-
gehen wie Virginia Woolf, Ernst Toller, Stefan Zweig und Jan Masaryk.]

SPÄTER VERÖFFENTLICHT

961 DEUTSCHE STIMMEN − EIN VORWORT

Pacific Palisades   Februar 1949

Abdruck in: *HuM*, S. 300−316
(Martin Gregor Dellin erwähnt, *HuM*, S. 362, ein Manuskript, das sich aber nicht im
KMA befindet)

Manuskript: Vorstufen ohne Titel

KM 532

Typoskript
o.O.   o.D.   5 Bl Typo mit hs Korr

[Eine Bilanz der Tätigkeit des Querido Verlags, Amsterdam, im Dienst der deutschen
Exilliteratur zwischen 1933 und 1948. Als Vorwort einer − nie veröffentlichten −
Anthologie aus der Produktion des Querido-Verlags konzipiert: Cf. Brief an Katia Mann,
24.10.1948, Brief von Fritz Landshoff, 26.4.1949, KMA.
Grundgedanke des Vorworts: Es habe zwar ehrliche Schriftsteller gegeben, die in Deutsch-
land geblieben seien, aber ohne die Emigranten wäre die „Ehre der deutschen Literatur"
nicht gerettet worden.
Zum geplanten Inhalt der Anthologie: Cf. HuM.]

962 JEAN COCTEAU UND AMERIKA

(Aufsatz)
− *Englisch* unter dem Titel: *Jean Cocteau and America*

KM 105

Typoskript
o.O.   o.D. [1949]   8 Bl Typo mit hs Korr

− *Deutsch* unter dem Titel: *Jean Cocteau und Amerika*

KM 106

Typoskript
o.O.   o.D. [1949]   11 Bl Typo mit hs Korr

(Mit Korrekturen von Thomas Mann: Fremdwörter durch deutsche Wörter ersetzt).
Abdruck der deutschen Fassung in: *P*, S. 69−79.

Zur Datierung: Cocteaus Lettre aux Américains, *Grasset, Paris, von dem im Aufsatz*
die Rede ist, ist 1949 erschienen.

[*K.M. würdigt den Künstler Jean Cocteau und hebt die besondere Bedeutung seiner Schrift* Lettre aux Américains *hervor. Sie sei in einer Zeit der „Gleichschaltung" ein sehr wichtiges Bekenntnis zum Individualismus, der zum Wesen des Europäischen überhaupt gehöre. Ferner stellt K.M. fest, daß die Entwicklung der modernen Gesellschaft den Künstler bedrohe.*]

1952

E1 963 DER WENDEPUNKT

Ein Lebensbericht

Erstausgabe:
S. Fischer Verlag, Hamburg, Frankfurt am Main, 1952.

Neuausgaben:
- S. Fischer Verlag, Hamburg, Frankfurt am Main, 1953; G.B. Fischer, Frankfurt am Main, Berlin, 1958, 1960; Bertelsmann Lesering, Gütersloh, 1960; Fischer Bücherei, Frankfurt am Main, Hamburg, 1963; S. Fischer Verlag, Frankfurt am Main, 1966; Nymphenburger Verlagshandlung, München, 1969.
- Auszüge unter dem Titel: *In meinem Elternhaus,* Philipp Reclam Jun, Stuttgart, 1976.
- Mit einem Nachwort von Friedrich Albrecht, Aufbau Verlag, Berlin und Weimar, 1974.
- edition spangenberg im Ellermann Verlag, München, 1976; Büchergilde Gutenberg, Frankfurt am Main, 1976.
- Sonderausgabe mit einem Nachwort von Frido Mann, edition spangenberg im Ellermann Verlag, München, 1981.

Übersetzungen

Vändepunkten, övers. Jane Lundblad, Nordstedt & Söners Förlag, Stockholm, 1949.
Teilweise, französisch von Marie Lore Rouveyre, in: *Les Temps Modernes,* 8 (1953) 87, janvier-février 1953, S. 1141−1169; 8 (1953) 88, mars 1953, S. 1314−1348.
La svolta traduzione di Barbara Allason, Il Saggiatore, Milano, 1962.
Manuskript   KM 56

Typoskript
Es sind nur S. 161 bis 674 des Manuskripts im KMA vorhanden.

Zur Entstehungsgeschichte: Der Wendepunkt *ist teilweise auf der Grundlage einer Roh-übersetzung von* The Turning Point *entstanden, die K.Ms Schwester Monika verfertigt hatte (Cf. Nachbemerkung von K.M.). Das Werk ist aber keine bloße Verdeutschung von K.Ms zweiter Autobiographie. Wie er es selbst schreibt, halten sich Kapitel 1 bis 6 mehr an die amerikanische Vorlage als die übrigen. Kapitel 8 (Olympus) von* The Turning Point *ist weggefallen. Neu hinzugekommen ist Kapitel 12,* Der Wendepunkt, *1943− 1945, für das Briefe und Dokumente aus der Kriegszeit K.M. als Grundlage dienten.*
Als K.M. Selbstmord beging, hatte er seit einigen Monaten die Arbeit am Wendepunkt *abgeschlossen (Cf. Brief an Herbert Schlüter, 18.2.1949, in: BA2, S. 293). Er arbeitete − mit Unterbrechungen − an der Neufassung seiner Autobiographie seit Ende 1947 (Cf. Brief an Hermann Kesten, 22.12.1947, in: BA2, S. 267). Als ursprünglicher Er-scheinungstermin des Buches war der Herbst 1949 vorgesehen (Cf. Brief von K.M. an Julius Deutsch, 14.5.1949, in: BA2, S. 305).*
Thomas Mann drängte seinen Verleger wenigstens zweimal brieflich, das Buch zu ver-öffentlichen (Cf. Thomas Mann, Briefwechsel mit seinem Verleger Gottfried Bermann-Fischer, herausgegeben von Peter de Mendelssohn, S. Fischer Verlag, Frankfurt am Main, 1973, Brief vom 26.10.1950, S. 556, Brief vom 17.12.1950, S. 564−565).
Die veröffentlichte Fassung des Buches ist im Vergleich zum Manuskript an vielen Stellen gekürzt und teilweise abgeändert worden (Cf. dazu Thomas Mann, Brief vom 26.10.1950, siehe oben; Erika Mann, Änderungsvorschläge, 21.12.1951, 10 Bl Typo, Memorandum, 1951, 4 Bl Typo, in: Nachlaß Erika Mann, EM 109).

E2   964   PRÜFUNGEN

Schriften zur Literatur.
Herausgegeben von Martin Gregor-Dellin.
Nymphenburger Verlagshandlung, München, 1968.

Inhalt:
I. THOMAS DE QUINCEY, S. 9(*Cf.* Nr. 282).
II. RAYMOND RADIGUET, S. 23 (*Cf.* Nr. 66); RENE CREVEL, LA MORT DIFFI-
CILE, S. 27 (*Cf.* Nr. 80); DIE SURREALISTEN, S. 33 (*Cf.* Nr. 160); IN MEMORIAM
RENE CREVEL, S. 36 (*Cf.* Nr. 360); JEAN DESBORDES, S. 41 (*Cf.* Nr. 124); ZWEI
EUROPÄISCHE ROMANE (VIRGINIA WOOLF UND JEAN COCTEAU), S. 47 (*Cf.*
Nr. 131 A + B); JEAN COCTEAU S. 52 (*Cf.* Nr. 93); JEAN COCTEAU, LA MA-
CHINE INFERNALE, S. 58 (*Cf.* Nr. 286); COCTEAU-ERINNERUNGEN, S. 61 (*Cf.*
Nr. 366); ZAUBER WIRD ZUR GEWOHNHEIT, S. 65 (Cf. Nr. 941); JEAN COC-
TEAU UND AMERIKA, S. 69 (Cf. Nr. 962); „DER GROSSE KAMERAD" VON
ALAIN-FOURNIER, S. 80 (*Cf.* Nr. 173); JULIEN GREEN, S. 81 (*Cf.* Nr. 150); DIE
GEHEIMNISSE JULIEN GREENS, S. 86 (*Cf.* Nr. 290); WER SIND WIR?, S. 89 (*Cf.*
Nr. 657); ERINNERUNGEN AUS GLÜCKLICHEN TAGEN, S. 98 (*Cf.* Nr. 690);
ANDRE GIDES TAGEBÜCHER, S. 102 (*Cf.* Nr. 226); DER STREIT UM ANDRE
GIDE, S. 109 (*Cf.* Nr. 435); ANDRE GIDES „JOURNAL 1889—1939", S. 120 (*Cf.*
Nr. 623); DANK AN ANDRE GIDE, S. 133 (*Cf.* Nr. 664); WIEDERBEGEGNUNG
MIT KNUT HAMSUN, S. 136 (*Cf.* Nr. 443); DIE WIRKUNG FRANKREICHS, S. 141
(*Cf.* Nr. 516); GIRAUDOUX , S. 152 (*Cf.* Nr. 559).
III. ERNST JÜNGER, S. 157 (*Cf.* Nr. 183); „PERRUDJA", S. 162 (*Cf.* Nr. 145);
GOTTFRIED BENNS PROSA, S. 167 (*Cf.* Nr. 141); ZWEIFEL AN GOTTFRIED
BENN, S. 171 (*Cf.* Nr. 156), BRIEF AN GOTTFRIED BENN, S. 175 (*Cf.* Nr. 246);
GOTTFRIED BENN ODER DIE ENTWÜRDIGUNG DES GEISTES, S. 178 (*Cf.* Nr. 231);
GOTTFRIED BENN. DIE GESCHICHTE EINER VERIRRUNG, S. 181 (*Cf.* Nr. 464);
1919 — DER LITERARISCHE EXPRESSIONISMUS, S. 192 (*Cf.* Nr. 312); DAS
SCHWEIGEN STEFAN GEORGES, S. 209 (*Cf.* Nr. 235); NACH GEORGES TOD,
S. 216 (*Cf.* Nr. 313) FRANK WEDEKIND S. 221 (*Cf.* Nr. 369); IN ZWEIERLEI
SPRACHEN, S. 227 (*Cf.* Nr. 368); HEINRICH MANN IM EXIL, S. 231 (*Cf.* Nr. 539);
RAINER MARIA RILKE, S. 241 (*Cf.* Nr. 437); RENE SCHICKELES NEUER
ROMAN. DER FALL RICHARD WOLKE, S. 248 (*Cf.* Nr. 448); BRUNO FRANK
„DER REISEPASS", S. 252 (*Cf.* Nr. 453), WIEDERBEGEGNUNG MIT DEN DEUT-
SCHEN ROMANTIKERN, S. 258 (*Cf.* Nr. 502); FRANZ KAFKA, S. 286 (*Cf.* Nr.
462); ÖDÖN VON HORVATHS ERSTER ROMAN, S. 292 (*Cf.* Nr. 495); ÖDÖN
VON HORVATH, S. 293 (*Cf.* Nr. 497); KURT HILLERS PROSA, S. 296 (*Cf.* Nr.
494), CARL STERNHEIMS ORIGINALITÄT, S. 301 (*Cf.* Nr. 539); LION FEUCHT-
WANGER — TALENT UND TAPFERKEIT, S. 304 (*Cf.* Nr. 539); MEIN LETZTER
TAG MIT ERNST TOLLER, S. 312 (*Cf.* Nr. 553); ERNST TOLLER, S. 319 (*Cf.* Nr.
550); STEFAN ZWEIG, S. 323 (*Cf.* Nr. 684); „JOSEPH IN ÄGYPTEN", S. 329
(*Cf.* Nr. 403); FEIERLICH BEWEGT, S. 333 (*Cf.* Nr. 849).
IV. RICKI HALLGARTEN — RADIKALISMUS DES HERZENS, S. 337 (*Cf.* Nr. 203).

E2   965   HEUTE UND MORGEN

Schriften zur Zeit.
Herausgegeben von Martin Gregor-Dellin.
Nymphenburger Verlagshandlung, München, 1969.

E2 966 **DIE HEIMSUCHUNG DES EUROPÄISCHEN GEISTES**

Aufsätze.

Herausgegeben von Martin Gregor-Dellin.

Deutscher Taschenbuch Verlag, München, 1973.

dasselbe, unter dem Titel: *Jugend und Radikalismus*, Deutscher Taschenbuch Verlag, München, 1981.

Inhalt:

UND NACHKRIEGS-GENERATION, S. 59 (*Cf.* Nr. 521); ÖDÖN VON HORVATH, S. 77 (*Cf.* Nr. 497); HEINRICH MANN IM EXIL, S. 79 (*Cf.* Nr. 539); CARL STERN-HEIMS ORIGINALITÄT, S. 88 (*Cf.* Nr. 539); AN DIE SCHRIFTSTELLER IM DRITTEN REICH, S. 90 (*Cf.* Nr. 561); MEIN LETZTER TAG MIT ERNST TOLLER, S. 107 (*Cf.* Nr. 553); FEIERLICH BEWEGT, S. 112 (*Cf.* Nr. 849); DIE HEIMSU-CHUNG DES EUROPÄISCHEN GEISTES, S. 115 (*Cf.* Nr. 960)

B1   967   **ABENTEUER DES BRAUTPAARS**

Die Erzählungen.
Herausgegeben von Martin Gregor-Dellin.
edition spangenberg im Ellermann-Verlag, München, 1976.
ferner: Deutscher Taschenbuch Verlag, München, 1981.

Inhalt:
DIE JUNGEN (*Cf.* Nr. 45); DER VATER LACHT (*Cf.* Nr. 45); MASKENSCHERZ (*Cf.* Nr. 45); DER ALTE (*Cf.* Nr. 15); KINDERNOVELLE (*Cf.* Nr. 69); APRIL, NUTZLOS VERTAN (*Cf.* Nr. 215), ABENTEUER DES BRAUTPAARS (*Cf.* Nr. 118); DAS LEBEN DER SUZANNE COBIERE (*Cf.* Nr. 119); RUT UND KEN (*Cf.* Nr. 136); WERT DER EHRE (*Cf.* Nr. 214); UNE BELLE JOURNEE (*Cf.* Nr. 888); VERGIT-TERTES FENSTER (*Cf.* Nr. 424).

E2   968   **WOHER WIR KOMMEN UND WOHIN WIR MÜSSEN**

Frühe und nachgelassene Schriften.
Herausgegeben und mit einem Nachwort von Martin Gregor-Dellin.
edition spangenberg im Ellermann Verlag, München, 1980.

Inhalt:
I. DIE GOTTESLÄSTERIN, EINE SKIZZE, S. 11 (*Cf.* Nr. 5).
II. VOR DEM LEBEN, S. 14 (*Cf.* Nr. 13); MEIN VATER, ZU SEINEM 50. Ge-burtstag, S. 20 (*Cf.* Nr. 62); BEGEGNUNG MIT HUGO VON HOFMANNSTHAL, S. 23 (*Cf.* Nr. 82); WILDES LETZTE BRIEFE, S. 25 (*Cf.* Nr. 75); DIE NEUEN ELTERN, S. 31 (*Cf.* Nr. 77); AM GRABE HUGO VON HOFMANNSTHALS, S. 43 (*Cf.* Nr. 126); DAS BILD DER MUTTER, S. 47 (*Cf.* Nr. 155); ERNEST HEMING-WAY, S. 49 (*Cf.* Nr. 181); GITTER, S. 57 (*Cf.* Nr. 191); KINDHEIT, S. 59 (*Cf.* Nr. 123); NÖRDLICHER SOMMER, S. 64 (*Cf.* Nr. 207); MÜNCHEN, MÄRZ 1933, S. 93 (*Cf.* Nr. 245); RENE CREVEL „LES PIEDS DANS LE PLAT", S. 96 (*Cf.* Nr. 236); DIE SCHWESTERN BRONTE, S. 100 (*Cf.* Nr. 295); DER KAMPF UM DEN JUNGEN MENSCHEN, S. 113 (*Cf.* Nr. 375), DER MALER HELMUT KOLLE, S. 123 (*Cf.* Nr. 393); OSCAR WILDE ENTDECKT AMERIKA, S. 127 (*Cf.* Nr. 449); HEMINGWAYS NEUER ROMAN, S. 136 (*Cf.* Nr. 471); WILHELM UHDE „VON BISMARCK BIS PICASSO", S. 142 (*Cf. Nr. 501*); ÖDÖN VON HORVATH „EIN KIND UNSERER ZEIT", S. 148 (*Cf.* Nr. 556); EMIL LUDWIG. DER FREUND GROSSER MÄNNER, S. 150 (*Cf.* Nr. 539); LEBENSLAUF 1938, S. 157 (*Cf.* Nr. 539); DAS ENDE ÖSTERREICHS, S. 166 (*Cf.* Nr. 539); BILDNIS DES VATERS, S. 210 (*Cf.* Nr. 539).
III WOHER WIR KOMMEN UND WOHIN WIR MÜSSEN, S. 240 (*Cf.* Nr. 192).

NAMENREGISTER

Vorbemerkung

Es wurden ins Register aufgenommen: Namen von Autoren, bzw. Herausgebern von Werken, die K.M. besprochen hat, Namen von Personen, die in den Angaben zu Inhalt und Entstehung der Werke erwähnt werden. Nicht aufgenommen wurden die Namen der Adressaten oder Schreiber von Briefen. Die Zahlen geben die Nummern der einzelnen Stücke an.

252

TITELREGISTER

Vorbemerkung

Für Titel, die später in Sammelbände aufgenommen wurden, steht die Nummer der Bände hinter der der Erstveröffentlichung. Lediglich geplante Sammelbände wurden nicht in der Aufstellung des Verzeichnisses berücksichtigt. Titel von Teilen bzw. Kapiteln aus *Escape to Life* und *Distinguished Visitors* wurden verzeichnet, soweit sie getrennt veröffentlicht wurden oder für eine getrennte Veröffentlichung vorgesehen waren. Vorabdrucke aus Büchern und die unveröffentlichten Vorworte zu *The Turning Point* wurden auch in die Liste aufgenommen. Zum Gebrauch der eckigen Klammern: Siehe Einleitung.

Die Bibliographie wurde im Februar 1983 abgeschlossen. M. G.